Lo personal es político

Lo personal es político

Textos del feminismo de los setenta

Marta Lamas
Ana Sofía Rodríguez Everaert
Compiladoras

Universidad Nacional Autónoma de México
Centro de Investigaciones y Estudios de Género
Penguin Random House Grupo Editorial
México, 2023

Lumen
ensayo

CENTRO DE INVESTIGACIONES
Y ESTUDIOS DE GÉNERO

Catalogación en la publicación UNAM. Dirección General de Bibliotecas y Servicios Digitales de Información
Nombres: Lamas, Marta, 1947- , editor. | Rodríguez Everaert, Ana Sofía, editor.
Título: Lo personal es político: textos del feminismo de los setenta / Marta Lamas, Ana Sofía Rodríguez Everaert (compiladoras).
Otros títulos: Textos del feminismo de los setenta.
Descripción: Primera edición. | Ciudad de México: Universidad Nacional Autónoma de México, Centro de Investigaciones y Estudios de Género: Penguin Random House Grupo Editorial, 2023.
Identificadores: LIBRUNAM 2211419 (impreso) | LIBRUNAM 2211377 (libro electrónico) | ISBN 9786073077620 (CIEG-UNAM) (impreso) | ISBN 9786073835305 (Penguin Random House) (impreso) | ISBN 9786073077651 (CIEG-UNAM) (libro electrónico) | ISBN 9786073835312 (Penguin Random House) (libro electrónico).
Temas: Feminismo -- México -- Historia -- 1970. | Mujeres -- Condiciones sociales -- México -- 1970.
Clasificación: LCC HQ1462.L57 2023 (impreso) | LCC HQ1462 (libro electrónico) | DDC 305.420972—dc23

Penguin Random House Grupo Editorial

Lo personal es político
Textos del feminismo de los setenta

Primera edición: septiembre, 2023

ISBN: 978-607-30-7762-0 (Universidad Nacional Autónoma de México)
ISBN: 978-607-38-3530-5 (Penguin Random House Grupo Editorial)

Impreso en México – *Printed in Mexico*

Índice

Nota sobre la portada

Ilustración «Llevo mi destino cosido al cuerpo» de la artista visual mexicana, Magali Lara. Portada del número 33 (abril-mayo, 1984) de la revista *fem.*, fundada en los años setenta, ícono del activismo feminista en México y de su incidencia en la participación política de las mujeres en los diferentes movimientos sociales de la época.

Presentación

Ana Sofía Rodríguez Everaert

Los movimientos sociales se vinculan de formas muy distintas con sus genealogías, y las relaciones que tienen los feminismos con sus antecesoras parecen especialmente complicadas. Quizás por la radicalidad presentista de su lucha y la sensación de que siempre se puede y debe alcanzar más, el diálogo entre generaciones de feministas con frecuencia haya terminado en el desencuentro. Esta es una aseveración que admite excepciones, pero las pruebas de estas rupturas son muchas —y existen no solo para el caso de los movimientos feministas contemporáneos—. Las mujeres que se movilizaron en México en la década de 1930 alrededor de una agenda de expansión de derechos, por ejemplo, no dudaron en calificar de «libertinas» a las jóvenes feministas de la década de 1970 por su defensa de la libertad sexual. A su vez, estas no supieron ir más allá del «símbolo» que significaban sus antecesoras, como ha escrito la historiadora Gabriela Cano.[1] Mientras que ciertas feministas de la vieja guardia

[1] Véase Cano.

ven con suspicacia los esfuerzos por llevar cada vez más lejos las reflexiones sobre el género y renovar las estrategias de lucha, algunas jóvenes se convencen de que en el pasado no hay explicaciones ni armas para el presente. Lo primero es decepcionante, pero lo segundo puede ser peligroso.

La pérdida histórica que supone dejar que el oleaje se lleve mar adentro los vestigios del pasado es evidente. Sin embargo, el riesgo más grave que corren los feminismos con la desmemoria es creer que la lucha ha sido lineal, que en materia política y teórica no ha habido más que una sucesión progresiva de conquistas. Recuperar la historia del feminismo mexicano en este momento puede ser crucial para volvernos a situar frente a lo que creemos que es urgente y lo que es importante.

El feminismo mexicano que surgió en la década de 1970 es particularmente revelador. Sus agendas, formas de organización, estrategias y alianzas están llenas de lecciones. Pero su historia también es importante en sí misma. En el panorama internacional del movimiento de liberación de la mujer, los grupos feministas mexicanos se desarrollaron en una serie de condiciones contextuales específicas que lo hicieron original y perspicaz.

Aunque en general estuvieron muy influidas por el feminismo estadounidense y europeo, las feministas mexicanas de la década de 1970, más allá de sus orientaciones ideológicas, fueron conscientes de los problemas sociales endógenos. Eso dio lugar a análisis y discursos críticos del feminismo del norte global. El movimiento que se constituyó en México fue un movimiento muy latinoamericano, en el sentido de que hablaba concretamente de los problemas de la región, que, sin embargo y a pesar de todo, se desarrolló en un contexto político más libre que el que permitían los gobiernos militares al sur del continente. Esto se reflejó en la influencia que tuvo el exilio político en algunos de los grupos feministas mexicanos. Pero más importante aún, esta apertura garantizó la presencia del feminismo en algunos espacios institucionales, como la universidad, dando lugar a diálogos muy concretos entre las feministas y el *statu quo*, incluido el propio gobierno mexicano. La historia del feminismo mexicano de la década de 1970 es una mirilla privilegiada desde la cual ver los temas y dilemas del feminismo de la llamada «segunda ola», muchos de los cuales siguen teniendo una increíble actualidad.

Este libro reúne textos de esa época escritos por autoras vinculadas a uno de los grupos más importantes y longevos del feminismo mexicano. Inspiradas por las protestas del año de 1970 en Estados Unidos, poco más de una veintena de mujeres de la Ciudad de México formaron Mujeres en Acción Solidaria (MAS). Su primer acto público fue una acción de protesta alrededor de la maternidad como destino manifiesto de las mujeres, en mayo de 1971. A principios de 1974, el grupo se escindió y la mayor parte de sus integrantes formaron el Movimiento de Liberación de la Mujer (MLM) con la intención explícita de identificarse con la corriente internacional que pugnaba por la liberación de la mujer.[2] Por su origen de clase media, se ha vuelto un lugar común desestimar a estas mujeres con el mote de «feministas blancas», una designación que se usa para describir de forma crítica a buena parte de las protagonistas de la segunda ola del feminismo por no prestar atención a las opresiones de clase y raza enfrentadas por la mayoría de las mujeres.[3] Además de ser una descripción simplista, esta ignora el contenido de las ideas de esas mujeres y el contexto político, social e intelectual en el cual estaban insertas.

---

[2] Véase Lamas (1996).

[3] Sobre el feminismo blanco en general, véase Zakaria. Para leer sobre el tema desde la perspectiva de México véase de la Cerda.

Como muestran los textos de esta antología, el activismo del MLM se preocupaba sobre todo por la relación de las mujeres con el capitalismo, su lugar y condiciones en el proceso de producción. Entre sus primeras actividades estuvieron el apoyo a huelgas y la participación en reuniones sindicales en diversas partes del país. No obstante, a decir de ellas mismas, encontraron poco eco en las obreras que «estaban de acuerdo con el análisis que hacíamos», pero para quienes la lucha por el sindicalismo independiente era prioritaria, además de que consideraban las diferentes situaciones de subordinación de las mujeres como «problemas privados» (Acevedo *et al.* 1977). El grupo del MLM se basaba en la «toma de conciencia» de la mujer sobre su situación y abogaba por su libertad, incluida la sexual. De manera progresiva incorporó a sus demandas la igualdad legal, doméstica y social entre hombres y mujeres. El interés de estas activistas por las clases medias —que era secundario al interés por las trabajadoras— tenía que ver con la impresión de que las mujeres que pertenecían a ellas eran el primer blanco de la ideología dominante y, por lo tanto, eran reproductoras acríticas de la misma. Las autoras de estos textos estaban conscientes de que si no había soluciones «para todas las mujeres» no las había para ninguna.

Desde un principio buscaron adaptar las ideas que circulaban en el ámbito internacional a la realidad mexicana en donde las mujeres más precarias eran campesinas, el trabajo doméstico era subcontratado —el «colchoncito en que ahora reposa nuestra conformidad», como lo describió Rosario Castellanos— y el machismo parecía ser un hecho cultural incontestable, una herencia a la vez indígena y colonial. En ese sentido, el MLM es una vertiente concreta del movimiento de liberación de la mujer que podríamos caracterizar como «feminismo del tercer mundo», en su doble acepción geográfica y política.

El tercermundismo se trata de una corriente ideológica porosa pero con gran densidad histórica. Se popularizó en las décadas de 1960 y 1970 tras las independencias de decenas de países en Asia y África y los esfuerzos de articulación que sus gobiernos emprendieron —junto con países como la India, Yugoslavia y México— para mejorar su situación al margen de la bipolaridad capitalismo-socialismo de la Guerra Fría. Los ideales tercermundistas aspiraban a la liberación nacional y la soberanía; partían de un análisis de las condiciones de dependencia económica que caracterizaban a los países en vías de desarrollo y planteaban una serie de iniciativas multilaterales para atajarlas. Si bien estuvo influido por los ideales socialistas, el tercermundismo era crítico del «imperialismo» de la Unión Soviética. Por otro lado, aunque a menudo era un discurso promovido por los gobiernos del sur global, también fue enarbolado por intelectuales y activistas.[4]

Aunque no se definía como tercermundista, la corriente feminista que representan estos textos se debe interpretar con ese escenario ideológico en mente. Estas mujeres entendían que la opresión de género en México estaba cruzada por el subdesarrollo y las desigualdades materiales estructurales. Al mismo tiempo, eran conscientes de los límites del socialismo en la liberación de las mujeres. Lourdes Arizpe lo deja claro en la inauguración del Primer simposio mexicano-centroamericano de investigación sobre la mujer organizado por la Universidad Nacional Autónoma de México, El Colegio de México y el Instituto Nacional de Bellas Artes, en 1977: «Cabe preguntar si la doble jornada en países socialistas en donde la mujer constituye la mitad de la fuerza de trabajo asalariada… es una mejoría o un doble yugo?».

---

[4] Véase Prashad.

Sin embargo, como bien muestra el texto de Marta Lamas sobre el Año Internacional de la Mujer, el MLM fue crítico de las causas que en nombre del tercer mundo se estaban gestando en ese momento en la Organización de las Naciones Unidas (ONU) —el principal escenario de la lucha tercermundista. El episodio de la Conferencia Internacional de la Mujer que tuvo lugar en la Ciudad de México en junio de 1975 es un ejemplo muy claro de estas desavenencias y marcó las diferencias que existían entre feministas del norte y del sur global, e incluso dentro del propio México.[5]

Desde un principio, el MLM calificó el evento de la ONU como una manipulación. Tras las manifestaciones de «inconformidad con el lugar que se nos ha asignado [a las mujeres]», explicaban, la ONU había reaccionado destinando un año a la mujer con el objetivo de «canalizar nuestro potencial físico y político a la continuidad del sistema capitalista». La reacción al *slogan* de la Conferencia, «Igualdad, desarrollo y paz», dejaba clara la posición del grupo: «No queremos igualdad de condiciones para ser explotadas de la misma manera que los hombres. No queremos un desarrollo que perpetúe la desigualdad económica, racial y sexual. No queremos una paz que solo signifique la estabilidad del sistema actual» (Boletín de prensa, MLM). En su rechazo se distinguieron de otros grupos, por ejemplo, del Movimiento Nacional de Mujeres (MNM), que decidió participar en las actividades alrededor del Año Internacional de la Mujer de la mano del gobierno mexicano.

En la discusión sobre el aborto y los métodos anticonceptivos se revelan también las tensiones que admitía el tercermundismo. Este tema fue importante en la Conferencia porque seguía con el plan de control poblacional planteado en la ONU en la década de 1960 para

[5] Véase Olcott.

garantizar el desarrollo, retomado por el gobierno mexicano con el presidente Luis Echeverría. Mientras Echeverría dirigió los esfuerzos del gobierno a la reducción de las tasas de natalidad, entre algunos de los exponentes del tercermundismo se consideraba que usar anticonceptivos era jugar con el imperialismo, como relata el texto firmado por Grupo Siete de 1972 que aquí se reproduce. Este alegato ciertamente no lo sostenían las mujeres del MLM, pese a su desconfianza a la retórica del control poblacional en aras de la producción, tanto de la ONU como del gobierno mexicano, y la negativa del segundo de integrar el aborto como parte de esta política.[6]

En 1976, algunas mujeres se separaron del MLM y formaron La Revuelta con la intención de crear un grupo que priorizara el combate del sexismo y la búsqueda por otras formas de relacionarse en lo doméstico y lo privado. A pesar de las rupturas, unos años después se formó una amplia coalición de grupos feministas para empujar el tema del aborto que aprovechó la llegada del Partido Comunista Mexicano al Congreso a raíz de la Reforma política de 1977. Este fue un triunfo organizativo más que político, pues la iniciativa nunca se discutió en el Congreso. Sin embargo, los últimos textos aquí recuperados dejan ver que, hacia finales de la década, las feministas mexicanas habían logrado reunirse en el Frente Nacional por la Liberación y los Derechos de las Mujeres y sus ideas habían triunfado como referente cultural y político innegable.

* * *

[6] Regina Larrea. 2020. «La campaña por una maternidad distinta», *Nexos*, septiembre, 2020 [solo en línea]. Disponible en <https://www.nexos.com.mx/?p=49611>.

Aunque son representativos de las ideas de un grupo concreto de feministas mexicanas, los textos contenidos en esta antología restauran la historia de otras mujeres y grupos que se movilizaron alrededor del género en distintas partes de México en distintos momentos. Son puertos de entrada a cientos de experiencias de organización y protesta. Historias que habían sido olvidadas entonces y que lo volvieron a ser después. En la lectura de estos textos es notoria la curiosidad con la que las autoras veían su propio movimiento: sus antecedentes, sus avances, los grupos que actuaban en paralelo y con otras ideas —por ejemplo, los grupos de mujeres lesbianas— y una conciencia de relatarlo todo para evitar que se perdiera en el tiempo. En algunos casos hay pistas sobre la reacción antifeminista, pero en general las autoras guardan un silencio que es de algún modo conmovedor. El antifeminismo asociado a la lucha de la década de 1970 queda por investigarse en otras fuentes para que realmente podamos apreciar lo que han enfrentado las movilizaciones feministas en el devenir histórico.

Son dos lugares los que determinaron la articulación del pensamiento de estas autoras: la universidad y la izquierda. La potente expansión de la educación superior de esos años, que permitió la llegada de muchos hombres y mujeres a las aulas, se reconoce en el lenguaje de estos textos y sus referentes. Este es un hecho distintivo del movimiento de liberación de la mujer de esas décadas en todo el mundo que, como lo describió en 1975 Mary C. Lynn, investigadora estadounidense de la historia de género, era «altamente letrado».[7] En efecto, los textos de este libro abrevan de las disciplinas académicas de sus autoras, son eruditos y contienen una variedad notable de referentes teóricos. Un ejemplo claro es el rescate que hace Marta

[7] Véase Lynn.

Acevedo de Mandel, Engels y Bebel sobre en la reproducción social que implica la maternidad y el trabajo doméstico, o la popularización de Olympe de Gouges y la relectura de John Stuart Mill en el texto de Alaíde Foppa.

Por otro lado, si bien no militaban formalmente, estas mujeres eran cercanas a los partidos de izquierda, sobre todo al Partido Comunista Mexicano y al Partido Revolucionario de los Trabajadores, de orientación trotskista. El Frente Contra el Año Internacional de la Mujer que constituyeron las feministas del MLM y las trotskistas es muestra del tipo de complicidad que construyeron y del compromiso que las primeras adoptaron con otras causas políticas, entre ellas, la liberación de presas políticas. En las reflexiones que hacen estos textos sobre la relación del feminismo con la izquierda y sus causas, se adivina la decepción que las activistas sintieron frente al falso dilema planteado por la izquierda, que oponía la lucha de clases a la lucha feminista. Este era un debate histórico que en un momento de revitalización de la izquierda partidista y sindical, como fue la década de 1970, se profundizó. La historia del feminismo marxista en México y de sus militantes —su propia variedad, aportes y dilemas— es crucial y está por contarse.[8]

Un elemento fundamental de estos textos —y que hace de las feministas mexicanas del tercer mundo un hito para la reflexión— es su diálogo con la tradición política y cultural de la Revolución mexicana. La crítica al programa incompleto de la Revolución, que era marcador del discurso político nacional de izquierda en esas décadas, adoptó formas muy interesantes en el feminismo.[9] Las autoras de

[8] Un esfuerzo lo han hecho las propias feministas del PRT. Véase López Rosado y Márquez Gileta.

[9] Sobre la Revolución y la izquierda en México, véase Rodríguez Kuri.

estos textos reclaman que la Constitución de 1917 estableciera una serie de leyes paternalistas que repercutieron en la participación laboral femenina. También la traición que significó que el régimen posrevolucionario no le otorgara el voto a la mujer pese a la construcción simultánea de Adelitas mitológicas. Incluso hacen notar la ideología de la familia tradicional que fue interiorizada por las mujeres del PRI que accedieron al Congreso tras la reforma de 1953. A su vez, los desafíos al régimen que se leen en los textos de esta antología adoptan formas concretas: propuestas para la colectivización de la tierra, modificaciones a la Ley General del Trabajo por su concepción del trabajo doméstico, los llamados a la democracia sindical, entre otros.

En este relato, las autoras recuperan los nombres y luchas de las feministas de la generación de la Revolución mexicana y su articulación en el Frente Único Pro Derechos de la Mujer, que si bien fueron relegadas por los gobiernos de la posrevolución, fueron un ejemplo de unificación de las luchas. No es casualidad que, al conocer esta historia, las feministas mexicanas de la década de 1970 logran articularse en su propio Frente superando sus diferencias ideológicas.

Por último, esta antología ofrece también un panorama de algunas de las publicaciones en donde se gestó ese feminismo, lo que permite asomarnos a la historia rara vez contada de los aliados. Así, además de publicaciones propiamente feministas como *fem.* o *La Revuelta,* que se fundaron en 1976, otros exponentes del periodismo independiente de esos años tienen un lugar importante, por ejemplo, *La Cultura en México, Excélsior, Punto Crítico* o *Del Tercer Mundo.*

La relación entre periodismo y feminismo es, por otro lado, una historia que tiene su propia génesis. Un referente anterior inmediato es Esperanza Brito, líder de Movimiento Nacional de Mujeres, de perspectiva más bien nacionalista, quien desde la década de 1960 escribió en *Novedades para el Hogar* sobre la situación de la mujer en México (Leduc 2015). Aunque por supuesto existen revistas hechas por mujeres desde el siglo XIX, como *La siempreviva*, fundada en 1870 en Mérida por Rita Cetina.

En las páginas de las revistas y periódicos que aparecen en estos textos el feminismo no solo encontró un lugar de expresión, sino que desde el propio periodismo se construyeron autores que hicieron de la reflexión sobre el género un tema periodístico y literario distintivo. Es el caso de Rosario Castellanos o de Carlos Monsiváis, cuyos textos están repletos de reflexiones culturales características de la época. Como dice la primera:

> Los tristes modos de evasión o de compensación de nuestro pueblo: el alcoholismo, los gesticulantes alardes del macho, la hipocresía de la hembra, la mentira desde sus manifestaciones más burdas hasta sus construcciones más sutiles; actitudes que tienden a protegernos de un mundo que, como no nos sentimos capaces de dominarlo, adquiere unas proporciones (o desproporciones) descomunales en relación con nuestro tamaño, p. 75.

Los textos contenidos en esta antología son solo uno de los medios discursivos del MLM y de los grupos feministas de la década de 1970 en general. En el marco de sus movilizaciones produjeron también panfletos y material gráfico que se pueden consultar gracias a que muchas de estas mujeres se dieron a la tarea de conservarlos en archivos personales que han donado a instituciones públicas.[10] Por último, cabe decir que la difusión del conocimiento de estas femi-

[10] Por ejemplo, el archivo de Ana Lau Jaiven, de Marta Lamas o de Yan María Yaoyólotl que resguarda el Archivos M68.

nistas era sobre todo a partir del trabajo en grupos, un método que no estaba exento de tensiones. Para entender cómo funcionaba, quedan algunos testimonios y textos autobiográficos. Las memorias de los Encuentros feministas regionales de la década de 1980 —década que merece su propia antología— nos dan algunas pistas de cómo eran las discusiones y dinámicas. Sin embargo, el tema de la socialización feminista queda por investigarse a profundidad.

* * *

La fortaleza de los feminismos mexicanos contemporáneos es, sin lugar a dudas, su popularidad. No obstante, los grupos están divididos y la agenda común cada vez parece más diluida. Las marchas multitudinarias solo coinciden en el repudio a la violencia contra las mujeres, sin mayor análisis de cómo se ve y cómo cambia demográficamente esa violencia, ni propuestas para atajarla desde sus orígenes estructurales. Salvo en casos contados, el feminismo actual también es un movimiento desconectado de otras luchas, que rara vez encuentra aliados en las organizaciones laborales o los partidos políticos. Esta atomización ha tenido costos en la definición de una agenda que contenga algunas de las causas del feminismo histórico que son relevantes, no solo porque hayan quedado pendientes, sino porque articulan una lucha más abarcadora: la reimaginación de lo que significa el trabajo justo, la redistribución de las ganancias del desarrollo, la crítica a las condiciones económicas globales y una reflexión más profunda sobre la socialización cotidiana entre los géneros.

Quizás en esta antología no encontraremos las respuestas para reconstruir la agenda. En ella no se agotan las cosas que hay que cambiar social, política y económicamente; además, hay retos presentes para los cuales necesitamos ideas novedosas. Lo que sí está en estos textos es el recordatorio de que no podemos dejar ir la oportunidad histórica que el momento actual representa para que el feminismo sea una auténtica lucha por la liberación. Y que ello requiere ser más generosas con el pasado y presente de este movimiento.

Referencias

Acevedo, Marta, Angelina del Valle, Marta Lamas, María Elena Sánchez y Guadalupe Zamarrón. 1977. «Piezas de un rompecabezas», *fem.*, vol. 2, núm. 5.

Cano, Gabriela. 2020. «Feminismos y frentes políticos en México», *Nexos*, septiembre.

Cerda, Dahlia de la. 2023. *Desde los zulos,* Ciudad de México, Sexto piso.

Lamas, Marta. 1996. «Mis primeros diez años: el MAS y el MLM», *fem.*, octubre.

Leduc, Nathalie. 2015. *Écritures du féminisme mexicain. Esperanza Brito, Elena Urrutia, Marta Lamas (1963-1978)*, París, L'Harmattan.

López Rosado, Beatriz y Ángeles Márquez Gileta (eds.). 2019. *Feministas Trotskistas,* Ciudad de México, Nova Gráficos.

Lynn, Mary C. 1975. *Women's Liberation Movement in the Twentieth Century*, Wiley.

Movimiento de Liberación de la Mujer (MLM). 1975. *Boletín de Prensa sobre el Año Internacional de la Mujer*, marzo.

Olcott, Jocelyn. 2017. *International Women's Year*, Oxford, Oxford University Press.

Prashad, Vijay. 2007. *The Darker Nations. A People's History of the Third World*, Nueva York, The New Press.

Rodríguez Kuri, Ariel. 2022. *Historia mínima de las izquierdas en Mé-*

xico, Ciudad de México, El Colegio de México.
Zakaria, Rafia. 2022. *Contra el feminismo blanco*, trad. Matilde Pérez Jover, Continta me tienes.

Prólogo

Marta Lamas

Bourdieu dice que «comprender significa primero comprender el campo con el cual y contra el cual uno se ha ido haciendo» (2006: 17). A principios de la década de 1970, ese campo fue mi grupo feminista, en el cual un puñado de mujeres que nos asumíamos de izquierda nos propusimos cambiar nuestras vidas e incidir en la transformación de la sociedad. Veníamos de la tragedia de Tlatelolco, pero también habíamos probado la emoción de la solidaridad y la felicidad de tomar las calles. Durante esa época vivimos eso que Bourdieu encuentra en algunos grupos:

> una complicidad fundamental en la fantasmagoría colectiva, que garantiza a cada uno de sus miembros la experiencia de la exaltación del yo, principio de una solidaridad basada en la adhesión a la imagen del grupo como imagen encantada del propio yo (2006: 21).

Ha pasado ya más de medio siglo y todavía siento la fascinación que ejerció sobre mí esa perspectiva política que le daba a la sexualidad un papel protagónico en la dinámica de la opresión y atravesaba con fuerza el proyecto socialista con una idea que hoy sigue vigente: *lo personal es político.*

Cuando asistí a mi primera reunión feminista a finales de 1971, yo no había leído los tres textos de Rosario Castellanos que abren esta selección, aunque ya había leído y discutido a Trotsky y a Rosa Luxemburgo con mis camaradas. Tampoco conocía el texto «Nuestro sueño está en escarpado lugar» (1970) de Marta Acevedo, que había convocado a mis primeras compañeras, las mismas que en mayo de 1971 organizaron el primer mitin político después del 68 en el Monumento a la Madre, y que tomaron el nombre de Mujeres en Acción Solidaria (MAS).[1] A finales de ese año, al terminar la conferencia que Susan Sontag impartió en la UNAM, circuló una libreta donde decía: «Si quieres asistir a una reunión feminista, apunta tu nombre y tu teléfono». Así lo hice y así conocí a Acevedo, quien, además de ser una de las líderes feministas más lúcidas y congruentes, se convirtió en una de mis amigas más cercanas. A los pocos días de esa tarde memorable en que escuchamos encandiladas a Sontag, recibí la llamada mágica de Acevedo e ingresé a MAS.

La afluencia de mujeres a esas reuniones iniciales llevó a armar dos grupos, norte y sur, y aunque yo vivía en Polanco, me sumé al del sur, donde la mayoría era de izquierda. Esa perspectiva, que marcaría nuestras iniciativas, se trasluce en varios de los textos que aquí se publican.[2] En 1972, siete de nosotras escribimos un artículo sobre la situación de las mujeres para la revista militante *Punto Crítico*. Convencidas de la

---

[1] Marta Acevedo escribe sobre esto en *A cien años del 10 de mayo*. Véase Acevedo (2023).

[2] El texto «Piezas de un rompecabezas» da cuenta con más detalle de nuestro proceso. Véase Acevedo *et al.* (1978).

necesidad de desechar todo «protagonismo», firmamos como Grupo Siete, y hoy no logro recordar más que a cinco de ellas: Marta Acevedo, María Antonieta Rascón, Asa Cristina Laurell, María Elena Sánchez y Rosa Marta Fernández. ¿Quién será la que se me olvida?

Ese mismo año se llevó a cabo el ciclo de conferencias *Imagen y realidad de la mujer* en la Casa del Lago, donde participaron nuestras compañeras Rosa Marta y Tonieta junto con Alaíde Foppa y cuatro hombres: Tomás Segovia, Juan José Arreola, Santiago Ramírez y Carlos Monsiváis. En 1975, Elena Urrutia publicó todas las conferencias, pero Monsiváis se le adelantó y sacó la suya en 1973 en el suplemento *La Cultura en México.* Su texto, que reprodujimos con nuestro mimeógrafo, fue, como solían ser los escritos de Carlos, un éxito que pronto se agotó.

El texto de Alaíde Foppa inicia transmitiendo el cambio que despuntaba en ese entonces: «Cuando sugerí para esta conferencia el título «Feminismo de ayer y feminismo de hoy», una joven militante del movimiento me objetó que lo de hoy no se llama feminismo sino liberación de la mujer» (1975: 80).

¡Liberación! Sí, eso anhelábamos, igual que las miles de jóvenes que hoy inundan las calles refrendando ese deseo al cantar *Alerta, alerta, alerta que camina, la lucha feminista por América Latina.*

Poco después, en 1974, cuando se dio la primera escisión en MAS, las mujeres de la facción en donde yo me quedé tomamos el nombre de Movimiento de Liberación de la Mujer (MLM). Con ese nombre asistimos a una reunión con otras feministas para discutir en torno a si participar o no en el Programa oficial de México para la Conferencia de la Mujer, organizada por las Naciones Unidas, que se iba a realizar en 1975. En esa ocasión discrepé de Alaíde, a quien quise tanto y que fue tan importante en mi vida, pues ella y sus compañeras de Tribuna y Acción para la Mujer (TYAM) habían decidido colaborar con el gobierno. Nosotras, la docena y media de gatas del MLM, pensábamos que no había que hacerlo, y nos parecía una aberración que Pedro Ojeda Paullada, el entonces Procurador de Justicia, fuera el director del Programa de México para la Mujer. ¿Que acaso el PRI no tenía ni siquiera a una funcionaria feminista? Poco después, el antropólogo Ricardo Ferré me invitó a escribir un texto en la recién creada revista *Del Tercer Mundo*; ahí volqué la postura del MLM contra la ONU y el gobierno. Nosotras no participamos en la conferencia oficial, sino que, con otras compañeras, hicimos un «contracongreso» en el Teatro de Eleuterio Méndez (Coyoacán), a donde, para nuestra sorpresa, llegaron Domitila Barrios Cuenca[3] y Germaine Greer.

Tiempo después, me encontré a Margarita García Flores, en una conferencia que pronunció sobre publicaciones feministas en la librería El Juglar de Germán Dehesa. Al finalizar, nos quedamos charlando y me invitó a colaborar en una revista que ella y una amiga estaban organizando. Me citó, sin más preámbulo, para el siguiente jueves en casa de Alaíde, y así empezó otra etapa clave de mi vida: la revista *fem.* Desde *Foro de la Mujer*, su programa en Radio Universidad, Alaíde había venido rumiando la idea de hacer una revista feminista y su deseo se intensificó luego del Año Internacional de la Mujer, que se llevó a cabo en junio de 1975. Durante un largo viaje en autobús a Morelia, Alaíde concretó con Margarita el proyecto de una publicación trimestral editada por una asociación civil creada para ello: *Nueva cultura feminista*. El nombre que eligió para la revista fue el prefijo *fem.*, y siempre he pensado que representaba tanto el *fem*inismo como la *fem*inidad de Alaíde.

[3] Todo un símbolo de la lucha indígena anticapitalista. Su testimonio fue recopilado por Moema Viezzer (1977).

En ese tiempo se dio una ruptura con las amigas que luego conformaron La Revuelta: Lucero González, Berta Hiriart, Indra Olavarrieta, Eli Bartra, Ángeles Necoechea y alguna otra que no recuerdo. Así, por un lado, Alaíde y Margarita, y por el otro las de La Revuelta, darían a luz en 1976 a dos publicaciones muy distintas. La revista *fem.* ha sido considerada erróneamente la primera publicación feminista de esa «segunda ola» mexicana, pero la antecedieron el Boletín de CIDHAL, el Boletín de MAS y el primer número del periódico *La Revuelta* (septiembre de 1976); eso sí, ninguna de esas tres publicaciones tuvo formato de revista ni duró los casi 30 años en que, al final, Esperanza Brito logró que *fem.* se sostuviera viva.

En 1976 surgió el proyecto de la Coalición de Mujeres Feministas, alentado por el Movimiento Nacional de Mujeres, y reunió a los seis grupos activos de la Ciudad de México.[4] Desde la Coalición impulsaríamos el primer proyecto de ley para legalizar el aborto, que por supuesto jamás se debatió en el Congreso. Marta Acevedo publicó, un año después, su análisis sobre las políticas del sexenio (1970-1976), donde consideraba que la subversión feminista debía de darse en las relaciones de reproducción (trabajo doméstico y de cuidados) y que solo entonces, cuando las mujeres tomaran en sus manos el poder de ese trabajo «invisible», se daría una verdadera transformación. Otra dimensión que despuntó en 1977 fue la intelectual: la académica Lourdes Arizpe (integrante de *fem.*) organizó el Primer simposio mexicano-centroamericano de investigación sobre la mujer, donde participaron destacadas feministas

[4] Una muy buena, si no es que la mejor, reconstrucción del nacimiento de la Coalición la hizo Cristina González para su tesis. Luego se publicó en forma de libro. Véase González (2001).

provenientes de campos diversos. Algo novedoso fue la inclusión de psicoanalistas en ese espacio, con Marie Langer a la cabeza. En su discurso inaugural Arizpe dijo:

> No venimos aquí a hacer el diagnóstico de la mujer en México o en Centroamérica. Este diagnóstico ya ha sido hecho. Lo que Sor Juana expresó con una elegancia exquisita es ahora, tres siglos más tarde, el tema redescubierto por el feminismo. Pero nuestra participación será menos incierta si nos liberamos de las cadenas ideológicas y económicas con las que nos han atado. Y esto requiere una labor colectiva de discusión, de investigación, y exige actuar con una conciencia clara que evite la fragmentación, la pasividad y la lamentación, p. 249.

Sus palabras subrayaron la necesidad de llevar a cabo una labor colectiva. Ese anhelo sobre lo colectivo empezó a tomar forma un año después, cuando feministas provenientes de tres grupos (Movimiento de Liberación de la Mujer, Lucha Feminista y Colectivo de Mujeres) junto con militantes del Partido Comunista (PCM) y el Partido Revolucionario de los Trabajadores (PRT), además de varias compañeras sindicalistas,[5] convocaron a la creación de un frente de lucha. Hubo reuniones a lo largo de un año, y en marzo de 1979, en el Auditorio de la Facultad de Economía de la UNAM, dieron comienzo

[5] De la Federación de Sindicatos de Trabajadores Universitarios (FSTU), el Sindicato Nacional de Trabajadores de Salubridad y Asistencia (SNTSA, Sección IV), la Secretaría de Trabajo Femenil del Comité Ejecutivo Democrático, el Sindicato Independiente de Trabajadores de la Universidad Autónoma Metropolitana (SITUAM), el Sindicato de Trabajadores de la Universidad Nacional Autónoma de México (STUNAM) y el Sindicato Independiente Nacional de Trabajadores del Colegio de Bachilleres (SINTCB).

las mesas de trabajo con asistencia de algunas feministas, pero sobre todo de las delegaciones sindicales y partidarias de Morelos, Puebla, Veracruz, Colima, Jalisco, Sinaloa, Nuevo León, Oaxaca, Durango, Estado de México y Tijuana. Asistieron 36 organizaciones: grupos de colonas, comités de trabajadoras, círculos de estudio, asociaciones de profesionistas independientes, partidos, grupos feministas y de homosexuales. El auditorio, a reventar, coreaba: «Orientación feminista a la lucha socialista».

La creación del Frente Nacional de Lucha por la Liberación y los Derechos de las Mujeres (FNALIDM) solo tuvo un incidente penoso: la salida de la Unión Nacional de Mujeres Mexicanas. Fundada en 1964 e integrada por compañeras cercanas al PCM, sus objetivos eran luchar por la paz y el desarme mundiales, pero compartían la equivocada postura de la URSS sobre la homosexualidad —vigente hasta la fecha en Rusia— y decidieron salirse ante el ingreso de los grupos activistas de lesbianas. La diversidad sexual era un tabú que no se debatía públicamente, aunque en dos manifestaciones de 1978, la del 26 de julio y la del 2 de octubre, participaron grupos de lesbianas y homosexuales. En el periódico *El Universal* publiqué tres entregas de mis artículos semanales que provocaron que Monsiváis me buscara para hablar del tema. Aunque hoy he afinado mi reflexión acerca de la diversidad sexual, esos panfletos se reproducen aquí tal cual aparecieron, pues transmiten un poco el clima que existía en ese momento en el MLM y otros grupos feministas.

Por la efervescencia feminista generada con la creación del FNALIDM, el recién legalizado Partido Comunista aceptó en 1979 proponer en el Congreso una ley sobre maternidad voluntaria que incluía el aborto. Ya he relatado las agresiones que vivieron tanto los comunistas como las feministas.[6] No obstante, Monsiváis, en el texto que reproducimos en esta antología, dio rienda suelta a su optimismo al considerar que:

> el éxito mayor del feminismo ha sido la campaña por la despenalización o legalización del aborto que de tema prohibido se ha convertido en causa apremiante pese a la oposición cerrada de la Iglesia (nacional y mundial) y la cómplice debilidad del gobierno (nacional), p. 256.

Indudablemente, hoy la Marea Verde es un éxito contundente, pero en los setenta, ¡ay! Fue motivo de una persecución política horrenda, que nos tomó por sorpresa y anunció lo que estaba en juego para los conservadores.

En su muy optimista texto, Carlos concluía señalando que:

> a un país carente de organizaciones independientes, sin tradición democrática, con una todavía precaria sociedad civil, el feminismo y el movimiento de liberación sexual en general le están aportando una perspectiva crítica para entender la «condición femenina» y la «condición masculina» como productos históricos que alimentan y vigorizan la explotación laboral, la represión social y la manipulación política, p. 255.

Dicha perspectiva crítica, que tomó el nombre de *género*, con todas las confusiones que produce todavía este término, se ha convertido

[6] Un artículo mío sobre el año 1979 está en un libro de Claudio Lomnitz donde compiló 50 artículos, uno por año, entre 1968 y 2018. Véase Lamas (2018).

en una batalla cultural que han emprendido los grupos de derecha, con las iglesias católica y evangélica a la cabeza. El dispositivo político contra la «ideología de género» enmarca hoy la agenda religiosa y conservadora que pasó de pronunciarse contra los anticonceptivos (¡los condones!), el aborto y las nuevas tecnologías reproductivas, a rechazar la diversidad de expresiones sexuales e identitarias y las nuevas formas en que se organizan las familias. Esa batalla cultural no estuvo presente públicamente en la década de 1970, aunque se gestó a partir del despegue político del feminismo en ese momento.[7]

Lo que es un hecho es que en esa década hubo un sinfín de mujeres que, más allá de las etiquetas, entendían perfecto qué era la discriminación y la explotación por el *género*. Cuando Sara Sefchovich se propuso a finales de los setenta coordinar un número para *fem.* sobre *La mujer en lucha en América Latina,* fue tanto el material que consiguió que finalmente hizo dos números. En el primero incluyó a los países más al sur (Argentina, Bolivia, Brasil, Chile, Ecuador, Perú, Paraguay y Uruguay) y en el segundo, a México, Colombia y países de Centroamérica y el Caribe. Con Marta Acevedo y Ana Luisa Liguori escribimos un texto donde recuperamos movilizaciones poco conocidas de mujeres, que clasificamos en cinco grupos: 1) las luchas laborales y sindicales de obreras y empleadas; 2) las de mujeres campesinas; 3) las de mujeres que se solidarizan con las luchas de sus compañeros; 4) las que tocan demandas específicamente femeninas; y 5) las que tienen cierta elaboración feminista. Con este artículo cierra, al menos para mí, esa primera década, que confirma lo certero del lema *lo personal es político*.

[7] Cuando Ratzinger fue cardenal, mucho antes de ser nombrado papa, se horrorizó ante el feminismo de los setenta y planteó que era necesario «ir al fondo de la demanda del feminismo radical» (Case 2011: 815).

Hoy que releo estos textos, que han sido tan difíciles de seleccionar, confirmo también una aguda conclusión de Monsiváis: «La mayor victoria del feminismo se está dando a través de un proceso de *contagio* o *contaminación social*». Ese proceso de *contagio* también se da en las narrativas, y traigo a colación una que destaca Tamar Pitch, jurista italiana. Ella señala que en las décadas de 1970 y 1980 las feministas hablábamos principalmente de «opresión», y que después se empezó a usar mucho más el término «violencia», incluso para nombrar la discriminación económica y la supeditación política, es decir, como ocurre ahora, cuando todo se llama violencia. ¿Por qué se pasó de la «opresión» a la «violencia»? Pitch ubica el cambio en un momento determinado de la lucha política del movimiento feminista en Italia, cuando se desarrolló la campaña para cambiar la ley sobre la violación. Será entonces que en ese país el término «violencia» cobró gran protagonismo pues, para Pitch,

> el término «violencia» se impuso como definición dominante, hasta el extremo de ser utilizada bastante más allá de la violación en sí (en seguida se añadieron el acoso sexual en el lugar de trabajo y, más tarde, la violencia en las relaciones íntimas, todas englobadas bajo la misma designación: violencia). Entonces me pareció que esto se producía por la vía de recurrir al lenguaje y al potencial simbólico de lo penal, que permitían delinear una separación clara entre el agresor y la víctima, de manera que la víctima era inocente de la violencia que sufría, aunque a costa de poner en un segundo plano el contexto social y cultural y la complejidad de las relaciones en las que el acto violento ocurría (2014: 20).

Para Pitch, «parece que la única manera de legitimarse como sujetos políticos, o al menos de tener voz, es autodefiniéndose como «víctima»» (2014: 21). Según ella, la asunción («reconstrucción») de las propias mujeres como víctimas es lo que ha llevado a una extensión progresiva del término «violencia». Desde la década de 1990, en varios movimientos feministas se dio un gran impulso de movilización contra la violencia sexual. Ahora bien, cuando las mujeres europeas y norteamericanas hablan de «violencia sexual» se refieren al acoso sexual y a la violación, pero no a los feminicidios, puesto que en sus contextos esos crímenes son excepcionales. En la década de 1970 todavía no habían sido acuñados los términos *femicidio* (Diana Russell) ni *feminicidio* (Marcela Lagarde), aunque esas aberraciones pavorosas ya ocurrían. Hoy suceden con una frecuencia alarmante en un entramado de explotación, discriminación y opresión. Todo se mezcla, y el reclamo «Ni una más» atraviesa todo el continente; el señalamiento de Pitch me llevó a poner, en el amplio cuerpo de estos textos elegidos (242 cuartillas), los términos «opresión» y «violencia» en el buscador de palabras. Encontré que «violencia» aparece 11 veces mientras que «opresión» lo hace 56 veces; busqué también «patriarcado» (tres veces), «capitalista» (34 veces) y «capitalismo» (10 veces). Imagino que si hoy hiciéramos una búsqueda en los textos que escriben las jóvenes, el resultado sería muy distinto.

Finalmente, en la década de 1970 el incipiente movimiento feminista jugó un papel en el despertar de una nueva cultura política democrática. Nuestro discurso crítico cultural puso de manifiesto que hay política en eso que se llama «lo personal» y forzó a las organizaciones de izquierda, así como a quienes se dedicaban a la crítica cultural y a la investigación social, a considerar los problemas de la sociedad y de las personas desde una perspectiva que cuestionaba el androcentrismo y la dominación masculina, además de que denunció las variadas manifestaciones del sexismo. También alentó importantes transformaciones que son difíciles de evaluar: las que consisten en una nueva manera de vivir la vida cotidiana y las relaciones interpersonales. En mi caso, me ocurrió algo similar a lo que le pasó a Rossana Rossanda. Al hablar de su encuentro con el feminismo, esta líder comunista dijo que las mujeres se le volvieron «legibles e interesantes» (1990: 251). Sí, a mí, en los setenta, el feminismo también me descubrió a mujeres que yo desconocía en su riqueza y complejidad. Y hasta la fecha me sigue ocurriendo.

Referencias

Acevedo, Marta, Angelina del Valle, Marta Lamas, María Elena Sánchez y Guadalupe Zamarrón. 1977. «Piezas de un rompecabezas», *fem.*, núm. 5, octubre-diciembre, pp. 11-26.

Acevedo, Marta. 2023. *A cien años del 10 de mayo,* Ciudad de México, Universidad Nacional Autónoma de México.

Bourdieu, Pierre. 2006. *Autoanálisis de un sociólogo*, Barcelona, Anagrama.

Case, Mary Anne. 2011. «After Gender The Destruction of Man? The Vatican's Nightmare Vision of the «Gender Agenda for Law»», *Pace Law Review*, vol. 31, pp. 802-817.

González, Ma. Cristina. 2001. *Autonomía y alianzas. El movimiento feminista en la ciudad de México 1976-1986*, México, Programa Universitario de Estudios de Género-UNAM.

Lamas, Marta. 2018. «1979. Proyecto de ley sobre Maternidad voluntaria», en Claudio Lomnitz (coord.), *1968-2018 Historia colectiva de medio siglo*, Ciudad de México, Universidad Nacional Autónoma de México, pp. 113-122.

Pitch, Tamar. 2014. «La violencia contra las mujeres y sus usos políticos», *Anales de la Cátedra Francisco Suárez,* núm. 48, pp. 19-29.

Rossanda, Rossana. 1990. «El encuentro con el feminismo», *Debate Feminista*, núm. 2, septiembre, pp. 249-264

Sefchovich, Sara (coord.). 1980. «América Latina: la mujer en lucha II», *fem.,* núm.13, marzo-abril.

Urrutia, Elena (comp.). 1975. *Imagen y realidad de la mujer,* México, Colección SepSetentas, núm. 172.

Viezzer, Moema. 1977. *Si me permiten hablar... Testimonio de Domitila, una mujer de las minas de Bolivia*, Madrid, Siglo XXI.

1. Feminismo 1970: curarnos en salud

Rosario Castellanos

Todos descansábamos en la confianza de que había sido suficiente. De que ya nadie vería estimulada su irritación o su sentido del ridículo ante el espectáculo de un grupo de mujeres, mal vestidas y peor arregladas, que clamoreaban pidiendo algo.

¿No se les ha dado todo? El derecho al voto, puertas abiertas en las fábricas y en las universidades, oportunidad para desempeñar cargos públicos y privados, para elegir libremente entre la carrera y el matrimonio, entre la maternidad y la esterilidad, entre este mundo y cualquier otro. Nuestra confianza no era más que desconocimiento de unos hechos que registraban las estadísticas y que iban creciendo como un tumor que ahora estalla, con furia, en los Estados Unidos y en Inglaterra: es la revuelta feminista contra el «sexismo».

En los Estados Unidos existen, por lo menos, 50 grupos activos en Nueva York, 35 en San Francisco, 30 en Chicago, 25 en Boston y el número va decreciendo en las otras zonas. La mayor parte de ellos sin líderes y sin nombre, tienen en común dos características: la radicalidad de las ideas y la violencia de los métodos.

En su historial se cuenta ya el secuestro de un editor de pornografía y la adopción del hábito de aprender karate y otras tácticas ofensivas y defensivas. Esta fuerza se dirige contra una sociedad rígida, «dominada por el macho la cual, deliberadamente o en un nivel de inconsciencia, perpetúa la iniquidad en el trato entre los hombres y las mujeres. Iniquidad en la paga, las clases de trabajo y, más sutilmente, en la expresión propia».

La protesta se basa en hechos objetivos. A pesar de que 51% de ciudadanos norteamericanos son mujeres, las mujeres se enfrentan a muchos problemas que son propios de una minoría: únicamente 1% de los ingenieros son mujeres y 3% de los abogados y 7% de los médicos.

Si desempeñan el mismo trabajo y con idénticas responsabilidades un hombre recibe más de la mitad del sueldo que se le acuerda a una mujer. La posesión de un título universitario no constituye ninguna garantía. Muchas mujeres que poseen el bachillerato en artes no alcanzan puestos más altos que los de obreras, cocineras y vendedoras.

Las ha alarmado también el hecho de que disminuye su influencia política. En los últimos 10 años las mujeres han perdido cincuenta curules en las legislaturas locales. Solo hay una mujer en el Senado y otra en el Congreso de la Unión, mientras que en 1960 había diecisiete. De todo ello culpan a la «mística femenina» que según la escritora Betty Friedan se define con la vieja fórmula de «cocina, niños, iglesia» y que tiende a domesticar a las mujeres.

Pero los caminos que conducen a estas metas pasan siempre por una imagen distorsionada y falsa del sexo. De acuerdo con ella una mujer carece de intimidad, no es una persona que se propone la realización de ciertos fines o que persigue satisfacer ciertas necesidades sino es una cosa: su cuerpo, que se ofrece como espectáculo a las miradas de los otros, que se usa como adorno, que se alquila o se vende como una mercancía cualquiera y que extiende el ámbito de la prostitución hasta los más recatados santuarios del hogar.

Un cuerpo sometido a dietas, masajes, tratamientos embellecedores; cubierto por afeites, sujeto al molde despiadado de las fajas, alzado sobre la altura de los tacones, expuesto por la brevedad de las faldas y la magnitud de los escotes, pesado y medido en los concursos, premiado cuando encarna el ideal estético de nuestro tiempo que es el del artificio contra la naturalidad, el de la apariencia contra la operancia.

¿Cuánto tiempo hay que dedicar al cuidado de ese cuerpo para volverlo «presentable», esa condición sin la cual es inútil acudir a solicitar un empleo, aspirar a ser atractiva para un hombre, pretender ser aceptada por la sociedad? ¿Cuántas horas de gimnasia cotidiana? ¿Cuántas horas muertas dentro del secador en el salón de belleza, con las manos extendidas ante la manicurista, bajo las lámparas de rayos infrarrojos? ¿Cuánto dinero hay que pagar por estos servicios?

¿Y por asistir a una «escuela de personalidad» donde le enseñan a la alumna a sacar el mejor provecho posible de su físico? ¿A ostentarse con gracia pero no sin agresividad? ¿A mantener una conversación, a usar los cubiertos, a elegir y mezclar las bebidas, a disponer un menú, a organizar una fiesta? ¿Cuánto por adquirir un vestuario con los modelos adecuados para los deportes y para las reuniones formales, para la playa y la montaña, para el paseo matinal y para la hora del coctel, para la casa y para el teatro? ¿Cuánto por poseer el marco adecuado para lucirse? ¿El hotel de vacaciones, el cabaret exclusivo, la decoración interior que refleje los gustos y refinamientos de su dueña?

No es barato. ¿Y dónde consigue la mujer el dinero para cumplir con las exigencias que se le imponen y que hace suyas con un apasionamiento y un fanatismo dignos de mejor causa? ¿A qué horas ha conquistado la aptitud para realizar un trabajo que amerite ser retribuido con largueza? Desde luego, existe otra alternativa, una fuente de ingresos que a lo largo de los siglos de la historia ha probado su eficacia, «el oficio más viejo del mundo».

Contra la degradación que supone ejercer este oficio es contra lo que se revuelven las feministas anglosajonas y atacan los síntomas, que proliferan hasta el infinito en el marco de nuestra cultura, pero quieren llegar hasta la raíz y proponen que las mujeres acrecienten su propia estimación y se asuman como si fueran criaturas humanas y no meros objetos de tráfico.

En su lucha rompen la imagen seductora que de la feminidad ha elaborado nuestra época (y que en esto se asemeja a todas las épocas anteriores). Destruyen tabúes que no han perdido aún el prestigio de lo sagrado y arrostran el riesgo de ser excesivas, de ser injustas y, sobre todo, de ser impopulares entre aquellas que deben constituir el núcleo de sus seguidoras. ¿A quién no le asusta tomar parte en una cruzada en la que el Santo Sepulcro que se disputa es el de una dignidad que se paga con burlas, con rechazos y con la exclusión del paraíso de la vanidad y del amor?

Nosotras, al sur de la frontera del Río Bravo, contemplamos la aventura desde lejos, como si el asunto no nos concerniera. Nos instala en esta certidumbre el hecho de que pertenecemos a otro país, a otro estilo de vida. ¿Pero tenemos razón en suponernos tan diferentes? ¿Rigen todavía para nosotros aquellos sólidos postulados prehispánicos, hispánicos y arábigos o hemos ido sustituyéndolos por la práctica de otras costumbres que toman de nuestros vecinos lo que es más fácil de alcanzar: sus defectos? Valdría la pena pensar en ello y comenzar, desde ahora, a curarnos en salud.

2. Casandra de huarache: la liberación de la mujer, aquí

Rosario Castellanos

La marcha, organizada por las mujeres norteamericanas, para conmemorar el quincuagésimo aniversario de la proclamación de su derecho al voto y para exigir que esta igualdad cívica se complemente con la igualdad de trato en todos los niveles de la convivencia humana, se llevó a cabo en la fecha y en los sitios programados y con la participación de un número de personas que sobrepasó en mucho los más optimistas cálculos de sus promotoras.

La marcha, ya ustedes están enterados, no constituyó su expresión única de descontento sino que estuvo acompañada de una huelga de trabajos domésticos (esos trabajos tan *sui géneris*, tan peculiares que solo se notan cuando no se hacen, esos trabajos tan fuera de todas las leyes económicas, que no se retribuyen con una tarifa determinada o que se retribuyen con el simple alojamiento, alimentación y vestido de quien los cumple; esos trabajos que, como ciertas torturas refinadísimas que se aplican en cárceles infames, se destruyen apenas han concluido de realizarse), de una serie de actos simbólicos como el arrojar prendas de ropa a los botes de basura lo mismo que productos que se anuncian como embellecedores y que, si lo son, es asunto que puede ponerse en tela de juicio; pero de lo que no puede dudarse es que su adquisición nos despoja de nuestro dinero y su aplicación de nuestro tiempo; de una serie de actos violentos como el apedrear expendios de revistas que han convertido a la mujer en un mero objeto sexual o el irrumpir, por la fuerza, en recintos exclusivamente reservados para los hombres, como algunos bares que ostentaban en sus puertas esa misma advertencia que se ostenta en el club de Toby y sus amigos, los amigos de *La Pequeña Lulú*: «No se admiten mujeres».

A mí, naturalmente, ajonjolí de todos los moles pero especialmente de este tipo de moles, me ha interesado seguir el proceso que está desarrollándose y me he divertido muchísimo con la reacción de las antifeministas que no han encontrado argumento mejor que esgrimir para encontrar satisfactoria su situación en el mundo actual que recordar un hecho que, si aconteció, aconteció hace miles de años: el hecho de que el hombre, según estas peregrinas pensadoras, tuvo la generosidad de ceder una de sus costillas para que las mujeres fuéramos creadas.

En primer lugar, nadie le estaba pidiendo su consentimiento para llevar a cabo tal operación. En segundo, cuando esta operación tuvo efecto el hombre se encontraba en estado de inconsciencia completa a tal punto que, cuando despertó, se llevó la sorpresa del siglo y de los siglos al encontrar junto a sí a esa criatura seductora que, con el tiempo, le incitaría a salir del Paraíso.

Esa criatura que no cesa de golpearse el pecho en actitud de arrepentimiento por tal error pero que guarda, en ese mismo pecho lacerado por el *mea culpa*, la llama inextinguible de la gratitud a quien le dio el ser. Y el ser como es, además, que, por lo visto, no podía nunca ser mejor.

Pero esta discusión es bizantina, como ustedes ya se habrán dado cuenta, así que tenemos que abandonarla porque Bizancio no está de moda. Y pasemos a otro punto que a mí me parece más significativo que los que se han mencionado: la repercusión que estos hechos ha tenido en quienes actúan como portavoces de la opinión pública en México.

Desde luego ha habido comentarios. Y, desde luego también, la gama de estos comentarios ha sido la previsible. Desde el choteo burdo y aun los juegos de palabras procaces hasta el desgarramiento de las vestiduras ante este nuevo signo apocalíptico que anuncia la decadencia y quizá la muerte de nuestra cultura y de nuestra civilización.

Desde el «¡bravo, bravo!», «¡viva, viva!» de alguna congénere entusiasmada hasta la simpatía de algún miembro del sexo hoy más que nunca opuesto, simpatía que yo aplaudo como heroica porque sé la cantidad y calidad de resistencias interiores que tiene que superar para manifestarse reconociendo un hecho objetivo. Desde el repudio irracional hasta esa condescendiente benevolencia con que se observan los vanos esfuerzos que hacen los cuadrúpedos para mantenerse el mayor tiempo posible en solo dos pies.

Los comentarios han sido de dulce, de chile y de manteca. Pero todos (excepto uno en el que nos detendremos después) tienen una característica común: todos se refieren a este movimiento de la liberación de la mujer en los Estados Unidos como si estuviera ocurriendo en el más remoto de los países o entre los más exóticos e incomprensibles de los habitantes del menos explorado de los planetas. Esto es como si lo que está aconteciendo del otro lado del Bravo no nos concerniera en absoluto.

Es normal que tomemos esta actitud cuando nos referimos a los negros, a los chicanos, a la guerra en Vietnam. Nuestras condiciones son absolutamente distintas y ese tipo de problemas no se presenta entre nosotros. Pero el de las mujeres…

No falta quien, cuando echa una mirada hacia aquel lado y enumera la lucha por la emancipación que cada minoría está emprendiendo y sosteniendo, añade, al repertorio, este nuevo núcleo de combatientes. Y si lo relaciona con México es solo para aconsejar a nuestros políticos que se aprovechen del embrollo generalizado más allá de nuestras fronteras para sacar algunas ventajas. Ya que el coloso está mostrando sus pies de barro pues a ver si somos tan listos y vendemos a mejor precio nuestro jitomate. Lo cual está muy bien. Pero no es suficiente.

Porque ocurre que, como dice Samuel Ramos, somos seres miméticos por excelencia. Y si hemos imitado todo lo demás, ¿por qué no hemos de imitar este movimiento? ¿Es que no hay mujeres entre nosotros? ¿Es que el sahumerio de la abnegación las ha atarantado de tal manera que no se dan cuenta de cuáles son sus condiciones de vida?

¿Es que así como con la aparición de la Virgen de Guadalupe no se hizo nada semejante con otras naciones, aquí la naturaleza femenina es de tal índole que ha logrado encontrar la satisfacción de todas sus necesidades y la plenitud de todas sus potencialidades en la sociedad tal como está organizada actualmente? ¿Es que la dosis de su paciencia está garantizada para no agotarse jamás? ¿Es que son tan sensibles al ridículo que prefieren la abyección?

A mí no me gusta hacerla de profetisa pero esta es una ocasión en que se antoja fungir como tal. (Aparte de que la profecía es uno de los pocos oficios que se consideran propios para señoras histéricas como su segura servidora.) Y yo les advierto que las mujeres mexicanas estamos echando vidrio acerca de lo que hacen nuestras primas y estamos llevando un apunte para cuando sea necesario. Quizá no ahora ni mañana. Porque el ser un parásito (que es eso lo que somos, más que unas víctimas) no deja de tener sus encantos. Pero cuando el desarrollo industrial del país nos obligue a emplearnos en fábricas y oficinas, y a atender la casa y los niños y la apariencia y la vida social y, etcétera, etcétera, etcétera, entonces nos llegará la lumbre a los aparejos. Cuando desaparezca la última criada, el colchoncito en que ahora reposa nuestra conformidad, aparecerá la primera rebelde furibunda.

3. Nuestro sueño está en escarpado lugar

Marta Acevedo

El miércoles 26 de agosto de 1970 en San Francisco, California, tuvo lugar un extraordinario mitin en Union Square, plaza principal de San Francisco, para celebrar el cincuentenario de la emancipación de la mujer que en 1920 obtuvo derecho al voto en los Estados Unidos. Marta Acevedo, que vivió y trabajó cuatro años en Pasadena, California, hizo el viaje especialmente para participar en la manifestación y lograr este ensayo. Convivió con un grupo de jóvenes mujeres norteamericanas y obtuvo una información que solo puede dársele a una amiga ya que la gran prensa suele desvirtuar o pasar por alto las noticias dadas y, en este caso, con mayor razón porque los movimientos de la mujer suelen provocar la hilaridad masculina.

Aquí en México nos enteramos de esta manifestación por las crónicas en la prensa en que se nos advertía que las mujeres habían tirado a los basureros callejeros brasieres, fajas, tubos de labios, lápiz de cejas, pestañas postizas, maquillajes y demás afeites esclavizantes. Pero nada se nos dijo de los propósitos y los logros de este movimiento.

Los hombres suelen preguntarse: «¿Qué quieren las mujeres? ¿De qué se quejan?». Los más condescendientes abren los brazos para soltar a la presa y se frotan las manos: «A ver… Ya están solas… A ver, hagan lo que quieran… Están ustedes libres». Marta Acevedo nos dice que este movimiento de mujeres pide una sola cosa; que desaparezcan los papeles «masculino y femenino» y nos plantea en este ensayo uno de los problemas que mayores comentarios suscitan junto a los otros movimientos de liberación.

E.P.

Quiero una esposa. Quiero una esposa que trabaje mientras yo estudio, cuide a los niños y esté pendiente de las citas con el dentista. Quiero una esposa que alimente bien a mis hijos y los mantenga limpios. Quiero una esposa que se encargue de la casa, vigile las tareas escolares, lleve a los niños al parque y… Quiero una esposa que atienda a los niños cuando están enfermos, yo estoy estudiando. Quiero una esposa que tenga la ropa planchada y limpia, zurcida y guardada y mis objetos personales ordenados de tal modo que los pueda encontrar cuando los necesite… Quiero una esposa que planee dietas balanceadas, económicas y por supuesto que cocine bien, haga las compras, limpie el piso y lave los trastes —mientras estudio—… Quiero una esposa que no se queje y sepa escucharme cuando algo no va bien, que atienda los detalles de mi vida social y la lleve bien con mis amigos… Quiero una esposa que entienda mis necesidades sexuales y no demande atenciones cuando no estoy de humor… Quiero una esposa que asunte la responsabilidad del control de la natalidad pues no deseo más niños; una esposa que permanezca fiel pues no quiero que los celos perturben mi trabajo intelectual… Quiero una esposa que entienda que, después de todo, no debo adherirme estrictamente a la monogamia; y si por casualidad encuentro una persona más apta para desarrollar este papel, deseo tener la libertad de reponerla. Naturalmente espero que ella se haga responsable de los niños. Cuando termine la escuela y tenga un trabajo, quiero que mi esposa deje el suyo para dedicarse de lleno a los quehaceres de la casa.

¡Dios mío, quién no quiere una esposa!

San Francisco, Union Square, 26 de agosto.

El que este texto (abreviado aquí) fuera escrito y dicho por una mujer —Judith Brady—, el ritmo que le impusiera a la lectura y la respuesta del público, hizo de él uno de los más frescos, ligeros y llenos de humor de los que se pronunciaron en el mitin de San Francisco el 26 de agosto pasado, cuando celebraban el cincuentenario de la obtención del sufragio femenino.

Sin embargo, el texto señala los elementos opresivos de cada día, pequeñas gotas de agua que van minando la personalidad de la mujer como ser humano, rutinaria función que jamás termina. El trabajo de la mujer nunca se acaba.

Uno de los propósitos de la celebración del 26 de agosto fue el de protestar en contra del papel que la sociedad ha impuesto a la mujer, de esclava de las apariencias, de responsable de los quehaceres caseros; de fiel observadora de las necesidades del hombre. Ese día se declaraban en huelga y se arrojarían a basureros los objetos representativos de su opresión.

En el mitin estuvieron representantes de varios grupos: Carmen Alegría habló por las chicanas. Comentó que las responsabilidades que Judith mencionaba no deberían recaer en una persona y que el Estado debía absorber muchas de ellas. Subrayó después la necesidad de una apertura en la educación y los medios que facilite la comunicación y alternativas de trabajo de las mujeres chicanas. Aileen

Hernández de NOW (Organizacion Nacional de Mujeres) trató problemas generales del movimiento: guarderías, salarios y oportunidades laborales, opresión psicológica, etcétera. La representante del primer sindicato de mujeres se extendió sobre temas laborales: igual paga para trabajos iguales, leyes extensivas que protejan a todas las trabajadoras. La triple opresión de las mujeres negras tuvo su vocera en Julia Hare. Una representante de Gay Women expuso con suficiente ironía la situación de sus compañeras.

Dos representaciones teatrales dijeron mucho. Una con solo la mímica dio perfecta cuenta de «una velada familiar»; la segunda que relató la historia de la mujer valiéndose de una narradora, un coro y metros de manta ilustrada por Dianne Echeverría obtuvo tal ovación del auditorio que se repitió al final.

La reunión duró casi tres horas con un público cada vez más numeroso. Mujeres de todas edades, unas con niños (del otro lado de la plaza se organizó una función de guiñol especialmente para ellos); hombres jóvenes, empleados que salían a comer —casi la mitad de la concurrencia estaba formada por hombres— se quedaron a escuchar, ya que la prensa y en general los medios de difusión han sido parciales; estos han distorsionado situaciones o han tomado declaraciones particulares, hechas al calor de la indignación moral o política, para hacerlas extensivas a todo el movimiento feminista. Yo esperaba una reacción hostil o de indiferencia y resultó que realmente escuchaban con interés.

Al empezar el mitin un joven homosexual exhibicionista cargaba una pancarta cuyo significado no era claro para un niño de nueve años y su madre no encontraba qué decirle; se leía: «Abajo las lesbianas radicales». Realmente era sorprendente, dada su opción sexual. Su protesta fue respetada hasta el momento en que sus gritos interrumpieron a una de las representaciones; el público exigió que se le sacara y entre cinco muchachas lo hicieron. Aplauso general. Dos hombres no muy viejos comentaban:

—Mi mujer en la vida se metería en esto.

—Pues la mía que ni lo intente…

Una pareja de japoneses intercambiaban frases frecuentemente; por su expresión creo que la mujer aprobaba muchas cosas. Al final ella hablaba y su pareja escuchaba. Había abuelas deseándonos suerte en este movimiento, aunque les escandalizaba un tanto la posición de debate abierto sobre la cuestión sexual. El mitin, organizado y estructurado por mujeres, tuvo un sabor especial. Las oradoras exigieron y expusieron con firmeza situaciones, pero las subrayaba cierta ironía y desenvoltura. Se tuvo muy en cuenta qué se iba a decir, cómo se iba a proceder y cuánto tiempo iba a tomar, lo que produjo un equilibrio armonioso a pesar de las múltiples tendencias de los grupos representados.

Los sesenta: década de liberación

> Mientras el colectivismo no sea más que la generalización del individualismo, el problema queda en pie: … algo se mueve en lo más recóndito de la vida humana y trata de lograr acceso al lenguaje y a la acción. La perspectiva de la liberación económica y política, racial y nacional se articula con la perspectiva de la liberación de la mujer y de la liberación erótica, de la liberación de las fuerzas humanas en general.
>
> Kostas Axelos

Junto con el movimiento de los negros, el latino, el de los indios americanos, el de los anglosajones pobres, el de las mujeres viene a completar la cristalización pública de los grupos oprimidos en los Estados Unidos. Cada uno de ellos ha descubierto la naturaleza de su opresión y los medios para combatirla. Para la mujer ese descubrimiento ha redundado en la pérdida del miedo a la rebelión, en una toma de conciencia y en intentar soluciones que la lleven a la formación de una mujer integral.

En cuatro años las mujeres han creado grupos diferentes: la Organización Nacional de Mujeres (NOW), principalmente de clase media; las que luchan por igualdad de derechos académicos y profesionales; las que sostienen que pueden lograr sus fines aun dentro del sistema capitalista, los grupos que se identifican con la izquierda y las mujeres que militan en organizaciones como Black Panthers o Red Power. Básicamente las une el Movimiento de Liberación de la Mujer. Este se ha ido estructurando sin rigideces, gracias a su carácter heterogéneo y complejo, en él tienen cabida grupos de varias tendencias y grados de radicalización. De cualquier forma sus puntos de vista y propósitos vienen a cuestionar las bases de una estructura milenaria que concierne a 50% de la población mundial.

La liberación de la mujer es un movimiento para el cambio, para la transformación de la sociedad y para la transformación de cada una de sus integrantes. Una lucha de la mujer por dejar atrás el papel que la sociedad le ha impuesto: objeto de burla y consumo, objeto de explotación.

La liberación de la mujer encierra posibilidades de cambio que atañen muy de cerca la estructura del sistema. Tanto en lo político y sexual como en lo económico y social, la sociedad tendrá que ser fundamentalmente reorganizada y esto se obtendrá por la oposición colectiva y la transformación de las relaciones de producción y de las instituciones. Se trata de modificar actitudes y papeles que definen y refuerzan la opresión de la mujer.

La liberación de la mujer es básica, porque para lograrlo necesariamente tiene que incluir al hombre, a la familia y al trabajo. La mujer encierra un potencial enorme ya que su opresión proviene de su sexo, posición social y raza. En el caso de la blanca de clase media la opresión es solo manifestación de su sexo; en el de la obrera negra la opresión es triple. La liberación de la mujer representa la innovación más amplia, personal, y genérica, con repercusiones en todos los niveles: desde la estructura económica hasta los hábitos caseros, desde una auténtica búsqueda de identidad para los dos sexos, hasta el trabajo visto como gratificación placentera de una necesidad; desde un enfoque diferente de la educación de los niños hasta la abolición del Día de la Madre y toda la falsa imagen de la mujer.

Ronronea, gatita, ronronea

No es extraño por tanto, que el movimiento de las mujeres con sus exigencias y puntos de vista, sus planteamientos y acciones, haya levantado protestas, rechazos, burlas y hasta bostezos, o contramovimientos como el de Santa Bárbara que invita a celebrar el «Día de la Femeneidad» el 30 de septiembre cuando la «esposa cantará vestida con el más coqueto atuendo y le servirá el desayuno a su marido en la cama…»; o la creación del grupo de Nueva York cuyo lema es «*purr baby, purrr*»; y aún el del MOM (Men Our Masters), ampliamente publicitado.

Los factores sociales para el nacimiento de una lucha de la mujer están dados. Marlene Dixon apunta tres principales: primero:

> el número creciente de mujeres que trabajan —poco más de la tercera parte de la fuerza de trabajo— y su desplazamiento de pues-

tos de trabajo de mayor prestigio: en 1940 las mujeres ocupaban 45% de posiciones profesionales y técnicas, en 1967 solo 37%. En 1968 el salario medio anual por trabajar tiempo completo era para el hombre blanco 7,870 dólares; 5,314 para los no blancos; 4,580 para la anglosajona y 3,487 para los otros grupos étnicos. Una mujer necesita un título universitario para ganar lo que un anglosajón gana teniendo una educación secundaria. Hasta en las profesiones tradicionales como el magisterio, de cada 10 maestros de escuela primaria, 2 son hombres; de cada 10 directores de escuelas primarias, 2 son mujeres».

Por desarrollar trabajos iguales la paga es diferente y se ha formado una mística alrededor de actividades donde la mujer «es más eficiente» o «está hecha para ellas», perforar millones de tarjetas, lubricar la burocracia con mil oficios, como recepcionista o enfermera; trabajos fácilmente reemplazables por lo mecánico del proceso, pero que dadas las demandas del mercado son las posiciones más solicitadas. Esto ha llegado a formar un concepto general de predestinación. La mujer sirve para esto y para esto otro.

La opresión de la obrera no es solo económica sino psicológica: la ignominia de ser pobre, ignorante, débil, enajenada por el trabajo, más los quehaceres de la casa, el cuidado de los niños y el trato brutal que el marido generalmente le da —sin contar las condiciones del ghetto, si pertenece a grupos de color. Estos factores no son solo formas de opresión en sí mismas sino que doblegan toda energía o posibilidad de lucha. Y como si esto no fuera suficiente, la obrera tiene además la negativa de sus pares sindicalistas a considerarla como igual. Ellos la ven ante todo como mujer y sus problemas específicos no los integran dentro de su lucha.

El vino del matrimonio se avinagra

Otro de los factores que apunta Dixon gira alrededor del matrimonio y la vida en los suburbios: se estaba avinagrando; una generación despertó para ver a sus hijos crecidos y un desierto por delante, interrumpido por sesiones de *bridge*; y para el ama de casa joven, la rutina era una contradicción entre sus sueños adolescentes de amor romántico y el papel totalizador de madre y esposa.

Mucho se ha manoseado la idea de que el Movimiento de Liberación de la Mujer es de la blanca de clase media o del ama de casa. ¿De qué quiere liberarse si vive en un matriarcado, si su situación económica es envidiable? El que no estén súper explotadas como las obreras no quiere decir que no compartan con ellas las formas psicológicas de opresión: de ser objetos sexuales, de trabajo pasivo y mecánico, de objetos de consumo, etcétera. No se puede tener una visión solo de clase de la opresión de la mujer; hay relaciones y puntos de apoyo sobre los que se tiene que investigar y profundizar. Hay muchas cuestiones en común para que luchen unas y otras.

El último factor tiene que ver con los derechos civiles:

> El movimiento de derechos civiles que luego se convirtiera en la nueva izquierda, vino a desintegrarse por disidencias políticas y también por actitudes frente al papel de los sexos en el movimiento; a la mujer se le encomendaban tareas caseras —el café, la limpieza, el mimeógrafo y su participación en la planeación o toma de decisiones era limitada.

El problema de la «separación» de las mujeres en un movimiento independiente al de la izquierda demanda reflexiones más extensas. Apuntemos solo dos preguntas: ¿cuándo los grupos de izquierda, desde las Panteras Negras hasta los de trabajadores y estudiantes, han incluido en sus protestas y programas de acción problemas que conciernen a las mujeres que militan en ellos? ¿Es necesario un movimiento donde la mujer se desarrolle independiente del hombre cuando la lucha principal está «en la batalla contra el racismo y el imperialismo»?

Como todo movimiento joven, el de la mujer comenzó a organizarse lentamente, venciendo miedos y obstáculos. Hoy, se encuentran grupos de liberación de la mujer más o menos radicales en muchas ciudades importantes.

Hay que transformar el trabajo doméstico privado en una industria pública

El tan poco reconocido movimiento sufragista y feminista que luchara durante un siglo consiguió hace 50 años el voto, la plena ciudadanía, pero las trabas económicas, sociales y culturales permanecen. Hasta hace unos años se comenzó a discutir la posición desventajosa de la mujer; la educación diferenciada; el papel desarrollado en la familia; la explotación sexual y psicológica; pero ¿son esos los problemas principales o derivan de uno más general?

A pesar de la diversidad y combinaciones posibles de las integrantes del Movimiento de Liberación: amas de casa, trabajadoras, clase media blanca, chicanas, negras, estudiantes, o indias americanas, a todas ellas las une un factor. A través de la familia la mujer proporciona al sistema gran cantidad de trabajo no remunerado, derivándose de esta muy especial relación con la producción sus problemas personales y sociológicos. Analicemos un tanto el problema. La economía política no tiene una definición estructurada para el grupo «mujer» a pesar de que sobre ella —en 51%— descansa la superestructura que conocemos. Ernest Mandel apunta un camino cuando expone que en nuestra sociedad solo hay dos productos que tienen valor de uso pero no valor de cambio. Es decir, tienen utilidad, sirven, pero no se paga por ellos. Dichos productos son los que el campesino utiliza para consumo propio y *el trabajo que la mujer realiza en la casa.* Cada comida que se prepara, el lavado de trastos o el cuidado de niños, es trabajo, constituye producción pero no producción para el mercado. Margaret Benston, de la Facultad de Química de Simon Frasser, define a la mujer como «la persona responsable de la producción de valores simples asociados a la casa y la familia». El énfasis que se ha puesto en calificar el trabajo doméstico como marginal, es una manera de eludir el problema básico. El trabajo que hace la mujer es *diferente* del que hacen los hombres, no es marginal, simplemente no se paga. De esto se desprende el estatus inferior de la mujer que vive en una sociedad donde el dinero determina los valores y no recibe, por desarrollar el papel que esta le impone, remuneración alguna, al contrario del hombre que trabaja por dinero. Esto definitivamente ha influido en la organización de la sociedad; Engels, en *El origen de la familia, la propiedad privada y el Estado* dice:

> Con el nacimiento de la propiedad privada, la producción pertenecía al hombre; la mujer participaba en su consumo pero no en su propiedad. La división de trabajo en la familia había sido la base para distribuir la propiedad entre el hombre y la mujer; aquella continuaba siendo la misma pero ahora trastornaba por completo las relaciones domésticas existentes por la sola razón de que la división del trabajo fuera de la familia había cambiado. El trabajo doméstico perdía su importancia comparado con el trabajo productivo del hombre; este lo era todo, aquel un accesorio. Esto demuestra ya que

la emancipación de la mujer y su igualdad con el hombre son y seguirán siendo imposibles mientras permanezca excluida del trabajo productivo social y confinada dentro del doméstico que es privado. La emancipación de la mujer no se hace posible sino cuando esta puede participar en gran escala, en escala social en la producción y el trabajo doméstico no le ocupe más que un tiempo insignificante. Esta condición solo puede realizarse con la gran industria moderna, que no solamente permite el trabajo de la mujer en vasta escala, sino que hasta lo exige y tiende más y más a transformar *el trabajo doméstico privado en una industria pública*» (Cursivas de M. A.).

E irónicamente, para la mujer que se ha incorporado al trabajo en la sociedad, para la que produce bienes y valores de cambio, el hacerlo le cuesta doblemente, extendiéndose la situación a las sociedades socialistas donde no existe la industrialización del trabajo doméstico.

«La mujer perfecta»

Con poca imaginación, el advenimiento de esta forma de industrialización nos hace temer la pesadilla de «grandes orfanatos y cuarteles». La producción de bienes en gran escala elimina la duplicación de labores que existía en la sociedad preindustrial; y en varios aspectos podríamos referirnos a la familia actual como a un estado preindustrial: muchas mujeres desarrollan la misma labor para unos cuantos —producción privada— duplicándose por miles el esfuerzo y atención, que resulta de una eficiencia discutible. También la mujer cumple múltiples funciones: educadora, lavandera, cocinera, administradora, relaciones públicas, sexuales, etcétera; y por último el hecho de que entre los atributos de la mujer no se subraye el éxito económico, hace comparable su actividad y características a las de las unidades preindustriales donde

> la producción en pequeña escala la desarrollaban grupos muy parecidos unos entre otros; organizados a manera de comuna. Perseguían propósitos religiosos, educativos, recreativos, sexuales, así como económicos; en tales casos los atributos deseables en un individuo, los que le daban prestigio, eran juzgados más que por criterio económico, por su conducta apropiada para con la comunidad o su diligencia para cumplir sus obligaciones.

La industrialización en sí misma es un bien; la explotación y deshumanización en las relaciones de producción que se dan en la sociedad capitalista no son características inherentes a ella de tal manera que la transformación del trabajo doméstico en una industria pública se tiene que comprender teóricamente y en la experiencia, para encontrar los fragmentos que remitan a una totalidad, en sí misma abierta y fragmentaria a su vez. En una sociedad donde el trabajo se realice en función del ser humano y no de intereses de una minoría, la industrialización del trabajo puede resultar una apertura enriquecedora: convivencia en múltiples niveles, cocina en tanto que arte, educación inteligente y cuidado de los niños por personas adecuadas, arquitectura ambiental y planeación urbana congruente; en fin, nuevas formas de relación que la familia presente no alcanza a cubrir.

Relación entre los sexos

Si alcanzamos a deslindar los hechos básicos que determinan la historia de la humanidad nos encontramos fundamentalmente con tres que se entrelazan y conforman las relaciones naturales y sociales. Por un lado está la producción de bienes que satisfacen las necesidades primarias: comida, alojamiento, vestido, etcétera; esta a su vez conduce a implantar instrumentos que satisfagan las primeras necesidades y otras nuevas; a ellas se liga un tercer tipo de relación: la del hombre con la mujer, la de los padres e hijos, la familia. Nos unen tanto lazos naturales como sociales y por esta razón la relación que guardemos con la producción de bienes, determinará intensamente las relaciones entre seres humanos en general y las relaciones sexuales en particular.

Lo mismo en el trabajo productivo que en el reproductivo, cuando surge la división de trabajo enajenado, el oprimido se resiste al opresor; pero a nivel de juego reproductivo, los contrarios se atraen y por la conjugación extrema de sus diferencias, nace el ser humano.

La relación sexual viene a ser la primera división del trabajo, y quizá la única época en que no estuvo alienada fue cuando el cazador, ese guerrero salvaje, compartía con la mujer las tareas para sobrevivir, cuando cada uno poseía sus instrumentos de trabajo, cuando las tareas dentro y fuera del hogar gozaban de la misma importancia. En una etapa más avanzada, el hombre se dedica a la cría de ganado, pastor engreído por su riqueza, va a necesitar de personas que vigilen y lo cuiden: la familia no es suficiente ya que el ganado se multiplica más aprisa. Ahora los prisioneros de guerra a los que en el pasado se les liquidaba o pasaban a formar parte del clan vencedor, desarrollarán este trabajo. La nueva riqueza adquirida —esclavos y ganado— viene a darle al hombre una posición de fuerza que utilizará para cambiar la costumbre de herencia por línea materna en el clan. Según esta, a la muerte del propietario, los rebaños pasaban a sus hermanos, hermanas e hijos de ellos; sus propios hijos quedan desheredados pues los incluye el clan de la madre. Así en tanto no se invalidara la filiación según el derecho materno, los hijos no heredaban los bienes del padre.

Como escribió Bebel: «El derrocamiento del derecho materno fue la gran derrota de la mujer en todo el mundo, el hombre empuñó las riendas de la casa, la mujer se vio relegada; convertida en la servidora, la esclava de la lujuria del hombre, en un simple instrumento de reproducción. A través del tiempo esta situación ha sido revestida de formas más suaves, pero no, ni mucho menos, abolida».

¿No fue Eva la culpable?

Monogamia por parte de la mujer y esclavitud, discriminación sexual y racial, dos clases de opresión que aún sobreviven, nacieron de la concentración de riquezas en un hombre que no podía manejarlas por sí mismo y de su deseo de transmitirlas a sus hijos y solo a ellos.

La monogamia representó un progreso en la historia del hombre, al mismo tiempo inaugura, juntamente con la esclavitud y la riqueza concentrada, la época que dura hasta nuestros días y en la cual cada progreso es al mismo tiempo un regreso relativo, puesto que el bienestar y el desarrollo de unos se basa en el dolor y la opresión de otros.

La monogamia entraña dos contradicciones: por un lado mantiene y aprueba en provecho solo de los hombres, el comercio extraconyugal, de estos con las mujeres no casadas (heterismo) y luego su forma más extrema, la prostitución. Frente a esta actitud se encuentra la mujer abandonada y el adulterio como escape, este sí altamente castigado, legal y socialmente.

Y la evolución del matrimonio: desde el romano donde el hombre aseguraba la fidelidad por el derecho de vida y muerte sobre su mujer; al matrimonio para perpetuar linajes; al impuesto por los padres; o al matrimonio por incompetencia y el matrimonio por dependencia donde la mujer no alquila su cuerpo por un tiempo, sino para siempre. No llegamos todavía al matrimonio por lazos auténticos de amor, ya que la propia naturaleza de la monogamia se basa en la supremacía del hombre. Y si la legislación moderna va igualando los derechos y deberes de ambas partes, esto queda solo en el papel, ya que se desentiende de cómo se llegó a ese acuerdo y de cómo se va a expresar ese consentimiento. ¿Es que puede haber igualdad en un núcleo donde la división del trabajo produce el predominio de uno?

Cuando el matrimonio no se funda en la posición social, en la conservación y transmisión de fortuna, como sucede entre el proletariado, desaparecen los fundamentos básicos de la monogamia clásica. En este caso lo que se toma en cuenta son las relaciones personales y sociales; la supremacía del hombre no proviene de lo económico ya que la mujer es, muchas veces, el sostén parcial (o total, otros) de la familia; la supremacía del hombre se caracteriza aquí por el trato brutal que le da a su mujer.

Y hasta hoy en día, propiedad privada, matrimonio, familia, son los fundamentos prácticos sobre los que se basa la dominación de la burguesía; siguen existiendo y permanecen relativamente intactos ya que la sociedad civil los presupone y el desarrollo progresivo de la propiedad privada los necesita y configura.

Lamentablemente no es la validez de la autonomía del núcleo familiar y de cada uno de sus integrantes lo que establece los lazos de unión, sino los intereses de dinero, el aburrimiento, el vacío de la vida enajenada.

Reflejar lo universal en lo concreto

Por el contrario, si como plantea Marx «el hombre se considera como hombre y su relación con el mundo como relación humana, entonces puede cambiar el amor únicamente contra amor, la confianza contra la confianza».

> Cada una de tus relaciones con el hombre y con la naturaleza debe ser una manifestación determinada, correspondiendo al objeto de tu voluntad, de tu vida individual real. Si quieres, sin provocar, un amor recíproco, es decir si tu amor como amor no produce amor a cambio, si manifestando tu vida, no enajenándola por su exteriorización, como hombre amante, no haces de ti un hombre amado, entonces tu amor es impotente, una fuente de desdicha.

Esto supone hombres y mujeres no enajenados por la posesión de objetos, personas que reconozcan sus necesidades verdaderamente humanas, o sea las que enriquecen su cambiante existencia. Pero dentro de la propiedad privada sucede a la inversa: las necesidades se crean arbitraria y artificialmente sobre otro, creando una dependencia en cadena. La masa de objetos extraños despoja al ser humano de su autoconciencia, dejándole tan solo su envoltura. Y cabe preguntarse hasta qué punto la multiplicación de las necesidades crea debilidad, hasta qué punto engendran carencia de satisfacción, hasta dónde empobrecen su vida interior y menos se pertenece a sí mismo. Y no nos referimos a un ascetismo o carencia de bienes, sino a la falta de medida, al despojo del esfuerzo ajeno que la propiedad privada conlleva. El cambio en la forma y el contenido de las relaciones humanas, la superación de la enajenación —entre otras la erótica— conducirá al hombre a reconciliarse con su existencia humana, es decir social.

Si bien Marx escribe que «la más alta función del cuerpo es la actividad sexual», no la limita de ninguna manera a lo simplemente animal. Lo siente como un camino de liberación de lo verdaderamente humano; un intento de reflejar lo universal en lo concreto.

Sexualidad verdadera y amor, fuerza absoluta, rica en propósitos y significados. No está escrita, es la cosa misma, apresada viva y en su todo; está hecha y de ningún modo hecha, está dicha y de ningún modo dicha. No puede existir construcción teórica acerca del amor, a propósito del amor; se trata ante todo de desalienar lo que impide que brote la relación amorosa. Lograr una apropiación real de la naturaleza, entre el hombre y la mujer, resolver el antagonismo entre el hombre y la naturaleza, entre el hombre y la mujer, entre la existencia y la autoconciencia, entre la libertad y la necesidad.

Conclusión

La liberación de la mujer —que en América Latina tendrá que plantearse— nos lleva a realizar un análisis exhaustivo de nuestra índole; llegar a un lenguaje y acción nuestros, profundamente revolucionarios pues ha sido la estructura que padecemos la que ha propiciado y conservado los «valores» que hoy por hoy nos conforman. La decisión de modificar está latente, falta que cada mujer tome conciencia de sus potencialidades, *esté dispuesta a resolver colectivamente sus problemas* y demuestre su capacidad creadora no solo en la maternidad sino en todos los actos de su vida.

Testimonios

Durante dos semanas, conviví y hablé con varias mujeres y se estableció una relación fácil y directa. Algunas están obsesionadas con la idea de que el hombre es el responsable, el enemigo, son las *man-haters*, una etapa necesaria y transitoria creo, para muchas de ellas. Están también las que participaron en organizaciones políticas mixtas (SDS y NCCR) y extrañan el rigor de una estructura, la mayoría son estudiantes blancas, las negras que con una fuerza poco común luchan en dos frentes; las que con imaginación quieren redescubrir las potencialidades de la mujer por otras vías y las que sienten el movimiento profundamente, amas de casa por ejemplo. He aquí algunos de sus puntos de vista:

Acerca del aborto

¿Por qué no podemos tener control sobre nuestros cuerpos? ¿Por qué debe haber una ley que designe si te puedes hacer una operación o no? ¿Por qué debe haber una regulación legal de tu vida intrauterina? ¿Por qué no legislan mejor la operación del apéndice? Es absurdo. Además esto es un problema personal que tiene que ser tratado exclusivamente entre tú y tu médico. La ley debe desaparecer, no modificarse. Somos mujeres, no seres inconscientes que van a seguir siendo manipulados. Mira que durante años hemos sido conejillos de Indias de un sinnúmero de laboratorios. Basta ya. Y con todo ello no hay un método cien por ciento efectivo; si no dime ¿cuántos niños de píldora o diafragma conoces?… Las medidas de este tipo pueden tener muchas intenciones (no creas que la modificación a la ley del aborto en Nueva York, la ganamos con el movimiento) sobre todo en contra de la gente poco privilegiada. En lo que debería pensarse es en tener, por ejemplo, clínicas gratuitas en las comunidades que, de acuerdo con las mujeres, planifiquen la población.

Sobre el pequeño grupo: oír resonancias y tejer solidaridad, ayuda

… En las sesiones de orientación, donde concurren de 40 a 70 mujeres, se les habla del movimiento en general, luego nos dividimos en pequeños grupos. Los grupos tienen algo en común: la ocupación, el rumbo donde se vive o simpatía a primera vista. En la primera sesión se crea un ambiente tal que puedes contar lo que has venido a decir: la opresión que sufres. Para nada forzamos este tema, compartido además por todas. Esperas a que te pregunten, que alguien comience, ya que la reserva es parte del «pudor femenino». De repente alguna habla, no es fácil, te lo aseguro, es una experiencia altamente emocional; cuando una lo ha hecho, otra comienza y hay un intercambio de afecto, y para extrañas que nunca antes se han visto —y no pocas veces surgen puntos de vista conflictivos— esta experiencia es sorprendente, totalmente nueva pues el clima que se crea se lo ha negado la sociedad, los hombres y ella misma.

Del movimiento de liberación de la mujer

Tú puedes hacer algo afuera, actuar, y eso es político. Mira, yo no puedo hablarte del movimiento. El movimiento lo eres, lo vives. Es reconocer tu situación, es reconocer que tu opresión no es personal, es de todas. Y cuando entiendes esto has dado un gran paso. Dejas de pensar que eras rara, porque sentías que algo quería emerger y ha aflorado, no solo en ti, sino en las mujeres que conoces en el movimiento. Y creo que entonces puedes hacer algo afuera; hacer, entiendes y eso es político. Solo un movimiento que está en contacto con lo más vital de ti, podrá construir algo que te lleve a donde quieres. Para mí es un proceso de disciplina, un cambio de conciencia y sensibilidad: mirar el mundo de otra manera.

De las mujeres

... ¡Basta ya! Quién cocina más rico, quién se viste mejor, quién impresiona más a los hombres, quién tal, quién cuál —pequeños juegos competitivos— que crean barreras muy estúpidas entre las mujeres. Ahora trato de identificarme con la mujer que está en la peor situación, la más oprimida, la más fea, ¿entiendes?, empiezo a actuar de manera diferente y esto repercute en el cambio de actitud ante la lucha con tus hermanas.

¿Cuál identidad?

... Quiero ser yo misma, pero no sé cómo. He perdido hasta mi nombre. En casa todos tienen un rincón propio, yo tengo toda la casa, o sea no tengo nada. La única forma de cambiar la situación era casándome: pasé de un dueño a otro y he sido hija —estudiante, esposa y madre—. Me falta el último paso, la muerte y aún no sé quién soy. Todas las niñas juegan con muñecas, a mí nunca me gustaron, recuerdo las mías y las comparo con las más recientes y cada vez son más monstruosas... La Barbie de hoy es perversa, ¿la has visto? Me angustia ver en las jugueterías los implementos caseros para enanos y los instrumentos para fomentar la creatividad, estos últimos fueron solo para mis hermanos. Yo crecí en Liliput y vivo en un invernadero, pero ya no más. Quiero estar sola, sin mis «buenos principios», sin mi seguridad artificial, sin mis múltiples objetos que no necesito; quiero arrancar desde cero para llegar a constituirme...

De la reacción de algunos compañeros radicales

... Mira, tolero la reacción negativa de muchas gentes ante el Movimiento, entiendo la burla del hombre de la calle que teme perder el objeto de referencia de su virilidad; el interés de los medios de difusión por desvirtuar lo que queremos alcanzar; el rechazo y el miedo de muchas mujeres, pues no es nada fácil reconocer tu situación y dejar las muletas a un lado; lo que no acepto es la posición de muchos militantes de izquierda, «revolucionarios» sabes, que creen estar enterados de lo que queremos hacer, pero luego procuran por los medios más sofisticados destruirte, degradarte. ¿Cómo pueden valorar la opresión de las gentes del tercer mundo si no son sensibles a la de la persona con quien viven? Y en sus manos debe estar la revolución. ¡Ah, no! La revolución la vamos a hacer los que hemos sido más oprimidos: los negros, morenos, los rojos y amarillos y las mujeres, negras, morenas, amarillas, rojas y blancas. Una izquierda genuina no considera el sufrimiento del otro como irrelevante o merecido, ni se aprovecha de él para llegar otra vez al mismo lugar. Olvídalos, todavía no se dan cuenta de que la discriminación racial y sexual es tan vieja como los límites de la historia, que todavía vivimos con ella; y que la revolución la hacemos todos juntos o nadie.

4. La abnegación: una virtud loca

Rosario Castellanos

La aportación de la mujer a la cultura en México ha sido muy importante si la consideramos únicamente desde el punto de vista cualitativo. El genio de Sor Juana cubre tres siglos de vida colonial y logra, con la riqueza de sus manifestaciones, con la variedad de sus medios expresivos, con la hondura de su pensamiento y con su don de simpatía universal, que no echemos de menos el silencio que la rodea, el vacío del que surge, la falta de contexto adecuado en que se desarrolla.

Pero una golondrina no hace verano. Y en el siglo XIX aún esa golondrina falta. Y en el XX que vivimos aparecen pléyades sucesivas de figuras deslumbrantes que brillan un momento y al siguiente se extinguen. Y todas ellas nos son tan próximas (en todos los sentidos del término) que carecemos de la perspectiva adecuada para juzgar su valor y para apostar sobre su perdurabilidad.

De cualquier manera no son las excepciones las que nos sirven para darnos un índice del nivel cultural de un sector de la población sino las estadísticas. Y las estadísticas que se refieren a la educación de la mujer en México arrojan unas cifras desoladoras. Y si la cultura no es asimilada, ¿cómo podrá ser producida?

Los porcentajes comparativos de la instrucción elemental de hombres y mujeres no muestran muchas diferencias si se trata de grupos de campesinos, de artesanos y de obreros especializados. Pero si nos referimos a otras clases y nos elevamos a la enseñanza superior las diferencias son algo más que apreciables: alarmantes 85% de profesionistas varones contra 16% de profesionistas mujeres.

Y de estas últimas, ¿cuántas ejercen la profesión que aprendieron? ¿Cuántas prefieren guardar el título en el desván de los trastos inútiles, después de haber malgastado años de esfuerzo y sumas irrecuperables de dinero que la nación invirtió en quienes no habrían de resultar productivas?

Estos fenómenos (de escasez o de desperdicio) han de tener una explicación y es la explicación la que nos proponemos buscar.

No cedamos al fácil sofismo de los antifeministas que decretan una inferioridad atribuible al sexo.

El sexo, lo mismo que la raza, no constituye ninguna fatalidad biológica, histórica o social. Es solo un conjunto de condiciones, un marco de referencias concretas dentro de los cuales el género humano se esfuerza por alcanzar la plenitud en el desarrollo de sus potencialidades creadoras.

El primer argumento que acude a los labios de las feministas más airadas que reflexivas —al comparar su situación propia con la del hombre— es la exigencia de la igualdad. Una exigencia que en tanto que es metafísica, lógica y prácticamente imposible de satisfacer, proporciona un punto de partida falso y arrastra consigo una serie de consecuencias indeseables. Además de que, en última instancia, no es más que un reconocimiento del modelo de vida y de acción masculinos como los únicos factibles, como la meta que es necesario alcanzar a toda costa.

No. Si nos proponemos construir un feminismo auténtico pero, sobre todo, eficaz, tenemos que partir de otros postulados, el primero de los cuales sería la investigación acuciosa, el conocimiento lo más exacto y puro que pueda alcanzarse del complejo de cualidades y defectos, de carencias y de atributos, de aspiraciones y limitaciones que definen a la mujer.

Esta investigación va a conducirnos a un descubrimiento muy importante: el de que no existe la esencia de lo femenino. Porque lo que en una cultura se considera como tal en otra o no se toma en cuenta o forma parte de las características de la masculinidad.

Pero entonces, si no existe la esencia de lo femenino tendremos que admitir que lo que existe son las encarnaciones concretas de la feminidad. La mujer fuerte del Evangelio es ya muy difícil de comparar con la astronauta soviética o con la matriarca de Kuala Lumpur.

Si esto es así resulta lícito que enfoquemos nuestra atención a la problemática de la mujer mexicana contemporánea.

¿Qué es lo que encontramos? A la primera mirada se nos ofrece una variedad aparentemente irreductible. La joven indígena que pastorea ovejas en las llanuras de Chiapas ¿pertenece a la misma especie que la estudiante de la Facultad de Ciencias? ¿Y la muchacha provinciana, que continúa llevando «la blusa subida hasta la oreja y la falda bajada hasta el huesito» vive en el mismo siglo que la deportista que practica el esquí acuático en Acapulco, o en otras playas de moda, cubierta apenas por las abreviaturas del bikini? ¿Y qué hay de común entre la sirvienta que acaba de descubrir el milagro de la licuadora y la azafata para quien el recorrido alrededor del mundo no es más que una rutina?

Es cierto que cada uno de los ejemplos que hemos mencionado (y hay muchos más y son igualmente antagónicos) ocupan estratos económicos, culturales y aun temporales, diferentes. Pero todas están ligadas entre sí, por lo pronto, de las siguientes maneras: todas están sujetas a los derechos y obligaciones de una misma legislación; todas han heredado el mismo acervo de tradiciones, de costumbres, de normas de conducta, de ideales, de tabúes; todas están dotadas del mismo grado de libertad como para reclamar sus derechos si se les merman; como para cumplir o no con las obligaciones que se les imponen; como para optar entre la repetición de los usos ancestrales o la ruptura con ellos; como para aceptar o rechazar los arquetipos de vida que la sociedad les presenta; como para ampliar o reducir los horizontes de sus expectativas; como para no aceptar las prohibiciones o como para acatarlas.

Ahora sí ya sabemos de lo que estamos hablando. En México, cuando pronunciamos la palabra *mujer* nos referimos a una criatura dependiente de una autoridad varonil: ya sea la del padre, la del hermano, la del cónyuge, la del sacerdote. Sumisa a las decisiones ajenas, que regulan desde su aspecto personal hasta la elección del estado civil o de la carrera que va a estudiarse o del trabajo al que se va a dedicar; adiestrada desde la infancia para comprender y para tolerar los abusos de los más fuertes, pero también para restablecer el equilibrio interior tratando con mano fuerte a quienes se encuentran bajo su potestad, la mujer mexicana no se considera a sí misma —ni es considerada por los demás— como una mujer que haya alcanzado su realización si no ha sido fecunda en hijos, si no la ilumina el halo de la maternidad.

El amor al hijo suplanta a todos los otros amores a los que se califica de menos perfectos porque suponen una reciprocidad a la que en el ámbito maternal parece renunciarse. El amor al hijo es superior a todos los sentimientos de frustración que surgen de un estudio interrumpido, de un adiestramiento que no se pone en práctica, de la incapacidad para ganarse la vida, del precario modo con que se consiguen los satisfactores de las necesidades, del encierro en su casa —y a veces en una pieza— sin otro estímulo que las demandas del niño que son, ay, tan diversas como inagotables. El amor al hijo, en suma, permite a quien lo siente, ascender, entre nubes de incienso, hasta las más altas cumbres de la abnegación.

La abnegación es la más celebrada de las virtudes de la mujer mexicana. Pero yo voy a cometer la impertinencia de expresar algo peor que una pregunta, una duda: la abnegación ¿es verdaderamente una virtud?

Y me apresuro a aclarar que mi duda no es gratuita. He observado, en las abnegadas, una excesiva autocomplacencia, un evidente disfrute de este estado, lo que hace lícito suponer que sus esfuerzos no se dirigen tan certera y completamente hacia el bien del otro como hacia el propio bien. Y esta suposición se confirma cuando palpamos los resultados: ¿cómo es el hijo de esta madre que lo ha hecho todo por él, que lo ha sacrificado todo por él?

Por lo pronto, es un niño menos apto para resolver sus problemas, para bastarse a sí mismo, para enfrentarse a las emergencias, para superar los obstáculos que aquellos que no han tenido a alguien tan solícito revoloteando siempre a su alrededor. Esto los vuelve, naturalmente, menos seguros de sí, más lentos en su evolución, menos urgidos de alcanzar la independencia y la madurez. Por lo que no es raro el caso de quienes permanecen en una infancia perenne con la consiguiente pérdida de contacto con la realidad y la también consiguiente búsqueda, no del establecimiento de ese contacto sino al contrario, de modos de evasión o de compensación. Los tristes modos de evasión o de compensación de nuestro pueblo: el alcoholismo, los gesticulantes alardes del macho, la hipocresía de la hembra, la mentira desde sus manifestaciones más burdas hasta sus construcciones más sutiles; actitudes que tienden a protegernos de un mundo que, como no nos sentimos capaces de dominarlo, adquiere unas proporciones (o desproporciones) descomunales en relación con nuestro tamaño.

Mas para la abnegación de la mujer mexicana no bastan los hijos. Se propina también a los demás miembros de la familia: al marido al que se convierte en un tirano doméstico quien, si no acierta a defenderse, se encuentra de pronto despojado hasta de la más mínima responsabilidad. A los padres con los que se prolonga al infinito una relación que, por anacrónica, es absolutamente inoperante y morbosa. Con los hermanos a los que se intenta mantener en una eterna situación de minoridad.

Yo insisto en que si la abnegación es una virtud es una de esas virtudes que dice Chesterton que se han vuelto locas. Y para su locura no existe entre nosotros otra camisa de fuerza más que la ley.

Todas las disposiciones legales que hemos ido elaborando a lo largo de nuestra historia tienden a establecer la equidad —política, económica, educativa, social— entre el hombre y la mujer.

Y no es equitativo —y por lo tanto tampoco es legítimo— que uno de los dos que forman la pareja dé todo y no aspire a recibir nada a cambio.

No es equitativo —así que no es legítimo— que uno tenga la oportunidad de formarse intelectualmente y al otro no le quede más alternativa que la de permanecer sumido en la ignorancia.

No es equitativo —y por lo mismo no es legítimo— que uno encuentre en el trabajo no solo una fuente de riqueza sino también la alegría de sentirse útil, partícipe de la vida comunitaria, realizado a través de una obra, mientras que el otro cumple con una labor que no amerita remuneración y que apenas atenúa la vivencia de superfluidad y de aislamiento que se sufre; una labor, que por su misma índole perecedera, no se puede dar nunca por hecha.

No es equitativo —y contraría el espíritu de la ley— que uno tenga toda la libertad de movimientos mientras el otro está reducido a la parálisis.

No es equitativo —luego no es legal— que uno sea dueño de su cuerpo y disponga de él como se le dé la real gana mientras que el otro reserva ese cuerpo, no para sus propios fines, sino para que en él se cumplan procesos ajenos a su voluntad.

No es equitativo el trato entre hombre y mujer en México. Pero nos damos el lujo de violar la ley para seguir girando, como las mulas de noria, en torno de la costumbre. Aunque la ley se haya hecho, y lo sepamos, para corregir lo que la costumbre tiene de obsoleto, de viciado y de injusto.

Si la injusticia recae aún sobre las mujeres mexicanas no tienen derecho a quejarse. Ellas lo han escogido así. Ellas han despreciado las defensas jurídicas que tienen a la mano. Ellas se niegan a asumir lo que los códigos les garantizan y la Constitución les concede: la categoría de persona.

Pero no hay por qué desesperar. Cada día una mujer —o muchas mujeres— (¿quién puede saberlo puesto que lo que ocurre ocurre en el anonimato, en la falta de ostentación, en la modestia?) gana una batalla para la adquisición y conservación de su personalidad.

Una batalla que, para ser ganada, requiere no solo lucidez de la inteligencia, determinación en el carácter, temple moral, que son palabras mayores, sino también otros expedientes como la astucia y, sobre todo, la constancia.

Una batalla que, al ganarse, está gestando seres humanos más completos, uniones más felices, familias más armoniosas y una patria integrada por ciudadanos conscientes para quienes la libertad es la única atmósfera respirable y la justicia el suelo en el que arraigan y prosperan y el amor el vínculo indestructible que los une.

5. La mujer en México

Grupo Siete

El gran aporte del movimiento de liberación de la mujer no es que haya resuelto los problemas, sino el haber propuesto nuevas formas de abordar el tema, sacando así la lucha de las mujeres de un callejón sin salida. Este trabajo se inscribe en esa tendencia y pretende abrir el debate sobre la situación de la mujer en México. Así, es más una aproximación al problema que un análisis exhaustivo.

> … De esta división original del trabajo nació una de las servidumbres más duraderas y menos estudiadas de la historia de México: la que unió a la mujer con el metate, el comal y la elaboración de la tortilla. Estas actividades mucho más penosas y exigentes que las del campo, determinaron por siglos el destino de la mujer, la encerraron en los límites de la cocina o de la casa y la convirtieron en el esclavo de la familia (Florescano, 1971).

La historia de la mujer y de sus luchas está por descubrirse en México. La historia oficial se ha encargado de ignorar la participación de la mujer como grupo actuante. El heroísmo, la belleza o el talento son los únicos hechos que han ganado la aprobación de los historiadores.

La conjunción de la tradición oscurantista española con la sociedad paternalista indígena —donde la mujer sin embargo participaba en algunas de las principales actividades de la comunidad como la religión, el comercio y la política— no fue muy favorable para ella. Vemos así que en los siglos de la Colonia, las opciones de la mujer corresponderán a su estatus; como criolla tendrá las mismas de sus madres peninsulares: la casa o el claustro, y como mestiza o miembro de otra casta estará marcada por su desarraigo a la comunidad indígena con su entrega física al conquistador. Este hecho al parecer la minimiza ante el hombre que, aunque sometido, no cargará con la culpa de ser el objeto a través del cual se consuma la conquista. De ahí pudo partir el culto y la explotación de su abnegación, su espíritu de sacrificio y condescendencia que produjo la minusvalía de la mujer en detrimento de sus posibilidades de decisión, de autodeterminación, de rebeldía y de fortaleza intelectual.

Acontecimientos como las rebeliones indígenas y mestizas contra el gobierno novohispano, rompen por momentos la regla, pues aunque la mujer no acompaña al hombre a la guerra, esta tendrá que adoptar el papel de jefe de familia ya que las sublevaciones se resuelven con el práctico exterminio de los rebeldes. El levantamiento en el Istmo de Tehuantepec en 1660, uno de los más importantes de la época, pudo ser la razón por la cual la mujer indígena de la zona haya tomado el lugar de «opresora» que mantiene aún en la actualidad.

La guerra, paradójicamente, fue una solución transitoria para la mujer campesina. El fenómeno se repite a partir de 1821 cuando las levas o el trabajo forzado alejan al hombre de la familia y la mujer tiene oportunidad de «tomar su lugar» y realizar tareas distintas a las domésticas.

Así, los grupos mestizos pasan a ser posteriormente la base de la incipiente clase obrera, en cuyas luchas la mujer logra y ejercita una igualdad de trato en las sociedades mutualistas. Su participación en las huelgas durante el porfiriato es tan activa como la de sus compañeros, e incluso ellas dirigen algunas de las 35 que estallaron en la rama de la industria tabacalera. En 1881 las cigarreras de Veracruz inician una huelga para protestar por la baja de salarios y en su lucha son apoyadas por obreras de otras fábricas. Otra huelga estalla cuando el hijo de una de las obreras muere de inanición, las trabajadoras apedrean la fábrica y marchan hacia Tlaxcala para apoyar otro movimiento iniciado también por mujeres que reclamaban mejores condiciones de trabajo.

¿Tengo que morir de hambre? ¿Quién me hará las tortillas si no es mi mujer? Filadelfo

Al iniciarse las luchas armadas a partir de 1910, la composición fundamentalmente campesina de los ejércitos hace que la participación de las luchadoras obreras y las campesinas sea distinta. Las primeras se incorporarán a las movilizaciones como combatientes, dada su experiencia en la lucha social. Las campesinas se incorporarán a través de sus hombres cargando a cuestas niños y metate. Parían en el campo, caminaban a pie tras las caballerías y demostraban una fortaleza por lo menos igual a la del hombre. Ignoramos de dónde surgió el mito de la «debilidad» femenina que los legisladores de 1917 se encargaron de traducir en leyes que por proteccionistas resultaron discriminatorias para la mujer, pues en vez de reconocerse la obligación de otorgarle prestaciones por la maternidad se le excluyó de ciertos trabajos marcando con esto una diferencia que repercutió más adelante en su participación dentro de los sindicatos.

Veamos también cómo se fundamentó en el Constituyente la negativa para otorgarle el voto a la mujer: «El hecho de que algunas mujeres excepcionales tengan las condiciones necesarias para ejercer satisfactoriamente los derechos políticos, no funda la conclusión de que estos deban concederse a la mujer como clase (?). La dificultad de hacer la selección autoriza la negativa».

Esas medidas reflejan la posición del grupo carrancista, facción triunfante en la guerra civil, que pretendió ignorar así la participación que dentro de sus filas tuvieron grupos de mujeres como las obreras de la fábrica textil La Perfeccionada, las de los talleres de El Palacio de Hierro y otros grupos de mujeres que se integraron a los «Batallones Rojos». También hubo dentro del ejército de Carranza mujeres que ocuparon rangos como Ramona Flores, jefa del Estado Mayor de un general constitucionalista de Tepic, que había armado un regimiento con el legado de su marido después de que este murió en la rebelión maderista. El caso no es excepcional pues hubo muchas otras mujeres que obtuvieron el rango de coronelas por acciones de armas. Tampoco se tomó en cuenta la participación de las enfermeras que atendían los hospitales militares, las estudiantes de las normales que organizaban mítines en las ciudades para llamar al pueblo a las armas, etcétera.

En las filas zapatistas, dice Eric Wolf, «había entre los líderes tanto mujeres como hombres, coroneles al igual que coronelas», afirmación que por desgracia no corresponde con los estudios más exhaustivos del zapatismo. No obstante, por lo menos en Puente de Ixtla, «las viudas, las esposas, las hijas y las hermanas de los rebeldes formaron su propio batallón y se rebelaron para "vengar a los muertos" al mando de una fornida ex-tortillera llamada "La China"». (Womack 1969: 167).

Dos décadas de auge

Pero aparte de la motivación clasista o el espíritu vengador, no se encuentran a lo largo de las luchas sociales en México, movimientos en donde la mujer plantee problemas específicos a su condición como sexo. Es hasta 1906 —tarde en relación con otros países— cuando se crea la primera organización feminista: las «Admiradoras de Juárez», que tenía como objetivo difundir ideas sobre la emancipación de la mujer, y cuya actuación encontró en la *inteligenzzia* porfiriana a sus más tercos adversarios.

Ya para 1916 se había desarrollado en algunos grupos de mujeres una conciencia más clara de su situación como mujeres, y quienes promueven el Primer Congreso Feminista que se realizó en Mérida ese mismo año. En la convocatoria se abordó el primera de la mujer sujeta al hogar y a las tradiciones se considera irrelevante e ilusoria la concesión de derechos si esta o se «liberta y educa» y «concurre ella misma con sus energías e iniciativas a reclamar derechos».

Este Congreso inaugura una época de participación activa de la mujer; discute sus problemas y hace demandas que salen de los marcos tradicionales, aunque siempre enfrentada a la tenaz oposición de quienes controlaban en aquellos momentos el poder. Tanto Carranza como Obregón y Calles frenaron a la vez el ascenso del movimiento obrero y la lucha de la mujer por emanciparse.

Esta época se prolonga hasta 1937, año en que Cárdenas envía a las Cámaras un proyecto de la ley donde se concede el voto a la mujer. (Que fue aprobado por ambas Cámaras sin que las mujeres pasaran al ejercicio de ese «derecho» sino hasta 1955). De 1916 a 1937, la Ciudad de México y otras capitales de provincia fueron el escenario de varios congresos de mujeres que demostraron el auge de su participación y su interés por ligar sus problemas específicos con la lucha social. En 1910 se efectúa en Veracruz un Congreso magisterial que se convierte en foro de análisis de esos problemas. En 1920, en la Ciudad de México tiene lugar el Congreso de Obreras y Campesinas en donde se demandan implementos de labranza y dotación de parcelas para las campesinas. En 1923 se efectúa también en la capital el Primer Congreso Feminista de la Liga Panamericana de Mujeres en donde los principales temas tratados fueron: «Control de Natalidad», «Derechos Políticos y Sociales de la Mujer Mexicana» y «Amor Libre». En todo el país, amas de casa y obreras, universitarias y campesinas luchan abiertamente por su liberación.

En 1931 se realiza el Segundo Congreso Nacional de Obreras y Campesinas en donde se insiste en la dotación de parcelas para las campesinas, la igualdad en la lucha sindical, la ampliación de la educación popular como único medio para que la mujer salga del hogar y se dedique a otras actividades y la igualdad de derechos tanto sociales como políticos.

¿Qué aspiración máxima tiene la mujer mexicana sino alcanzar que sus hijos, sus esposos, sus hermanos, sean personas?
Agustín Yáñez

Las movilizaciones posteriores de las mujeres empezaron a centrarse en la cuestión del voto, decayendo con esto su empuje y agresividad. La concesión de puestos públicos y de «representación popular» para algunas mujeres destacadas cumplió la tarea de mediatizar la lucha que se había propuesto metas más avanzadas. Los partidos políticos nacionales integran a las mujeres dentro de los comités de «acción femenil», creando con esto la ilusión de una verdadera participación. Los partidos de izquierda consideran también como una cuestión irrelevante la discusión de la problemática de la mujer y las organizaciones de mujeres que se crean paralelas a estos partidos no intentan siquiera profundizar en este aspecto. Sus actividades son esporádicas y se centran generalmente en «representar» a las mujeres mexicanas en diversos foros internacionales.

El resto de las organizaciones femeninas encuadran perfectamente con la ideología vigente de la mujer; son las Alianzas, Clubes y Cuerpos de Voluntarias 3dedicadas a las obras de caridad», a proporcionar consejos sobre crianza de niños, modas y a la «defensa de las madres y niños desamparados».

¿Resurgimiento de la Mestiza?

Hace apenas unos días (*Últimas Noticias*, 1972) las mujeres de Papalotla, Tlaxcala, dejaron sus ocupaciones rutinarias y decidieron luchar contra la imposición de un presidente municipal. Tomaron el edificio del ayuntamiento, construyeron barricadas y se enfrentaron a pedradas con la policía. Secuestraron a un agente y volcaron e incendiaron su automóvil. Al igual que sus hermanas, las cigarreras y textiles de Puebla y Veracruz casi un siglo atrás, decidieron poner en entredicho, las «virtudes» con que se insiste en adornar a la mujer.

> … Procrear, desgranar el maíz, cuidar los niños y los animales domésticos, moler el maíz, fabricar el vestido familiar, hacer las tortillas, recoger la leña, llevar el alimento a la milpa y preparar otra

vez la leña y el agua para cocer el maíz, tales fueron por siglos y cotidianamente las tareas de la mujer, gran pilar y estabilizadora de la economía campesina (Florescano, 1971).

La gran mayoría del campesinado, 75%, vive de la agricultura de subsistencia, ya sea como minifundistas, ejidatarios o jornaleros. Este tipo de agricultura tiene como fundamento el trabajo familiar. La familia campesina tiene, por esta razón, un carácter especial como unidad productiva que no comparte con las demás clases en la sociedad capitalista. Integrar una familia es, para el campesino, una necesidad vital. La mujer campesina, aunque tenga labores especiales del hogar de trascendencia fundamental, también desempeña trabajos en el campo, sobre todo en tiempo de siembra y cosecha. Al lado de estos trabajos produce artículos de artesanía cuya venta complementa el ingreso monetario de la familia o la hija produce un sueldo como sirvienta en la ciudad. Así, desde el punto de vista productivo, la mujer tiene tanta importancia como el hombre en el campo. Su innegable discriminación difícilmente puede explicarse como surgida de una base económica.

La división del trabajo le da a la mujer una función económica importante pero al mismo tiempo la hace depender de la familia, que tiene como jefe al hombre. Al modernizarse la agricultura, o al integrarse el campesino a la economía como asalariado, la mujer se va marginando en el proceso productivo, ya que su papel se reduce solo a los trabajos del hogar y a la crianza de los niños. Es mucho menos frecuente que la mujer con niños se emplee como asalariada. Cuando lo hace generalmente es en trabajos temporales, como pizca de algodón, tabaco, café y cacao, sin contrato y con jornadas agotadoras.

Así, en la misma medida que la familia pierde importancia económicamente la mujer lo hace. La dialéctica de la situación la perjudica. Cuando su papel productivo tiene importancia, su independencia está limitada por la organización del trabajo que la imposibilita para romper con la dominación del hombre dentro de la estructura familiar. Cuando la familia se debilita, la mujer pierde su papel económico y con él la base misma de su independencia. Esta dinámica aparentemente presenta un obstáculo invencible a la liberación de la mujer campesina. Pero es más aparente que real. La colectivización de la tierra puede dar origen a un nuevo tipo de división del trabajo en el cual las dependencias familiares dejen de ser determinantes y la mujer pueda participar, creándose una base económica para su igualdad con los demás miembros del grupo. La colectivización también facilita, al romper con una serie de valores individualistas, la socialización de los trabajos que tradicionalmente la mujer ha hecho. La preparación de alimentos y la crianza de los niños pasan a ser responsabilidades de la comunidad y no de la familia. Pero hay que tener muy claro que el solo hecho de colectivizar la tierra no lleva consigo mecánicamente los cambios señalados. La operación de la mujer tiene raíces más profundas y está también condicionada por otros factores.

Pues te corre o te pega si no tienes hijos

La mujer del campo vive, de hecho, en la era preanticonceptiva. Es esclava completa de su biología. Físicamente se desgasta con embarazos numerosos y largos periodos de lactancia. Este desgaste se agrava por la mala alimentación que tiene. Dentro de la familia ella es la persona que come peor. La deficiencia de proteínas a veces se compensa con carbohidratos que solo la engordan, y su apariencia oculta su verdadera situación de malnutrición y debilitamiento. Pero sería una simplificación adscribir los continuos embarazos a la biología incontrolable, pues las mujeres de todas culturas han inventado medidas anticonceptivas más o menos eficaces.

Aquí, se conjugan factores psicológicos, sociales y económicos. Una de las afirmaciones del hombre es tener muchos hijos como muestras vivas de su masculinidad, y esta actitud se ha generalizado en una norma social que las mismas mujeres aceptan. Los hijos también representan la trascendencia tanto de la mujer como del hombre. El origen de este concepto que surgió para garantizar la propiedad privada, se ocultó en creencias religiosas y ahora existe como un valor firmemente internalizado, aun dentro de las clases desposeídas.

El no embarazarse es una tragedia para la mujer y entre ellas existe la convicción de que el tener hijos, sobre todo varones, es parte de la «salvación», expresión que aparentemente es religiosa, pero que más bien se refiere a la aceptación social.

El sentimiento del hombre frente al embarazo de su mujer es ambiguo. Las golpizas sistemáticas de la mujer preñada es una práctica extendida no solo entre los campesinos. Es parte de la violencia familiar, una violencia que es el efecto de la violencia institucional cotidiana que vive el campesino. A él se le controla con violencia y él, encarnando la autoridad dentro de la familia, pone en «su lugar» a su mujer de la misma manera.

Aparte de la psicosociología de la procreación, los hijos son importantes dentro de la producción familiar y comienzan desde temprana edad a participar en las labores de la casa y el campo. Muchos hijos significan una carga sobre los raquíticos recursos de la familia. Las campesinas nos insisten: «Si no tenemos para los que tenemos

¿cómo vamos a tener para el que viene? Lo único que pasa es que se me muere otro».

Lejos de ser un acto voluntario, el tener hijos es para la mujer campesina una predestinación biológica, social, psicológica y económica, llena de presiones y contradicciones que, al fin de cuentas, viene a inmovilizarla y a ocuparla durante 20 o 25 años de su vida. Para poder explicar la subyugación de la mujer campesina es clave entender esta conglomeración de factores que, objetivamente, la debilita, la hace dependiente y que subjetivamente, la convence de que su función primordial es la maternidad y que tiene que aceptarla sin oponerse. No obstante, hay relaciones espontáneas contra los embarazos perpetuos. El aborto provocado de una u otra manera seguramente es más común de lo que se piensa. La problemática de la mujer en la procreación no se resuelve con poner a su alcance anticonceptivos, aunque esta sea una demanda evidente, sino a través de su toma de conciencia de la servidumbre que sufre originada en la misma maternidad.

Pa' qué vas a la escuela...

Una de las funciones de la familia es educar a los niños, inculcar en ellos los papeles sociales. La educación familiar tiene más importancia en el campesinado que en las sociedades urbanas donde la educación escolar está encaminada a las exigencias de la sociedad industrial. El campesino aprende su oficio, no en la escuela, sino en el campo y en el hogar. Eso significa que el padre y la madre comparten un poco más equitativamente las tareas educativas que en otras clases sociales. No obstante, el papel de la mujer es más importante que el del hombre. No solamente ella se encarga del cuidado de los niños pequeños, sino también tiene la responsabilidad de ellos en última instancia. El hombre puede dejar a la familia, física y económicamente, sin provocar gran escándalo. Una mujer que hace lo mismo es considerada como desnaturalizada e inhumana. Es, en otras palabras, aceptado como parte misma de la naturaleza femenina educar y cuidar a los niños, cuando no es más que un arreglo social que no tiene nada de natural.

Lo dicho es en términos generales válido para las mujeres de todas las clases sociales. No obstante, entre las clases urbanas la responsabilidad de la educación se ha desplazado en mayor grado a la sociedad, abriendo la precondición a la mujer para dedicarse a otras actividades. Para las campesinas en su gran mayoría la precondición no existe. La disposición de la ley de reforma agraria sobre granjas de explotación colectiva y guarderías está lejos de ser una realidad.

… Si un día un hombre te viene a llevar

La sexualidad está, para las mujeres, íntimamente ligada a la procreación, pero también con pasividad y violencia. Una vez casada, sea por unión libre, ley o la iglesia, la mujer está vigilada por el hombre, la familia y el pueblo. El solo hecho de dirigir la palabra a otro hombre en la calle le cuesta caro. En fuerte contraste con la situación confinada de la mujer, el hombre, como regla general, tiene relaciones sexuales con otras mujeres. Un estudio de ejidatarios de Veracruz encontró que 97% de los hombres tenían relaciones extramaritales y solo 2% de las mujeres.

Las prostitutas juegan un papel clave para resolver esta aparente contradicción en la vida de la comunidad. Funcionan como válvula de escape, que previene la ruptura del núcleo familiar. Las cantinas, centros sociales del mundo del hombre, son al mismo tiempo prostíbulos improvisados. Visto en este contexto, la prohibición de entrada a las mujeres no es nada más un proteccionismo paternalista, sino que evita confrontaciones desestabilizadoras.

Los trabajadores domésticos deberán disfrutar de reposo suficiente para tomar sus alimentos y de descanso durante la noche. Artículo 333, Ley Federal del Trabajo.

La vida de estas mujeres es, pues, trabajo; una existencia al servicio de otros. Es la expresión más sistemática de lo que es la ocupación principal de las mujeres en general. Es la servidumbre de la cocina, del lavadero y del cuidado de los niños. Resulta muy significativo que los legisladores se olviden de horarios fijos, vacaciones y otras garantías laborales. Se acepta completamente el que alguien tenga que servir a la familia, tenga que renunciar a su desarrollo personal, y encarnar la abnegación.

Este tipo de trabajo asalariado está condicionado por la abundancia de mano de obra femenina barata. Ocuparlas resuelve el problema explosivo de la llegada masiva de mujeres a un mercado de trabajo raquítico. Establece la explotación entre mujeres y pospone la necesidad de racionalizar las tareas domésticas. Aparentemente libera a las patronas de las labores de la casa pero en la realidad ellas únicamente se vuelven supervisoras del trabajo doméstico y siguen estando atadas al hogar.

Las muchachas jóvenes que llegan a la ciudad entran en una relación de extrema dependencia con respecto a los patrones, lo cual no se distingue mucho de la esclavitud. Tienen que pedir permiso para salir de la casa aun para ir a la esquina. Dispersas en cientos de miles de lugares de trabajo, es difícil que se organicen. Muchas veces sienten más lealtad con sus empleadoras que con las otras empleadas y se pelean por el reconocimiento de aquellas.

Los contactos sociales de las trabajadoras domésticas están circunscritos a las pláticas en la puerta que llevan a relaciones en parques, hoteluchos, terrenos baldíos, pues el espacio que se les asigna en la casa que sirve es solo para descansar unas horas. De estas relaciones resultan muchos abortos que se practican en condiciones igualmente inhumanas. Muchas se casan o consiguen otro empleo pero un gran número se queda toda su vida como «empleada de confianza».

Su relación con los niños de la familia es doble: los aman y son amadas, pero al mismo tiempo los niños desde temprana edad toman como cosa natural el mandar a otra gente. Aprenden que el mundo está dividido entre los que dan órdenes y los que las obedecen.

El trabajo doméstico asalariado es dañino desde todos los puntos de vista. Da lugar a una explotación extrema de las sirvientas y pospone la socialización de las tareas del hogar, una necesidad para acabar con la servidumbre de todas las mujeres. No se demandan ni se crean guarderías con personal competente donde los niños se eduquen y convivan con otros niños de su edad. Tampoco se demandan comedores públicos para abolir la irracionalidad del enorme trabajo que representa el preparar la comida en cada casa, y a veces, a horas distintas para cada miembro de la familia.

La obrera

Si la división del trabajo está dada en términos de enajenación y explotación para los hombres en general, para la mujer trabajadora esta situación se agudiza.

Primero, no tiene oportunidad de escoger si quiere o no trabajar, como sucede con las mujeres de clase media y alta. En cambio para ella, encontrar trabajo se vuelve más apremiante a medida que su categoría ocupacional desciende; queda también descartado el que escoja dónde o en qué quiere trabajar. Así en el servicio doméstico y otros servicios afines laboran 1 058 654 mujeres, mientras que en la industria 485 181 y 334 452 en el comercio (censo de 1970).

Segundo, la mujer sigue soportando los estereotipos del empresario y de la sociedad, quienes la siguen definiendo como el ser «hecho» para dar a luz, y no como alguien que puede dar a luz. De esto surgen reticencias para contratarla por los gastos sociales que supone. Existe un doble juego entre la «función enaltecedora de la maternidad» por un lado, y las barreras de mercado por el otro. Por un hecho episódico —la maternidad— la mujer soporta el ser relegada al trabajo más monótono y mal pagado, si consigue que la contraten. El empresario considera su estancia en el trabajo como temporal, por lo que difícilmente se abocará a entrenarla para ocupar puestos de responsabilidad mejor pagados. En una encuesta efectuada por el Departamento de Estadísticas Económicas y Sociales Básicas en diversos distritos industriales del DF, Guadalajara, Monterrey, Puebla, Torreón, la diferencia promedio de salarios entre hombres y mujeres variaba entre 40%; y solo en el caso de la loza, las mujeres ganaban 2% más. Los empresarios demandan mujeres donde el «carácter femenino» es importante: dentro de la industria de transformación se encuentran en la rama electrónica, donde se necesita de paciencia y manos delicadas para ensamblar cuidadosamente; en la industria alimenticia y en la fabricación y hechura de prendas y ropa. La relación es obvia. Por otro lado, cuando en una ocupación la mayoría la constituyen mujeres, los salarios bajan y empeoran las condiciones laborales esto es manifiesto en la rama de la costura. El caso más reciente fue el de las 433 fábricas de ropa que cerraron el año pasado de las cuales solo abrieron 297 de nuevo este año y las otras pasaron a funcionar como talleres clandestinos repartiendo el trabajo a domicilio (*Excelsior* 1972). La protección laboral que se ejerce sobre la mujer trabajadora más que beneficiarla, la aparta del mercado del trabajo como en el caso del despido en varias industrias al implantarse la Ley de Trabajo en 1969. Si un trabajo es peligroso o insalubre para una mujer, ¿no lo es también para un hombre? En un país capitalista dependiente como el nuestro, cuando alguien tiene algo que ofrecer al sistema, este lo aprovecha y se desentiende de las consecuencias.

No tengo tiempo, no tengo tiempo

Tercero, en casa queda el otro trabajo, el no remunerado y que nunca se acaba. Dependiendo del número de hijos, la obrera trabaja de 80 a 100 horas semanarias; por supuesto que el hombre no participa de estas tareas domésticas pero sí la asedia y le preocupa la posibilidad de promiscuidad de su mujer en la fábrica o taller. La obrera afronta sola el cuidado de los niños y la casa y las condiciones de su trabajo poco reconocido ya que aun el trabajo asalariado que realiza no está en función de su condición de mujer sino en función de la necesidad y del interés del sistema.

Cuarto, las organizaciones que la han agrupado, por lo general la manipulan. A lo más plantean una lucha por los derechos laborales y políticos de la mujer, muchos de ellos ya en el papel, pero sin posibilidad de que los integre a su vida diaria. A menos que la obrera reconozca como vitales las proposiciones de la lucha, su participación va a ser marginal. Por un lado le falta tiempo, por otro, interés. Las mismas mujeres han reducido su lucha a lograr un mejoramiento de salarios y mejores prestaciones, una lucha cuantitativa, olvidando que la miseria y privaciones del trabajo enajenado no se resuelven con más dinero sino con el cambio de la naturaleza del trabajo. El problema es cómo pueden engranarse estos descontentos y pasar de ser problemas individuales a conflictos sociales. Mientras el trabajo siga planteándose en términos del deber, sacrificio o del capital, el panorama cambiará poco. Pues además de la realidad económica están las necesidades psicosexuales y una es tan importante como la otra, aunque a estas últimas se les niegue carácter histórico.

En general la debilidad de la conciencia de lucha y las limitaciones sociales y económicas han hecho que las mujeres permanezcan manejadas por formas autoritarias y ahora solo ellas, colectivamente, pueden ayudarse. Cuando entiendan cómo su vida diaria sostiene a quienes la manipulan y beneficia al sistema que las oprime, habrá posibilidades de que participen realmente en su liberación. Cuando se den cuenta del mayor desgaste que soportan dada la división de tareas por «papeles sexuales»; cuando vean hasta dónde son ellas responsables del núcleo familiar, elemento estabilizador y unidad de consumo de una sociedad opresora; cuando sean conscientes de que reproducen la futura fuerza de trabajo y ello es pretexto de despidos y relegamiento; cuando vean el acceso discriminado que tienen a la educación y reaccionen ante el régimen de conformismo donde han crecido, en el que los hombres pueden abandonarlas, explotar su sexualidad o ejercer violencia física y quedar impunes socialmente; y por último cuando reflexionen que su espíritu de servicio y gran abnegación solo conforma machitos, entonces, las mujeres recobrarán conciencia de lucha radial y no tan solo reivindicadora.

Donde los trabajadores se sienten dueños

Si la sexualidad de la obrera se puede expresar más espontáneamente que la de la mujer de clase media, que espera un paquete de ofertas para darse, de cualquier manera la relación se establece en función de cómo los hombres la definen y limitan. En este campo los trabajadores se sienten los amos y enajenan una característica humana convirtiéndola en propiedad privada —virginidad— o en bien explotable a voluntad —violencia física, gratificación sexual unilateral, disponer del cuerpo de ella como muestra de su «masculinidad». «Conservar dentro del mundo de las mujeres lo que el mundo del trabajo les quita: una última y precaria, aunque temible superioridad». Y precisamente este desahogo hace que el descontento no se canalice hacia donde se debe —en contra del sistema. Hay que eliminar válvulas de escape. La clase oprimida necesita apropiarse de los medios de producción para eliminar la situación de privilegio de unos cuantos y las mujeres deben apropiarse de su identidad y de los medios de reproducción para eliminar los privilegios de un sexo y llegar a la liberación total: la abolición de la explotación del trabajo y del sexo. Plantear la vida sexual como un elemento importante en la lucha es indispensable si se quiere acabar de raíz con los elementos de dominación.

El ama de casa de los sectores populares

La esposa del trabajador se encuentra en una situación de mayor dependencia que la obrera o campesina, ya que tiene menos posibilidades de intercambiar funciones entre el hombre y ella. Estas mujeres que no tienen empleo fuera del hogar dedican más o menos 80 horas semanarias al trabajo doméstico, es decir tanto como la que va a la fábrica. La simultaneidad de diversas ocupaciones, su discordancia y el poco valor que se le adjudica hacen que este trabajo sea más penoso física y psicológicamente que el de la industria o el taller. Ella además es responsable de administrar el bajo ingreso del hombre, salario que en efecto compra la fuerza de trabajo de dos personas. En condiciones de miseria terrible e inhumana están la mujer y los niños del desocupado, del subempleado y la que ha sido abandonada, sean las del campo (marías) o las de la ciudad (lavanderas, vendedoras ambulantes, etcétera).

Dos pesos por un vestido

Uno de los trabajos donde la explotación es más abierta es en el trabajo a domicilio. La reglamentación es deficiente o difícilmente se aplica. Las obreras tienen que aceptar esas irregularidades, no las ignoran, pero sus necesidades son más apremiantes. El aislamiento tampoco las ayuda a organizarse pues solo tienen relación con el patrón.

Teniendo el trabajo en casa, habrán de convertir su habitación, que invariablemente es pequeña, en taller, además de que serán ellas las que aportan los instrumentos de trabajo y contando con un equipo modesto y niños y marido alrededor, su rendimiento no puede menos que ser bajo, por lo que tienen que trabajar más horas para sacar lo que haría en un taller en ocho horas. La familia resiente más su pesado trabajo: menor espacio vital; responsabilidades para la hija mayor, quien muchas veces es solo una niña; tensiones e inseguridad por la mercancía que se acumula, etcétera. El empresario, en cambio, no tiene gastos de instalación o equipo, por lo general paga menos que el salario mínimo y por tanto fija precios de competencia con los talleres que funcionan dentro de la ley.

El trabajo a domicilio devalora en grado extremo a la trabajadora. Su opresión es total y la comparte con toda la familia. Su contacto con el mundo exterior es mínimo aunque tiene a la mano todas las radionovelas.

La rubia de categoría

En el ambiente de la clase media es donde más se palpa el hecho de que el mundo es de los hombres. A las mujeres se les relega *a medias*, cuentan con cierta movilidad: no se dedican por completo al quehacer doméstico, tienen acceso al control natal, pueden trabajar, pero quizá como ninguna otra, están expuestas a las normas de la ideología dominante. Esta coerción se mistifica y la comparten los dos sexos.

En México, con una distribución del ingreso tan desigual, la clase media tiene un papel clave como consumidora. Recientemente creada y sin raíces ni historia, es víctima fácil de la propaganda comercial y de la imagen del éxito. El hombre inseguro de sí mismo, se expresa a través de sus pertenencias: su mujer, sus niños, su coche, su casa. Junto con la sustitución de importaciones floreció la importación de valores: la rubia esbelta que todos quieren. Por supuesto debe ser joven; atrevida, pero virgen; culta, pero sin ambiciones intelectuales; moderna, pero respetuosa a valores tradicionales; fiel, pero «comprensiva». Y a esta imagen que el hombre tiene y que el medio propaga, ella trata de acercarse.

Desde la niñez aprende que el único fin decente al que puede y debe aspirar es casarse. Por eso no se pone tanto énfasis en su entrenamiento como sucede con los niños. El espíritu de servicio y la posición pasiva serán explotados posteriormente. Se le encamina a profesiones y trabajos en los que fácilmente se le puede reponer y que el hombre no quiere hacer: secretaria, perforista, enfermera, maestra, cajera, etcétera. El trabajo se le presenta como temporal pues pronto se casará. Así, la situación en el trabajo en el que por un lado difícilmente desarrolla una actividad creadora o de toma de decisiones y en la que por el otro tiene un panorama muy limitado. ¿O es que se ha dado el caso que una ayudante de contador se convierta en la presidenta de la empresa? Preferirá el matrimonio como salida a este callejón.

Si continúa trabajando después de casarse, su ocupación no es el centro de interés, por lo general complementa el ingreso familiar, y la familia siempre viene en primer lugar. El trabajo del hombre sí adquiere valor: hasta ella funciona alrededor de él. La ideología de la madre-esposa es tan fuerte y está tan hábilmente utilizada, que lo que pudiera ser un proceso de independización de las mujeres, está anulado.

Al encontrarse la demanda de mujeres en unas ramas y al haber un gran número de ellas preparadas para tales ocupaciones, los empresarios fijan condiciones discriminatorias y ellas deben aceptar estos criterios. El que una empleada de banco o una aeromoza se case o embarace, es motivo para que deje el puesto. Habiendo vivido a la sombra del hombre —padre, patrón o marido— educadas para servir con docilidad, carecen de conciencia para luchar no solo por sus derechos laborales, sino por sus derechos globales.

Así, las mujeres de clase media se definen no tanto como productoras, sino como consumidoras. Es la alternativa que la sociedad les da y forma parte de la función específica que se les encomienda. Para alguien que se siente poca cosa, es muy importante tener muchas cosas.

Su definición social como objeto también le impide realizar el papel que se le adscribe: el de esposa y madre. El placer sexual que fue condenado bajo formas más o menos sutiles e hipócritas —que la contracultura ha ayudado a desenmascarar— es ahora permitido después de la lectura de la epístola, aunque a veces resulta imposible dado que la relación sexual entre dos seres desiguales tiene que tomar la forma de dominación-sumisión, conquista-pasividad. Su sexualidad fue negada para que aceptara el mito de la virginidad, negación que se continuará con la fidelidad en el matrimonio a fin de garantizar la estabilidad de la familia y asegurar la propiedad privada. El hombre, por su parte, ansioso de afirmar su virilidad, se lanzará a realizar nuevas conquistas.

En la educación de los niños, su necesidad de trascender, teñirá la relación con los mismos. Al sacrificar su desarrollo personal, impondrá a los hijos una relación cargada de opresión y de sentimientos de culpa. El 10 de mayo, es el símbolo de este mito, donde se pagan las «deudas» de la vida de sacrificio y abnegación.

Dada su posición económica y acceso a la educación, muchas de estas mujeres llegan a cuestionar el papel tradicional que se les adjudica, pero la ausencia de un marco de referencia claro a propósito de su condición femenina y el trabajo, la sexualidad, la educación de los niños, la participación política, les crea un estado de confusión y frustración. Entonces optan por los patrones masculinos ya establecidos o bien se quedan con la «versión femenina» de afrontar las situaciones. Ninguna de las dos les confiere seguridad.

El capitalismo en vez de dar privilegios a las clases medias las ha degradado abyectamente. Emplea su capacidad para la abundancia y los hace cómplices de su propia opresión. Primeramente los transforma en un objeto para la venta en el mercado y después asimila lo que más desean a la cadena de artículos. Para la clase media y sobre todo para la mujer, no hay nada más opresivo que sus privilegios de hoy. Pestañas y peluca en mano debe analizar colectivamente su experiencia cotidiana, una vez consciente de las causas de su opresión, muchas de las cuales se encuentran en la estructura misma de la sociedad comprenderán que tienen en común con las clases trabajadoras el interés por destruir las bases de su miseria.

La mujer escaparate

La mujer burguesa pasa de ser un simple objeto a ser un objeto de lujo, una mercancía que se cotiza en el mercado del matrimonio. Puesto que el «buen apellido» y el dinero son condiciones dadas, el primer requisito que se pide es la belleza física. Y la belleza se consigue a cualquier precio: masajes, operaciones plásticas y guardarropa importado. Los vestidos o las joyas cumplen dos funciones: decorar y demostrar su estatus.

La apariencia de la burguesa es esencial para el hombre, pues ella es el escaparate de su riqueza, de su «éxito». La inteligencia es aceptada siempre y cuando sea menor que la del marido y, en última instancia, esta será otro adorno más de su persona.

Mientras consiguen marido, o los padres conciertan uniones por interés —es muy común que los matrimonios sean uniones financieras o de negocios—, pueden asistir a las universidades privadas.

Después, las actividades sociales, culturales o caritativas, las determinará el círculo de las mujeres de los socios de su marido. Ella se integrará a un grupo ya existente. Todo lo que ella haga será censurado por el marido e irá en función del prestigio de este. La vida de la burguesa está marcada por una gran soledad, pues el vivir en función del hombre y su estatus le impide mantener relaciones amistosas y confiar en alguien. El consumo llena sus vidas; mientras el hombre se dedica a acumular capital ella lo exporta: lo mismo da un tapete persa que un lavabo de mármol que un vestido de la colección de Courrègues.

Considerata

En un país dependiente como México, las fuerzas productivas tienen un desarrollo desigual que implica la coexistencia de varias formas de producción bajo la hegemonía del capitalista. Esto influye en la posición de la mujer y la distingue de la de las mujeres de la metrópoli. El desarrollo tecnológico, la socialización de las fuerzas productivas que existen como *precondiciones* para la liberación de la mujer en los países industriales avanzados no están presentes en México de una manera universal.

Esto hace necesario plantear la lucha de las mujeres en forma distinta en las diferentes clases, vinculada con las luchas de estas, pero sin subordinarla o posponerla.

La mujer tiene un doble motivo para ser revolucionaria, la razón de clase y la razón de sexo. Aparte de la explotación por clase existe una innegable opresión por sexo, no menos violenta en la sociedad machista. Esta opresión está impuesta sobre todo por normas ideológicas y ejecutada por los hombres con la complicidad del silencio de las mujeres. Canaliza el descontento hacia el núcleo familiar donde es mediatizado en vez de acumularse y tomar forma de lucha social, preserva la familia como estructura necesaria y estabilizadora de la sociedad capitalista, y convierte a la mitad de los seres humanos en objetos de uso de la otra mitad.

Esta ideología sexista ha demostrado tener una fuerza imprevista ya que ha sobrevivido a la abolición de la propiedad privada en los países socialistas. Por este motivo es preciso analizar a fondo todos los elementos que la sostienen. Toca a las mujeres hacer la teoría de su opresión y encaminar la lucha hacia la liberación, primero, porque son los oprimidos los únicos que pueden tomar conciencia de su opresión y segundo porque no será el hombre, que en esta sociedad tiene el papel de opresor, el más interesado en renunciar a sus supuestos privilegios.

El papel tradicional adscrito a la mujer es un arreglo social, tomado como natural, que tiene profundas consecuencias para ella. El cuidado de los niños la inmoviliza y circunscribe a un pequeño mundo familiar. La obliga a delegar actividades sociales, políticas y económicas al hombre, cuya autoridad frente a ella se refuerza en la misma medida que las ejerce. Como se prevé que las niñas van a dedicar parte de su vida al cuidado de los hijos y de su casa, no se considera importante el darles una educación comparable. La expresión más extrema de este hecho: hay 1.2 millones más de analfabetas mujeres que hombres en el país.

Normas tradicionales, religiosas y machistas prohíben a la mujer regular su procreación y les imponen un uso exhaustivo de su biología. La mexicana de más de 30 años tiene un promedio de 6.6 hijos. El argumento «radical» de que usar anticonceptivos es «hacerle el juego al imperialismo» no es más que una justificación masculina. La historia no nos muestra que haya una relación mecánica entre el número de habitantes por kilómetro cuadrado y la revolución.

La sexualidad, en vez de ser una actividad de verdadero placer y comunicación, fortalece las relaciones de dominación. La libertad gozada por el hombre en realidad no es tal, ya que se sustenta en la desigualdad. Las normas restrictivas aplicadas a las mujeres imposibilitan una convivencia abierta entre los sexos y sellan definitivamente dos mundos aparte. Las prostitutas, finalmente, en su medio mundo, ayudan a perpetuar la organización sexual frustrante.

La explicación que se da por lo común a la desigualdad sexual es que la monogamia de la mujer es necesaria para garantizar la herencia del patrimonio. Sin esta garantía, la propiedad privada se volvería difusa. Pero es necesario profundizar más para explicar el problema de la «doble moralidad». En el mundo capitalista es fundamental para el campesino pobre y el trabajador tener algo que sea suyo: la familia y la mujer. Golpeado y explotado por las estructuras, su casa es su «reino» donde se refugia y la mujer y los hijos amortiguan las tensiones exteriores. Si su mujer tuviera otro hombre, cuestionaría la base misma de su seguridad y pondría en tela de juicio su masculinidad.

En contraste con otros grupos oprimidos, las mujeres vivimos dispersas, sin contacto profundo en la vida diaria. Asumimos que los problemas que afrontamos son personales y tienen una solución individual. Esto, y los celos y la competencia —otras de las actitudes que nos hemos impuesto— son las razones principales por las que no hemos desarrollado una conciencia colectiva de nuestra opresión. Hasta ahora las mujeres inconformes con su situación han tratado de entrar al mundo de los hombres y algunas han tenido éxito, pero el hecho de que unos cuantos trabajadores se hayan vuelto capitalistas, no ha abolido la explotación, así como el hecho de haber astronautas mujeres no ha terminado con una sociedad sexista. Insistimos: o hay solución para todas las mujeres o no hay solución para ninguna. Eso presupone el cambio de estructuras, una lucha radical por cuanto se dirige a las raíces de la opresión.

6. Soñadora, coqueta y ardiente. Notas sobre sexismo en la literatura mexicana

Carlos Monsiváis

No una conjura, ni una emboscada, sino más metódica y negociadamente, una organización. La organización deliberada, alerta, exaltada, melancólica, inclemente, tierna, paternalista, de una inferioridad. No otra cosa es el sexismo, una suma ideológica que es una práctica, una técnica que es una cosmovisión. Una sociedad (en este caso, cualquier sociedad, porque el sexismo es un problema y una condición universal, no depende de modo mecánico de un sistema social y político, trasciende ideologías y militancias) asume, aplastantemente, su convicción inicial, fundadora: quien no se ajuste a este patrón de conducta (por no poder o no querer) será, sin remedio, un ser inferior. ¿Cuándo surge el sexismo? Históricamente, tal vez en el instante cuando, sobre el placer o el desarrollo personales, la reproducción se convierte en la meta de la relación sexual. El patriarcado lo decidió, apoyado en la biología, para la eternidad: «A la mujer dijo —afirma el Génesis—: multiplicaré en gran manera tus dolores y tus preñeces; con dolor parirás los hijos; y a tu marido será tu deseo, y él se enseñoreará de ti». Adán, en control de la situación, miró hacia la mujer y halló un objeto, un objeto valioso por su índice de explosión demográfica, por su capacidad para agradar, para acompañar a los dueños del mundo. Síndrome de los males esenciales de cualquier sistema y relación de los hechos, el sexismo, esta suerte de imperialismo que se ejerce redobladamente contra —por lo menos— la mitad de la humanidad, ha ido haciendo su historia con sometimientos, esclavitudes, continuos ejercicios de mando y represión. El sexismo es un espejismo: aunque la mujer resulta expuesta a la educación, la riqueza y la independencia, como si fuese (exactamente) un ser autónomo y el igual del hombre, todas las influencias genuinas en su vida le informan que su educación solo se justifica si va a utilizarse de un modo mecánico para el esposo. El sexismo es un espejo distorsionado: legaliza la gesticulación del caudillo y la muestra como apariencia civilizada; inventa desproporciones y le asegura a la mujer que la realidad de su ser yace, únicamente, en el cuidado de los niños y la fabricación de una atmósfera de apoyo a los verdaderos seres humanos, aquellos que, agresivamente, traspasan el mundo para mejor dirigirlo.

El sexismo como fijación de los roles

El sexismo, fenómeno demasiado vasto, solo es apresable en términos muy generales. Cualquier indagación sobre él, en esta etapa, corre el riesgo de volverse simplista, de no evadir los límites de un nuevo lugar común. El campo que el término cubre es amplísimo: el predominio de un sexo (y de quienes, dentro de ese sexo, se ajustan más aptamente al esquema del dominador, a las características necesarias del ejercicio del poder), la preferencia de la sociedad por ese sexo, la transformación de una inferioridad declarada en una inferioridad real, la atribución al sexo dominante de cualidades y actitudes privilegiadas, el énfasis de mando en cualquier relación personal de índole sexual. El sexismo, sojuzgadoramente, divide el mundo en roles, lo «masculino» y lo «femenino», y le atribuye a cada rol características que deben cumplirse fatalmente. Lo «femenino» dispondrá, por ejemplo, de la ternura, el recato, la paciencia, la dulzura, la intuición, la abnegación, la resistencia al dolor, la pasividad entregada, la inercia, la falta de iniciativa, la frivolidad, la incapacidad de avenirse con la Historia (con mayúscula), la decisión de entrever la realidad a través del chisme. Durante miles de años, esta concepción, férreamente impresa, aunada a esquemas vigorizados y revigorizados de conducta, ha vuelto esa definición de lo «femenino» una respuesta «natural» e «instintiva». El sexismo infantiliza, roba, despoja a una clase de seres humanos de autonomía, confianza, posibilidades de acción. Desde hace miles de años se viene cumpliendo un intercambio que exige la servidumbre y ofrece, caritativamente, la protección.

¿Qué tantas cosas es el sexismo? Es una ideología que se basa en las necesidades y valores del grupo dominante y se norma por lo que los miembros de este grupo admiran en sí mismos y encuentran conveniente en sus subordinados: agresión, inteligencia, fuerza y eficacia en el hombre; pasividad, ignorancia, docilidad, «virtud» e ineficacia en la mujer. Es una psicología que pretende carta de naturalización para la ideología patriarcal y minimiza —a través de creencias sociales, ideología y tradición— cualquier posibilidad igualitaria del ego femenino. Es un fenómeno de clase, un hecho sociológico, un hecho económico y educacional, una teoría de la fuerza, una presunción biológica, una estructura antropológica que somete mitos y religiones. El sexismo conoce su forma política más lograda en el patriarcado y su institución evidente en la familia.

La mujer como instrumento

Por naturaleza y definición, la cultura mexicana es una cultura sexista. De modo elemental, descansa en la convicción de que, habiendo seres inferiores, lo que procede es explotar a la mujer. Octavio Paz, en *El laberinto de la soledad* (1949), proporciona un excelente primer trazo de este proceso:

> Sin duda en nuestra concepción del recato femenino interviene la vanidad masculina del señor —que hemos heredado de indios y españoles. Como casi todos los pueblos, los mexicanos consideran a la mujer como un instrumento, ya de los deseos del hombre, ya de los fines que le asigna la ley, la sociedad o la moral. Fines, hay que decirlo, sobre los que nunca se le ha pedido su consentimiento y en cuya realización participa solo pasivamente, en tanto que «depositaria» de ciertos valores. Prostituta, diosa, gran señora, amante, la mujer transmite o conserva, pero no crea, los valores y energías que le confían la naturaleza o la sociedad. En un mundo hecho a la imagen de los hombres, la mujer es solo un reflejo de la voluntad y querer masculinos. Pasiva, se convierte en diosa, amada, ser que encarna los elementos estables y antiguos del universo: la tierra, madre y virgen; activa, es siempre función, medio, canal. La femineidad nunca es un fin en sí mismo, como lo es la hombría.

Estas líneas de Octavio Paz son, en su don de síntesis, exactas. Entre nosotros, la tradición prehispánica que le confería a la mujer un desdeñoso papel servil se mezcló —sin problemas— con la tradición del conquistador. El primer elemento de acuerdo entre quienes integraron el arranque de nuestra nacionalidad fue el sitio reservado a la mujer. Y —acudo aquí al testimonio de la poesía indígena— cierta identificación —ni enfática ni soslayada— de la derrota (debilidad) con la lamentación y la huida (femineidad). «Es mi destino el padecer —afirma un poema típico posconquista—, oh, amigo mío, mi corazón se angustia: entre penas se vive en la tierra. ¿Cómo vivir con los demás? ¡Si vivimos en vano ofendemos a otros! Hay que vivir en paz, hay que rendirse y andar con la frente inclinada entre otros». Y en *Visión de los vencidos*, en uno de los poemas ahora célebres, «Se ha perdido el pueblo mexicatl», se afirma:

> El llanto se extiende, las lágrimas gotean
> allá en Tlatelolco.
> Por agua se fueron ya los mexicanos;
> semejan mujeres; la huida es general.

A partir del virreinato se establece ya, firmemente, una visión del mundo que utiliza, en su exigencia de supremacía y privilegio para una clase y para un sexo dentro de esa clase, represión moral y represión política, educación y gobierno. El virreinato concibe un orden de cosas donde la obediencia es la respuesta primera que se exige ante cualquier situación y donde las nociones de honra y virtud se integran como respuestas sociales y políticas. Durante los tres siglos de dominación española se fortalecen las estructuras de conductas patriarcales que —en lo básico— continúan indemnes hasta nuestros días, a través del principio vinculador de las relaciones de poder en sociedades como la nuestra, la educación familiar.

Los efectos retroactivos

De este modo, hablar de sexismo es calificar retrospectivamente todo nuestro proceso histórico: colonial, formalmente independiente, liberal, revolucionario, pos y contrarrevolucionario. ¿Admiten nuestro manejo y utilización actuales de la noción de sexismo efectos retroactivos? ¿No es un contrasentido histórico o un acto paródico calificar de sexista a Juan Ruiz de Alarcón o a Pedro Castera, autor de la novela romántica *Carmen*? En cierto sentido, sí. En otro, revisar del modo más exhaustivo a nuestro alcance la historia de nuestra cultura con enfoques y perspectivas nuevas o renovadas es una tarea útil y urgente, no por el afán vampírico de exhumar a escritores indefensos, iniciándoles juicios revanchistas, sino con el fin de examinar nuestra formación, el proceso manipulatorio de nuestras reacciones y juicios de hoy. Todos —en mayor o menor medida— dependemos del sexismo para juzgar la realidad y el conocimiento del problema solo vendrá a partir de la aceptación de su existencia. En esto, como en muchas otras cosas, apenas empezamos y el punto de partida de estas notas ha sido reconocer que —inevitablemente— se encuentran impregnadas de sexismo.

En la literatura mexicana (y no hubiese podido ser de otro modo) el sexismo encuentra a un eficaz, imprescindible colaborador. El reflejo en este caso es directo y —casi siempre— sin matices. Si otros fenómenos de la vida nacional pueden admitir asimilación y recreación artística, no sucede así en el caso del sexismo. Es una visión demasiado profunda, tan poderosamente arraigada que —júzguesele como se le juzgue— constituye una idiosincrasia, una respuesta natural a las solicitudes externas e internas. De allí lo inútil, en esta etapa, de las reacciones puramente morales ante la institución del sexismo. La ofensiva moral tiende a detenerse en la satanización, en el cerco condenatorio. Y el sexismo, como todos nuestros acondicionamientos seculares, como todas nuestras respuestas culturales profundas, desborda juicios y anatemas, deshace o se burla de los intentos críticos. Frente al sexismo, la respuesta debe ser política, no moral.

La lucha contra la servidumbre fatalizada de un sexo, contra la esquematización implacable de la conducta, debe insertarse de modo orgánico, en la lucha actual de liberación. La revolución sexual es un aspecto más (clásico) de la revolución de nuestro tiempo.

Mas las notas están tomando un rumbo dogmático, sentencioso y precipitado. Su título no anuncia un programa de acción sino un panorama. Retomo una línea supuestamente expositiva, con una declaración: a la tarea de precisar el alcance del sexismo en nuestra literatura, le atribuyo una importancia significativa. Ahora, cuando se inicia la revisión de nuestro proceso histórico, momento desmitificador y desmistificador, procede examinar el alcance y las tradiciones de los sistemas de explotación, uno de los cuales, esencial, determinante, es el sexismo.

La mujer como personaje

A la mujer, en nuestra literatura, le corresponde asumir un papel fundamental: el de paisaje. El hombre es, siempre, el centro, la razón de ser. En los márgenes, ennoblecida o mancillada, la mujer se mueve —según le vaya— con dignidad o sinuosamente. Puede ser la madre (que todo lo sufre), la esposa (que todo lo perdona) o la prostituta (que todo lo degrada). Es, por necesidad, un pretexto o una ocasión. Alguna vez lo expresó con tono lapidario (no musicalizable esta vez) Antonio Machado: «La mujer es el anverso del ser». ¿Cuál es el anverso del ser? ¿El no ser, la no entidad? ¿O el territorio a un costado de la ontología, donde afirmaciones o negaciones se producen invertidas, fantasmales, inexistentes a fuerza de oponerse a la verdadera realidad? El ser de la mujer, de acuerdo a esta concepción, es, cuando se da un ser derivado, prestado. Para esta literatura (y para esta pintura, esta música popular y posteriormente para esta radio, este cine, esta televisión), la mujer es una representación masculina de no estar (oficialmente) solo. La primera presencia es Tonantzin, Nuestra Madre que deviene en Guadalupe, quien no hizo igual con ninguna otra nación. Al decretarse y fundarse políticamente el milagro del Tepeyac, se fijan los términos de la idealización: la mujer venerable, reverenciable («Te juro que eres lo más sagrado para mí») es la Virgen, con o sin mayúscula. Si la interpretación no estuviese sospechosamente teñida de psicologismo, se podría advertir en toda una zona de la literatura (o de la realidad) el programa panvirginal: lo inmaculado es el signo de las mujeres respetables: mi madre o mi esposa o mi hija son, han sido y serán vírgenes perfectas, porque la virginidad, más que una condición física, es un atributo de lo que me pertenece. Como objeto de mi posesión, es inaccesible, al margen y más allá de cualquier profanación. En última instancia, la virginidad será sagrada por manifestarse como forma, compleja y evidente a la vez, del derecho de propiedad.

Inventada, dibujada y desdibujada por la literatura, la mujer va asumiendo, encarnando diferentes papeles: es la amada remota a la cual deben dedicarse reflexiones y reminiscencias (el objeto idolátrico de algunos poetas modernistas, la Fuensanta de López Velarde); la novia pura (la Remedios de Emilio Rabasa, la Clemencia de Ignacio Manuel Altamirano); la madre abnegada y comprensiva que resplandece desde el dolor y la pérdida (ser ubicuo y omnipresente que se desplaza de la novela de folletín a la poesía popular, en el estilo de «El brindis del bohemio» de Guillermo Aguirre y Fierro, a los personajes dulces y firmes de Efrén Hernández); la pecadora arrepentida, Magdalena, enterada de que el precio por el rescate de su virginidad es la muerte (la heroína del folletín, la Santa de Federico Gamboa); la devoradora, quien adquiere de los hombres el espíritu depredatorio, quien acude a técnicas masculinas de sojuzgamiento para vengarse por la destrucción de su virginidad (este cliché, muy compartido, resulta personaje secundario en las novelas y principalísimo en el cine: María Félix lo convertirá en su emblema como también, en plena abundancia terrenal, las rumberas: Ninón Sevilla, Meche Barba, etcétera. Recientemente, Irma Serrano en *La Martina* revivió a la devoradora confundiendo a la ninfomanía con la mentalidad de la sociedad de consumo).

Otros arquetipos: la soldadera fiel, la criatura admirable que se deja matar por su hombre en el canje de vidas (la Codorniz de *Los de abajo* de Mariano Azuela); la coqueta victimable que juega con su honra para perder (Micaela en *Al filo del agua*, de Agustín Yáñez); el ser febril y remoto (Susana San Juan en *Pedro Páramo*, de Juan Rulfo); la amante enloquecida, la víctima del amor-pasión que en la entrega se redime de su impudor (Adriana en *La Tormenta*, de José Vasconcelos); la diosa venerada, tan magnífica que merece alternar con la madre (Rosario en el «Nocturno» de Manuel Acuña); la hembra terrenal ya irrecuperable, la india brava de bruna cabellera en el «Idilio salvaje» de Manuel José Othón); la ninfeta purísima cuyo amor con el adulto solo puede consumarse en la tragedia (la Carmen de Pedro Castera).

¿Una conclusión rudimentaria y general? Nuestra literatura carece hasta el día de hoy de personajes femeninos cuya realidad se describa orgánicamente. No se establecen unitariamente: se presentan como mitología, diseños previos. Incluso en la que quizá sea nuestra mejor novela, *Pedro Páramo*, al lado de lo descarnado y obsesivo, de la presencia tajante del cacique, se da lo doblemente espectral, la presencia enloquecida por incorpórea de Susana San Juan, quien jamás desiste de su condición aislada y distante, es siempre el erotismo intenso e impreciso, la afonía fantasmal, el amor inasible. Pedro Páramo poseerá a todas, las ultrajará, las domará, las desechará. Mientras las mujeres sean inferiores son posibles: Dolorita Preciado o Damiana Cisneros. Cuando Pedro Páramo eleva a Susana a su nivel y la ama no con amor de violentador físico, en ese instante Susana San Juan se despoja de cualquier característica definible, se vuelve delirante proyecto místico, un abandono erótico que anhela la eternidad; se vuelve, en definitiva, el no ser.

Lo cual es inevitable. Porque así sea mínima la relación entre lo que podría designarse (de modo convencional) como realidad literaria y realidad real, ese vínculo unirá a la literatura con un espacio donde la mujer no dispone de peso específico, en una situación secundaria y dependiente. Para que la mujer llegue a la literatura con un centro de gravedad propio, debe advenir como invento, convenio entre el autor y la credulidad del lector. No es un problema de misoginia: lo que sucede es previo y posterior al odio a la mujer. Cultura y literatura conciben a la mujer como una criatura solo concebible o consignable por escrito, ya que al ser reproducida naturalistamente, por ejemplo, carecería de interés y densidad espiritual. La mujer en la literatura mexicana, si va a ser expresada con complejidad, será, casi fatalmente, una abstracción.

El proceso histórico

En su espléndida «Respuesta a Sor Filotea de la Cruz», en pleno siglo XVIII, Sor Juana Inés de la Cruz describe una batalla: la de una mujer excepcional que decide ejercer la inteligencia en una sociedad que a la mujer solo le consiente la gracia, el arrobo, el azoro y la sumisión. La carta a Sor Filotea es un documento admirable:

la resistencia última de un sentenciado a quien aguardan la ignorancia y el silencio, la renuncia al entendimiento y «la quietud del claustro». Sor Juana, en una sociedad donde «muchos quieren más dejar bárbaras e incultas a sus hijas que no exponerlas a tan notorio peligro como la familiaridad con los hombres», defiende con angustia y celo su derecho a leer, su derecho a saber, su derecho a escribir. «Pues si está el mal —afirma— en que los use [los versos] una mujer, ya se ve cuántas los han usado loablemente; pues ¿en qué está el serlo yo?». En la pregunta de Sor Juana yace implícita la contestación: el mal intrínseco de una mujer es serlo, su «ruindad y vileza» como ella misma establece, son sinónimos de su condición femenina.

Entre el conocimiento de un fracaso inevitable y la voluntad de negarse —hasta el límite— al sometimiento (la extinción), se mueve la grandeza de Sor Juana, una grandeza que es defensa (personal y genérica) del conocimiento. Su singularidad la enfrentó a la represión, a esa incomprensión que se ha continuado en estudios y exégesis. Los padecimientos de Sor Juana prosiguen hasta hoy: por un lado, las integrantes de esas «asociaciones culturales» que todavía ven a la mujer como el «mejor aliado del hombre» la han asumido como símbolo, ignorando el sentido radical (intelectual y político) de su obra; por otra parte, la prisa o el desdén (ambas actitudes derivadas del sexismo) han convertido sus redondillas en la mera expresión (divertida) de una queja, no de la crítica que fue su declaración polémica sobre las desventajas institucionales de su sexo. De este modo, el «Hombres necios que acusáis…» se ha vuelto una simple referencia burlona a una protesta quejumbrosa, «sin ver que sois la ocasión / de lo mismo que juzgáis».

Las reglamentaciones del siglo XIX

José Joaquín Fernández de Lizardi, designado por aclamación el primer novelista mexicano, en uno de sus libros clásicos, *La Quijotita y su prima* (1818-1819), delinea para la mujer un código implacable de conducta. El pretexto lo proporcionan las oposiciones en la educación de dos niñas, Pomposa y Pudenciana. Un personaje, el coronel, vocero del autor, explica así el punto de vista del insurgente Lizardi:

> Por la ley natural, por la divina y por la civil, la mujer, hablando en lo común, siempre es inferior al hombre. Te explicaré esto. La naturaleza... constituyó a las mujeres más débiles que los hombres, acaso porque esta misma debilidad física de que hablo les sirviera como de parco o excepción para conservarse en aptitud para ser madres y sostener la duración del mundo... Creo que no me entiendes; [por supuesto, el coronel monologa con una mujer] te lo diré más claro. La naturaleza, o hablemos como cristianos, su sapientísimo autor, no concedió a las mujeres la misma fortaleza que a los hombres, para que estas, separadas de los trabajos peculiares a aquellos, se destinasen únicamente a ser la delicia del mundo, y por consiguiente, fuesen las primeras y principales actrices en la propagación del linaje humano.

Se ha estipulado la misión de la mujer: es un artefacto de lujo, con capacidad reproductiva. La primera virtud: la docilidad. La segunda: la gratitud. En esta riquísima antología del sexismo decimonónico, *La Quijotita y su prima*, el coronel (resumen muy calificado de la mentalidad liberal de la primera mitad del XIX) expresa su criterio:

> Verdaderamente ellas [las mujeres] son dignas del aprecio y estimación del hombre culto, y este aprecio hace que se les tribute su respeto y que les ceda en muchas ocasiones la preferencia que a él le toca; mas estos respetos y atenciones debe recibirlos la mujer juiciosa; o como un premio debido a su virtud, o como un efecto de la generosidad de los hombres, y nunca los exigirá como unos derechos debidos a su soberanía de mujer.

La propia generosidad de Lizardi no termina allí. Posee también tesis tajantes en lo tocante a la división del trabajo:

> Teniendo en consideración esa misma debilidad [la de las mujeres, que las hace inferiores a los hombres por ley de la naturaleza], las leyes civiles las han separado del sacerdocio, gobierno, política y arte de la guerra, que les han confiado a los hombres, de cuya privación resulta un justo premio debido al bello sexo, y tan justo, que los hombres en haberlas excluido de estos cargos no han hecho más que premiarles sus peculiares ejercicios, recompensarles sus fastidiosas fatigas y buscar sus propias conveniencias.
>
> El hombre que las vitupere por razón de la diferencia del sexo debe ser declarado por necio y por ingrato; pero al fin de todo, hemos de confesar que justísimamente las mujeres son inferiores a los hombres por las leyes civiles. ¡Qué bien se acomodaría una mujer con un niño en los brazos asido de un pecho y sobre el otro apoyando un fusil! Lo mismo digo de una pluma, un formón, un arado u otros instrumentos peculiares de los hombres: era menester que abandonara el instrumento o el niño.

No tiene mayor sentido responsabilizar a un autor por la moral social prevaleciente en su época. Lizardi, producto típico de los códigos de conducta *avanzados* de la sociedad virreinal, no hace sino resumir un pensamiento general. Ocurre que esta visión patriarcal, que admite jubilosa la reducción de la mujer al metate, el comal y la tortilla, no termina en Lizardi. Dispone, para perpetuarse, de una admirable caja de resonancia: la familia, unidad monolítica forjada a conveniencia de las clases dominantes y de la Iglesia, que llega, casi inalterada, al día de hoy. La sociedad se funda en la familia y, en reciprocidad, la sociedad le aporta al matrimonio sus bases morales, religiosas, sociales y económicas; las bases que posibilitan la continuidad. Los novelistas del XIX (y muchos del XX) identifican la felicidad con el matrimonio y solicitan de los contrayentes requisitos inflexibles: riqueza y crédito monetario; nobleza (nacimiento, linaje); prestigio ocasional; influencia y poder; educación; respetabilidad; reputación, temperamento y cualidades personales (físicas, morales, intelectuales, espirituales); incluso raza y color. En esta literatura acrece la defensa sistemática del matrimonio, sus ventajas y exigencias. Nada más justo, como indica el teórico de la novela de ese tiempo, Ignacio Manuel Altamirano, ya que la novela debe ser «fácil de comprender por todos, y particularmente para el bello sexo, que es el que más la lee y al que debe dirigirse con especialidad, porque es su género». Dueña de la novela por constituirse en la principal demanda en el mercado, la mujer acepta, en un acto de retroalimentación, que se la describa como a un valor económico y que se estimule su virtud en el logro de un matrimonio conveniente (esto es, financieramente respetable). El género novelístico posee leyes propias: los valores morales de la novela vigorizan la realidad económica burguesa, donde las mujeres dependen por completo del matrimonio para su sobrevivencia material (los ingresos de una mujer mexicana en el siglo XIX eran, en el mejor de los casos, una sexta parte, aproximadamente, de los ingresos del hombre, y la propiedad de la mujer pasaba, en el instante de la boda, a manos del marido en forma automática). En este sistema económico, no desaparecido, la honra se adjudica al mejor postor, y la virginidad cedida antes del matrimonio significa (inevitablemente) un descenso de las posibilidades en el mercado de la mujer en cuestión, y por lo tanto una disminución de su garantía de supervivencia.

La polarización de los papeles económicos se acompaña obligadamente de una polarización de los papeles psicológicos y a la mujer se le exige ser débil y pasiva en lo emocional, puesto que es dependiente en lo económico. Ni la María de Jorge Isaacs, ni la Amelia de José Mármol, ni la Clemencia de Altamirano disponían de ingresos propios, y eso las ayudaba a sufrir mejor y más noblemente, de acuerdo a la concepción de sus creadores.

La rendición por el espíritu

Distante, hierática, vaporosa, admirable, dulce, serena, mirífica o vagarosa, la mujer transcurre en nuestra literatura como un vasto proyecto utópico. Su capital inicial es su pasividad; su matrimonio es su meta y su realización; su adulterio es la expulsión del paraíso; su promiscuidad es su exterminio. De modo ritual, representa dos extremos de una teología para el consumo: es la Caída o es la Gracia. Si es la Caída, tenderá a confundirse con la ciudad, volviéndose una entidad sospechosamente parecida a los accidentes de trabajo. Si es la Gracia, devolverá con su sola presencia la pureza a quien la contempla. En este orden de cosas, ninguna maniobra más demagógica (y más evidente) que aquella que identifica a la mujer con el espíritu y la sacia de bienes verbales, la vuelve origen y recuperación. Si la mujer es el Espíritu, la mujer es, de nuevo, una magnífica irrealidad, un mero punto de partida de fantasías literarias. Y la Eva eterna, prestigiosa y perfecta, llena de virtudes frutales y ensanchadoras de rumbos, al concluir la parrafada lírica retorna a su espacio doméstico y se confina en los tres *ghettos* a su disposición: la cocina, la recámara y el confesionario. El sexismo dispone también de retóricas ennoblecedoras de su acción esclavista y uno de sus ejercicios predilectos es la metamorfosis de la mujer en esa honorable y vacua entidad romántica, el Espíritu, entidad que permite humillaciones y contriciones, arrepentimiento y postraciones de hinojos. La rendición ante la mujer a través del Espíritu —y de eso hay pruebas abundantes en la poesía romántica y en la declamación modernista de entonces y de ahora— no es (¿se necesita decirlo?) un acto de autocrítica, sino una autoexaltación que solicita testigos.

Por otra parte, esa especie de oculto priismo literario, donde el Espíritu sustituye a la Revolución mexicana en su representación totalizadora, no deja de manifestarse clasistamente. En esta narrativa y en esta poesía, las mujeres del pueblo podrán ser ingeniosas, dicharacheras, aguerridas, leales, graciosas. Espirituales nunca. El Espíritu es conquista de las elites y don sublime de las clases altas.

Al margen del sexo

La retórica de la mujer, como el Espíritu, es parte de una realidad inexorable: la asexualidad, la antisexualidad de nuestra literatura, una literatura que —todavía a principios de la década de los sesenta— conservaba casi intacta su estructura feudal, su negación del cuerpo y el orgasmo, su aversión vivísima a utilizar el coito como una explicación consecuente de la realidad. La mojigatería funcionó durante siglo y medio como agresividad y defensa: no había la referencia al acto sexual porque las relaciones se movían en planos ideales; no existía la visión o la glorificación del cuerpo humano porque a este no se le concedía realidad literaria. No es de extrañar entonces que los escritores menos contaminados de sexismo sean los más penetrados de erotismo. El sexismo tiende, en su instancia más evidente y apocalíptica, a negar la explotación haciendo invisible lo que considera profanación. Para el sexismo, en forma a la vez hipócrita y consecuente, la virginidad es el estado alabable en la mujer, porque es una exaltación ficticia de la pureza y una especie de redención pública del objeto poseído, humillado, gastado, deteriorado hasta el punto de la maternidad constante.

Por eso, los escritores que han asumido profundamente su erotismo no responden, no pueden responder, a las calificaciones usuales de sexismo. En una sociedad como la nuestra, el erotismo es explosivo y subversivo e incluso el amor-pasión, con su carga de ingenuidad y teatralización primitiva, ha desempeñado una función renovadora. Una sociedad puritana, feudal, porfiriana, no gusta de las obsesiones. La obsesión (con su carga monomaniaca de insistencia, con su inflexibilidad) es a la vez un reproche y un desafío. Cuando, en 1904, Efrén Rebolledo insiste reiterativo:

Tú no sabes lo que es ser esclavo
de un amor impetuoso y ardiente,
y llevar un afán como un clavo,
como un clavo metido en la frente.

Tú no sabes lo que es la codicia
de morder en la boca anhelada,
resbalando su inquieta caricia
por contornos de carne nevada...

Y no sabes lo que es el despecho
de pensar en tus formas divinas,
revolviéndose solo en su lecho
que el insomnio ha sembrado de espinas.

se está produciendo —sin que la historia literaria lo sepa— una revuelta de proporciones considerables. En pleno porfirismo, un obseso sexual, alguien que reconoce y ama públicamente la lujuria, un escritor que ambiciona a un cuerpo de modo concreto. La tradición sacralizante de la poesía mexicana había ido de la abstención mitológica de Ignacio Ramírez («Ara es este álbum: esparcid, cantores, / a los pies de la diosa incienso y flores») a la contabilidad de Manuel Gutiérrez Nájera, primer creyente en el poder adquisitivo de la literatura y adorador fiel de la mujer como objeto:

Las novias pasadas son copas vacías,
en ellas pusimos un poco de amor.
El néctar tomamos… huyeron los días…
¡Traed otras copas con nuevo licor!

Champán son las rubias de cutis de azalea;
borgoña los labios de vivo carmín;
los ojos oscuros son vino de Italia,
los verdes y claros son vino del Rhin.

O la exaltación autoritaria, el credo de Salvador Díaz Mirón, quien en su poema «A Gloria» declara:

¡No intentes convencerme de torpeza
con los delirios de tu mente loca!

¡Mi razón es a la par luz y firmeza,
firmeza y luz como el cristal de roca!

y culmina:

¡Confórmate, mujer! Hemos venido
a este valle de lágrimas que abate,
tú, como la paloma, para el nido,
y yo, como el león, para el combate!

Frente a esta tradición, Rebolledo se decide por otro camino, un camino que se verá ocultado, disminuido por la necesidad de contener, de reprimir. Según la cultura oficial, en México no hay instintos, hay principios sanos y firmes; no hay erotismo, hay locura carnal. La decencia acude a eliminar el mensaje de Rebolledo, como intervendrá después para reblandecer o suprimir el aspecto erótico de la poesía de López Velarde, hoy convertido —luego de agotadores homenajes oficiales y de una biografía fílmica que augura una serie de televisión— en el perfecto novio de provincia, el febriscente y casto pretendiente que se aferró con nostalgia al amor puro. López Velarde, por lo contrario, me resulta colmado de tensiones subterráneas, un poeta maldito (un blasfemo y un profanador protegido por su barroquismo y su franqueza) vencido «sobre un motín de satiresas y un coro plañidero de fantasmas» e inmerso en la idolatría «de los bustos eróticos y místicos». Mas sus posibilidades heresiarcas (su «barómetro lúbrico») no podían ser asimiladas por una cultura que sigue viendo en la pornografía a un enemigo (no tan ocasionalmente deleitoso) y sigue exaltando formalmente una monogamia feudal. López Velarde fue purificado, virginizado, devuelto al estado de inocencia que se identifica con el ánimo provinciano. Y este procedimiento depurativo no es ajeno al usado para convertir, digamos, a Flores Magón en un mero precursor lírico de la Revolución. De acuerdo a tal concepción, el destino de los heterodoxos, en el mejor de los casos, es la aureola romántica.

La venganza como sometimiento

«Porque el poder —afirmó D. H. Lawrence— es el primero y el más grande de todos los misterios. Es el misterio que está detrás de todo nuestro ser, incluso detrás de toda nuestra existencia. Incluso la erección fálica es el primer movimiento ciego del poder». Y quizá también el ocultamiento programado de la realidad sexual sea un primer movimiento de la debilidad o, por lo menos, de una búsqueda mutilada del poder. A la literatura mexicana, como a casi toda la literatura latinoamericana, la ausencia del sexo y del erotismo (oculto o evidente) la han vuelto borrosa, desleída, mentirosa. La carencia de las cargas subterráneas de la atracción física, de las tensiones y distensiones que engendra la relación sexual, se ha complementado con una descripción inalterable de la mujer: sujeto de servidumbre doméstica (lo que incluye el coito), es también una especie de testigo permanente de su existencia y de la ajena, alguien siempre presente de modo inmóvil, actuada reiterativamente por sus propias acciones. Aun ahora, con la novedad de las francas descripciones sexuales, la mujer continúa apareciendo como un pretexto y un escenario, el territorio pasivo, la trampa sojuzgable, el gemido de rendición ante la fuerza irrebatible de la voluntad fálica. Sin vida propia, la mujer es un designio de la naturaleza masculina.

¿Hay revancha en la mujer? En todo caso, hay complicidad con el desastre. Por el amor a la mujer (el «embrujo» o el «hechizo», nociones mágicas que indican la imposibilidad de un dominio femenino logrado por procedimientos —por así decirlo— normales) pueden desencadenarse catástrofes pavorosas sobre el enamorado, pero quien arrasa no es la mujer sino la voluntad de autodestrucción del personaje, su «debilidad femenina». Solo si es *como* una mujer, podrá alguien ser vencido por una mujer. De allí que, abruptamente escondida, traspuesta, minimizada, la mujer aparece y reaparece en esta narrativa para a) frustrar o amortiguar el heroísmo y la participación política; b) revalidar el chantaje sentimental como la forma de comunicación entre el valor masculino y la cobardía femenina; c) transformarse en acicate del oportunismo.

Disminuida, la mujer crece como elemento negativo. O es la amada jamás perfectible o es la criatura sensata, nutrida de aptitudes hogareñas, que anula o castra al personaje. Ya que no cuenta con vida propia, la mujer (descrita como un acto de venganza que es una confesión de impotencia) intentará deshacer la de los demás.

Recurso o comprobante

Es inevitable que casi todos los autores coincidan o en su desprecio o su paternalismo filantrópico ante la mujer. La cultura de una sociedad colonial o colonializada como la mexicana así lo ha demandado y aun ahora —entre disfraces y eufemismo— así lo exige. Sujeto de cualquier experimento moral o de cualquier ejercicio cotidiano de poder, la mujer ha existido literariamente (y esta generalización, insisto, no se empieza a quebrantar sino en la década de los sesenta, de manera todavía retórica) como un recurso o un comprobante. Y en semejante uso y abuso han coincidido escuelas literarias y corrientes ideológicas. La concepción que de la mujer teme el marxista José Mancisidor no difiere notablemente de la expresada por el escritor cristero Antonio Rius Facius. El naturalismo y el realismo también se unifican. Santa, la prostituta ideal de Federico Gamboa, es un cúmulo de indecisiones y pecados que solo la muerte logra resolver. La novela no es el trámite de una canonización, sino el recuento del castigo justo. Gamboa, tan típico como Santa, no intenta comprender o describir un personaje, sino elaborar una condena, una requisitoria de la sociedad a los seres marginados. Sin virginidad no hay trato social, como lo afirma Agustina, la madre de Santa, cuando se entera del primer mal paso:

> No la maldecía [la madre], porque impura y todo, continuaba idolatrándola y continuaría encomendándola a la infinita misericordia de Dios… Pero sí la repudiaba, porque cuando una virgen se aparta de lo honesto y consiente que le desgarren su vestidura de inocencia; cuando una mala hija mancilla las canas de su madre, de una madre que ya se asoma a las negruras del sepulcro; cuando una doncella enloda a los hermanos que por sostenerla trabajan, entonces, la que ha cesado de ser virgen, la mala hija y la doncella olvidadiza, apesta cuanto la rodea y hay que rechazarla, que suponerla muerta y que rezar por ella.
>
> Y conforme Agustina se enderezaba, Santa fue humillándose, humillándose hasta caer arrodillada a sus plantas y hundir en ellas su bellísima frente pecadora.

A partir de la Revolución mexicana

Si la Revolución mexicana modificó considerablemente la situación de la mujer, al permitir su participación activa como combatiente y obrera, la novela de la Revolución no registró perceptiblemente ese avance. Agustín Yáñez, en *Al filo del agua* (1947), trazó una imagen excelente del luto y el confinamiento de la mujer en la provincia porfirista:

> Muchas congregaciones encauzan las piadosas actividades de grandes y chicos, hombres y mujeres. Pero son dos los más importantes, a saber, la de la Buena Muerte y la de las Hijas de María; en mucho y casi decisivamente, la última conforma el carácter del pueblo, imponiendo rígida disciplina, muy rígida disciplina en el vestir, en el andar, en el hablar, en el pensar y en el sentir de las doncellas, traídas a una especie de vida conventual que hace del pueblo un monasterio. Y es muy mal visto que una muchacha llegada a los quince años no pertenezca a la Asociación del traje negro, la cinta azul y la medalla de plata; del traje negro con cuello alto, mangas largas y falda hasta el tobillo; a la Asociación, en donde unas a otras quedan vigilándose con celo en competencia, y de la que ser expulsadas constituye gravísima, escandalosa mancha, con resonancia en todos los ámbitos de la vida.
>
> La separación de sexos es rigurosa. En la Iglesia, el lado del Evangelio queda reservado exclusivamente para los hombres y el de la epístola para el devoto femenino sexo. Aun entre parientes, no es bien visto que hombre y mujer se detengan a charlar en la calle, en la puerta, ni siquiera con brevedad. Lo seco del saludo debe extremarse cuando hay un encuentro de esta naturaleza, y más aún si el hombre o la mujer van solos, cosa no frecuente y menos tratándose de solteras, que siempre salen acompañadas de otras personas.

Pero no, los novelistas de la Revolución no produjeron una imagen correspondiente. Lo que es muy explicable. Al movilizar al país, al darle un golpe de muerte al sedentarismo, al destruir estructuras feudales, la Revolución inició la destrucción de una cultura, de una forma de vida. Mas el proceso, en lo que a moral social se refiere, quedó trunco. Si bien se ganaron libertades y se eliminaron los aspectos más visibles de la esclavitud, siguieron intactos los esquemas y el aparato opresor, el feudo familiar. En cierto modo, la Revolución legalizó legendariamente un aspecto (por lo menos) de esta persistencia: la visión admirable de la soldadera que, a varios metros de distancia de su Juan, arrastra comida y niños, ratifica una sumisión inalterable. Inevitablemente, los escritores de la Revolución confirmaron esta dimensión heredada. La mujer en Azuela es sufrida y entregada; cree en su hombre, lo sigue, lo defiende, asesina y se deja asesinar por él, se deja vivir por él; es una entrega exaltada o melancólica. Para José Vasconcelos, la mujer es una pasión indispensable y prescindible, un sitio donde consumar la lujuria, porque —lo advierte Vasconcelos con despreocupación de profeta— «jalan más dos tetas que dos carretas». Adriana, la amante, es una soldadera de lujo, que sigue al Ulises Criollo con una frívola y enloquecida abnegación. En la obra de Martín Luis Guzmán, las mujeres son proveedoras: de hijos, de placer, de comida, prostitutas combativas o sombras domésticas. Son un suministro y un servicio público. Nada más.

En, antes y después de la tormenta

Pero el país se desarrolla y las formas más rudimentarias o vergonzosas del sexismo tienden a ocultarse, por lo menos. Con el régimen de Miguel Alemán se inicia el auge de la burguesía y con esta, la voluntad de eliminar los excesos que recuerden orígenes ya vistos como lamentables. Surge entonces el primer examen crítico del machismo, el primer análisis condenatorio y la gran mitificación. La clase media y la burguesía ya pueden permitirse esa prebenda. El machismo, definido como mera gesticulación y desplante, se vuelve un excedente. O en todo caso, una actitud folclórica advertible peyorativamente. Esto no significa, de modo alguno, un primer intento crítico del sexismo. Tal y como se maneja el asunto, en el periodismo y en la investigación del ser del mexicano (un intento fallido de nacionalismo filosófico y psicológico), el machismo es denostado, únicamente, en tanto exceso, exceso que rechaza el proyecto nacional de desarrollo al insistir con amplia beligerancia en el derroche y la destrucción. El machismo, en la Revolución mexicana, resultaba una afirmación desesperada, un *réclame* vital. En la etapa de la burocracia política es a la vez un dispendio prescindible y un mito alentador. La crítica del machismo honra e inventa al objeto de su atención. El macho (se enfatiza) es un abuso, el flagelo, la llegada al hogar a las tres de la mañana seguida de la paliza a quien le aguarda dócilmente, el desafío de cantina, la institucionalización del «si me han de matar mañana, que me maten de una vez». El machismo es el culto a la hipervirilidad y la práctica mexicana de la violencia. O sea, y este aspecto se acentuará paulatinamente, un mito que funciona como técnica de compensación. El cine, la canción popular y la crítica social se responsabilizan del invento del machismo. No que no existan las características que lo definen. Lo que no existía era el estilo que unificase dichas características. En la localización y condena del machismo se conjugan varios objetivos: idealizar una conducta cada vez más impracticable (desde el punto de vista personal) en una sociedad cada vez más represiva; darle a la clase media —engolosinada con su descubrimiento de las técnicas seudofreudianas— la oportunidad de comprender y nombrar una conducta límite, la oportunidad de sentirse superior a la bravata y superior también (en la burla protectora) a otro arquetipo, la compañera del macho, la Sufrida Mujer Mexicana; y, finalmente, tal ubicación del machismo permite el desprestigio público de un estilo político, el callista, ya condenable en una etapa de estabilidad que requiere de métodos menos altaneros y peligrosos. Lo que no se contradice con la resurrección de dichos métodos en 1968, cuando al régimen le parecieron indispensables.

Allí tal vez se encuentre uno de los motivos del debilitamiento y la final extinción del género narrativo de la Revolución mexicana. Este proyecto épico, este recuento dramático o melodramático de las vidas de quienes transformaron al país, acentuaba, por contraste, la atmósfera progresivamente gris, burocrática, despolitizada, rutinaria, del sector de lectores, la clase media. Admitida y admirada en su calidad de epopeya, de leyenda culminante de un país (que bien podía ser este), la novelística de la Revolución mexicana cesó, en un momento dado, de relacionarse de una forma viva y directa con su público. La incitación épica, al cabo de la corrupción alemanista, estaba de más. La nación de héroes se transformó en la nación de diputados.

El sexismo contemporáneo

Pese a que ya no sea tan fácil advertirlo o volverlo materia de antologías evidentes, el sexismo, la ideología del chovinismo masculino, la capacidad represiva que recibe a la mujer solo como objeto dominado y dominable, continúa manifestándose vigorosamente en nuestra literatura, para no mencionar a nuestro modo de vida. Se inicia una etapa de algo quizá denominable como «franqueza sexual» y los descubrimientos freudianos no han sido en vano. Mas la feroz intolerancia, la opresión militante que caracteriza al sexismo, prosigue impune. ¿Dónde está la narrativa que informe de otras alternativas a la monogamia rígida e hipócrita, al despotismo patriarcal, al machismo ocasionalmente avergonzado de serlo y preocupado más de las veces por la falta de grandes oportunidades para exhibirse? Pese a unos cuantos escritores excepcionales, ni en la literatura, ni en ese otro gran tótem, la vida real, se puede afirmar que se dé en México la libertad sexual, ni siquiera (desde luego) que la sociedad la considere una meta deseable, válida. Ni las influencias internacionales, ni el desarrollo del mínimo sector del país que goza del subdesarrollo circundante, ni la aculturación, ni las revelaciones posfreudianas, ni el impacto de los movimientos de liberación, han conseguido ampliar nuestras perspectivas de libertad sexual. Seguimos sometidos a una moral rígida, que reprime para conservar y conserva para reprimir, moral de razias, de escándalos sociales, de aficiones pornográficas secretas, de incapacidad de admitir heterodoxias o elecciones de conductas diferentes. No hay libertad sexual porque no se conciben (ni siquiera se visualizan) las relaciones igualitariamente; porque la virginidad sigue siendo un fetiche —administrado con criterio bursátil— a partir del cual se definen las vidas (y por supuesto, las honras); porque no se reexaminan radicalmente teorías y situaciones (se sigue creyendo en nociones tan dudosas o tan poco verificables o tan inútiles como lo «licencioso», lo «indebido», lo «antinatural», lo «pervertido»); porque el acto sexual sigue inmerso en nociones de culpa y sensaciones de pecado que ahora se transfieren (para hallarles acomodo público) a referencias de conveniencia social («A una madre soltera yo no la invito de madrina de mi hijo»), de interés carrerista («Me perjudicaría que me viesen contigo») o de la distinción entre libertad y «libertinaje».

Sin duda, el panorama no es ominoso por entero. Más allá de las prohibiciones y los decretos de inmovilidad, se siguen dando la espontaneidad, el desafío, la herejía, la ruptura, posiciones disidentes que requieren, para transformarse de modo orgánico en la vanguardia de este cambio, de la crítica radical y artísticamente válida de un sexismo que sigue viendo en el águila y la serpiente una de las variantes metafóricas de la condición matrimonial. Crítica radical y desinhibitoria cuya urgencia fue señalada con precisión por Bertolt Brecht: «Se necesita arte para hacer humanamente practicable lo que es políticamente justo».

Colofón-homenaje a la mujer

1. «Una mujer debe ser / soñadora, coqueta y ardiente. / Debe darse al amor / con frenético ardor / para ser una mujer».

   «Una mujer», letra y música de Mario Clavel

2. «Las mujeres, como los perros finos, se mueren de frío sin la caricia. Su naturaleza las arroja a la caricia, como su calor a la frescura del agua…».

   «Una mujer es capaz de perdonar un día sin gasto; jamás un día sin caricia…».

   «Una esposa buena es como una vaca gorda en tiempo de escasez…».

   De *Meditaciones*, de José López Bermúdez

7. Feminismo y liberación

Alaíde Foppa

Cuando sugerí para esta conferencia el título «Feminismo de ayer y feminismo de hoy», una joven militante del *movimiento* me objetó que lo de hoy no se llama feminismo sino *liberación de la mujer*. Acepté la enmienda, porque el término es el que actualmente usan las corrientes en favor de la emancipación femenina y porque se tiende a relacionar feminismo con las luchas sufragistas de fines del siglo pasado y principios de este. Sin embargo, el término sigue definiendo globalmente la posición de quienes reclaman para la mujer una situación de igualdad respecto al hombre, aunque el debate asuma aspectos diferentes en épocas y en lugares distintos. Lo que exigía la mujer en el siglo pasado —y que en gran parte obtuvo— no es lo que exige hoy. Sobre estas diferencias vale la pena detenerse.

Entendemos por movimiento de liberación de la mujer el que se inicia en Estados Unidos en 1966 cuando Betty Friedan funda —tres años después de haber publicado *La mística de la feminidad*— la National Organization of Women (NOW), que por cierto dejó muy pronto de ser *ahora*, superada en sus fines por organizaciones más radicales. Casi al mismo tiempo surgen movimientos de liberación en Inglaterra, y algunos años después en Francia, en Italia y en otras partes. No es del todo justo, sin embargo, afirmar que el planteamiento o el replanteamiento del problema femenino date solo de unos ocho o 10 años; Simone de Beauvoir lo define desde 1949 en *El segundo sexo* con una documentación exhaustiva y una argumentación racional y convincente. Lo que no provocó *El segundo sexo* fue un inmediato movimiento social, y la misma autora —que hace en su último libro[1] una revisión de cuentas— lo reconoce implícitamente al hablar de su propia posición, que si bien en teoría casi no ha cambiado desde entonces, en la práctica sí. En la época de *El segundo sexo* ella «confiaba en el porvenir», creyendo que el camino de la liberación de la mujer ya había empezado y que, estrechamente ligada a la lucha revolucionaria, la liberación feminista iba a seguir el paso del progreso social. Pero en 1972 escribe: «Entiendo por feminismo el hecho de luchar por reivindicaciones propiamente femeninas, paralelamente a la lucha de clases, y me declaro feminista». Y sigue: «No, no hemos ganado la partida: de hecho, desde 1950 no hemos ganado casi nada. La revolución social no llegará a resolver nuestros problemas. Y estos problemas, que atañen a poco más de la mitad de la humanidad, los considero hoy esenciales». Se complace Simone de Beauvoir de que *El segundo sexo* haya tenido muy feliz acogida entre las liberacionistas norteamericanas (en 1969 se publicó en Estados Unidos una edición de bolsillo de 750 mil ejemplares), mas opina que el libro «puede ser útil a las militantes; pero no es un libro militante». Veintitrés años después de haberlo escrito se coloca, pues, al lado de las nuevas feministas, que «se niegan a confiar en el porvenir y quieren, hoy mismo, tomar el des-

[1] Véase de Beauvoir, *Tout Compte Fait*, París.

tino en sus manos». Desde ese momento Simone de Beauvoir participa en desfiles desafiantes, interviene en cuestiones feministas y firma manifiestos: ha pasado, ella también, de la teoría a la acción.

Muchos se sorprenden de que este movimiento de liberación surja precisamente cuando la mujer está más *liberada*, cuando ha conseguido —en el curso de este siglo— el reconocimiento de derechos secularmente desconocidos, la conquista de posiciones que nunca había ocupado, el acceso a campos hasta ayer prohibidos para ella. Y también resulta curioso que el movimiento se haya iniciado y sea más vivo en los países en donde la mujer se considera más independiente. Hay algo, entonces, no resuelto, algo que está más allá o por encima de las leyes justicieras, de la educación accesible, del divorcio fácil, de la independencia económica y de la libertad del voto... La mujer de hoy ha alcanzado lo que las feministas del siglo XIX no pensaban ni siquiera en reclamar. Sin embargo, el problema de la mujer está sobre el tapete, y un nuevo viento agita la bandera del feminismo, después de una tregua de 50 años en este siglo que clama por todas las justicias y consiente tantas injusticias.

Un vistazo al pasado sirve para entender mejor lo que está sucediendo. No me refiero a los remotos pasados que reseña Simone de Beauvoir, sino al pasado más cercano en el que aparecen los primeros brotes del feminismo.

Es explicable que en el siglo XVIII, un siglo que deseó con tanto fervor la igualdad entre los hombres, a alguien se le ocurriera que la mujer también, como ser humano, debía disfrutar de esa justa igualdad. Condorcet, entre los enciclopedistas, y Fourier, entre los socialistas utópicos, ven algunos aspectos del problema; pero la tradición milenaria que situaba a la mujer por debajo del hombre no podía consentir que esa idea se abriera camino fácilmente. Por otra parte, el siglo XVIII, racional y legalista, hacía de la igualdad una cuestión de derecho y pretendía alcanzarla con el sufragio universal: de ahí que lo que empezó a pedir la mujer con el triunfo de la Revolución francesa fue el reconocimiento de sus *derechos* y, más tarde, el voto, como máxima expresión de libertad. Era, sin embargo, pedir demasiado.

«Libertad, igualdad, fraternidad» no fue un lema puesto en práctica para la mujer, y es probable que ni siquiera se pensó en ella al formularlo, aunque la mujer no hubiese estado ausente de la Revolución. Las mujeres del pueblo construyeron barricadas junto a sus hombres, manifestaron su inconformidad en las luchas callejeras, arrancaron a la familia real del Palacio de Versalles, y las cultas e intelectuales damas francesas nutrieron a la Revolución en sus salones y estimularon a sus maridos o amigos en la elaboración de un nuevo orden social. Por todas estas razones, en el recién estrenado lenguaje revolucionario, se les llamó a las mujeres, *ciudadanas*. Pero todo intento de las *ciudadanas* para afirmar una verdadera ciudadanía fue muy pronto sofocado por las leyes de los hombres, por las costumbres tradicionales o, simplemente, por el ridículo.

¿*Libertad* para qué tenía la mujer francesa a fines del siglo XVII, en el decenio de la Revolución o al principio del siglo XIX? Para casi nada: de la sujeción total a la voluntad del padre pasaba a la del marido, a través de un matrimonio generalmente convenido e impuesto por los padres. Viuda, dependía del hijo primogénito, del hermano o, nuevamente, del padre. Las mujeres que pretendieron hacer su propia revolución fracasaron. Es el caso de Olympia de Gouges, autora de dramas no representados, de una novela feminista (*El príncipe filósofo*); fundadora de un periódico de breve duración (*El Impaciente*), y del Club de las Tejedoras, que, a pesar de su denominación inofensiva y tradicional, reunía a un grupo de ardientes feministas. En 1789 Olympia de Gouges propone una *Déclaration des Droits de la Femme et de la Citoyenne*, que debía ser paralela a la *Declaración de los Derechos del Hombre* ya que esta, evidentemente, no incluía a la mujer. Pero Olympia de Gouges es condenada a muerte por Robespierre en 1793, no se sabe si por su insolencia feminista, o por alguna simpatía hacia Luis XVI, o por ambas causas. Se le atribuye la frase: «Hemos ganado el derecho de subir a la tribuna ya que no se nos niega el de subir al cadalso».

Tampoco era cierto lo del derecho de subir a la tribuna. En ese mismo trágico 1793, una actriz, Rose Lacômbe, que había participado en la toma de Las Tullerías, que se vestía de hombre y presidía la Sociedad de Mujeres Republicanas y Revolucionarias, fuerza la entrada al Consejo General, acompañada por un grupo de mujeres. El procurador Chaumette la increpa duramente: «¿Desde cuándo se les permite a las mujeres abjurar de su sexo, convertirse en hombres?... La naturaleza ha dicho a la mujer: sé mujer. Los cuidados de la infancia, los detalles del hogar, las inquietudes de la maternidad, esos son tus trabajos». Se prohibió entonces a las mujeres la entrada al Consejo y poco después se clausuraron los clubes femeninos. Mientras tanto, otras mujeres revolucionarias van a la guillotina: Téroigne de Méricourt, por ejemplo, y la bella e inteligente Madame Rolland, que pertenecía a la Sociedad Fraternal de Patriotas de Ambos Sexos. A ella se le atribuye también una frase célebre: «Oh libertad, cuántos crímenes se cometen en tu nombre».

En cuanto a la *igualdad*, algo ganó la mujer con la Revolución. En 1790 se suprimen el derecho de primogenitura y el privilegio de la masculinidad en la herencia; es decir, que hijos hombres y mujeres heredan por partes iguales, son *iguales*, al menos respecto a los derechos de sucesión. En teoría, la ley que establece el divorcio, en 1792, es favorable a las mujeres; pero su aplicación es tan difícil e insólita que casi no llegan a beneficiarse de ella. Otras reformas legales las favorecen parcialmente; más aún las escasas concesiones otorgadas por las leyes de la Revolución serán pronto abolidas en el Código Napoleónico, que asimila a la mujer a la condición de menor de edad. Hasta se le priva de la calidad —más bien retórica— de *ciudadana*, con lo cual queda legalmente excluida de toda función pública.

La *fraternidad* del famoso lema tampoco se extendió a la mujer. Los hermanos son, casi por definición, iguales; pero el hermano y la hermana no eran iguales entonces desde ningún punto de vista (como no lo son todavía en la mayor parte de las familias latinoamericanas, en donde la madre misma señala y sanciona las diferencias; de ahí que la fraternidad entre hombres y mujeres pudiera realizarse aún menos fuera de la familia.

En Inglaterra también se da un despertar de la conciencia feminista por influencia de la Revolución francesa; Mary Wollestonecraft publica en 1792 su *Vindication of the Rights of Woman*, como un eco de esos Derechos de la Mujer y de la Ciudadana, proclamados tres años antes por Olympia de Gouges. Y en la misma época, Abigail Smith Adams le recomienda a su marido, John Adams, segundo presidente de los Estados Unidos, que tome en cuenta los derechos de la mujer.

Esa primera corriente feminista se diluye, no solo por el espíritu reaccionario de la Europa posnapoleónica, sino por la mentalidad romántica, que exalta en la mujer los aspectos que más aparentemente se oponen a lo masculino: la mujer debe ser débil, dulce, dócil y bella, de una belleza tan frágil y delicada que muchas de las heroínas románticas mueren jóvenes. Los primeros románticos prefieren a la mujer-niña, como los poetas provenzales y los italianos del *dolce stil nuovo* habían exaltado a la mujer-ángel. Aquella que lucha por la igualdad es considerada una no mujer; se supone de antemano que debe ser fea y desdeñada por los hombres, una resentida que no ha merecido el amor.

Es hacia la mitad del siglo XIX cuando vuelven a resonar, con mayor fuerza, las voces que reclaman los derechos de la mujer. En Francia, desde 1848, las mujeres se reúnen de nuevo en clubes y asociaciones más o menos efímeras, y se fundan entonces los primeros periódicos feministas. Eugénie Niboyer dirige *La Voix des Femmes*; pero es un hombre, Leon Richier, el primer feminista francés declarado, quien funda en 1866 una revista feminista de cierta importancia y duración, *Le Droit des Femmes*. Era sin duda un título demasiado agresivo para la época, y tuvo que cambiar en *L'Avenir des Femmes*: un porvenir lejano, que no asustaba a la opinión pública.

El movimiento no tuvo muchas adeptas. Es indicativo que una mujer como George Sand, una mujer independiente y *liberada*, no haya querido colaborar en *La Voix des Femmes*. De la misma manera, 50 años antes, madame de Staël, cuya influencia fue tan grande en la cultura de la época, tampoco fue feminista. Se diría que una y otra temieron renunciar a los *privilegios* femeninos.

El siglo XIX es también el siglo del socialismo, y son las teorías socialistas las que dieron el mayor impulso a las reivindicaciones femeninas, al contemplar la condición extremadamente desfavorecida de la mujer del pueblo y, en particular, de la obrera. La mujer del oprimido es dos veces oprimida... Lenin llevará la teoría a la legislación y a la práctica, al fundar el primer Estado socialista. El feminismo socialista tiene entre sus primeras promotoras a una mujer vinculada con América Latina: Flora Tristán, hija de peruano y autora de un libro, *Peregrinaciones de una paria*[2], publicado en París en 1835, que describe la deplorable situación de las mujeres peruanas. Flora Tristán unía al anhelo de emancipación femenina una concepción socialista del mundo; esta prevaleció en sus últimos años, llevándola

[2] Véase Tristán.

a participar directamente en la lucha obrera. Pero romántica al fin, Flora Tristán pensó que la mujer estaba destinada a ser la redentora del pueblo.

En Inglaterra el gran feminista del siglo XIX es John Stuart Mill, filósofo, economista y político activo que defiende en el Parlamento el voto para la mujer y publica en 1869 el famoso ensayo sobre la esclavitud de la mujer,[3] cuyos argumentos esenciales siguen siendo válidos después de un siglo. Son argumentos muy racionales; pero el mismo autor reconoce que la razón vale poco si tiene que oponerse a una situación consagrada secularmente por instintos, sentimientos y costumbres irracionales. «Nuestros sentimientos respecto a la desigualdad de los dos sexos —escribe— son, por infinitas causas, los más arraigados de cuantos forman una muralla protectora de las costumbres e instituciones del pasado». Stuart Mill enuncia el paralelo entre la situación del esclavo y la situación de la mujer en una época en que la esclavitud había desaparecido de los países cultos y ningún hombre liberal se habría atrevido a defenderla. Refiriéndose a la desigualdad entre el hombre y la mujer dice:

> … la adopción del régimen de la desigualdad no fue fruto de la deliberación, del pensamiento libre, de una teoría social o de un conocimiento reflexivo de los medios de asegurar la dicha a la humanidad… Este régimen proviene de que, desde los primeros días de la sociedad humana, la mujer fue entregada como esclava al hombre que tenía interés o capricho en poseerla, a quien no podía oponerse dada la inferioridad de su fuerza corporal.

[3] Véase Mill.

Stuart Mill describe con evidencia esta ley del más fuerte y se sorprende de que no sea reprobada por todos. Pero es aun más sorprendente que la misma ley subsista en gran medida todavía hoy en las relaciones entre hombre y mujer cuando el hombre ha dejado de ser desde hace tiempo el *más fuerte*. No quiero decir, por supuesto, que la más fuerte sea la mujer; pero es evidente que en la sociedad actual ella no depende de la fuerza del hombre para sobrevivir. La mujer trabaja y gana lo suficiente para mantenerse, en cualquier nivel en donde esté situada; compra la comida en el supermercado y no necesita que el hombre vaya a cazar un venado para ponerlo a sus pies; tiene una llave que cierra la puerta de su casa y no necesita que el hombre se pare a la entrada con un hacha en la mano por si llega el tigre; un elaborado sistema de protección colectiva nos defiende a todos… Sin embargo, la dependencia de la mujer en muchos campos sigue siendo una consecuencia remota de esa *ley del más fuerte*, que se considera abolida.

> Ese fragmento de los derechos fundados en la fuerza —otra vez Stuart Mill— aunque haya modificado sus rasgos más atroces, aunque se haya dulcificado poco a poco y aparezca hoy en forma más benigna, es el último en desaparecer, y ese vestigio del antiguo estado social sobrevive ante generaciones que teóricamente no admiten sino instituciones basadas en la justicia.

Es extraordinario que hace más de un siglo se viera con tanta claridad lo que para muchos es todavía oscuro. Por ejemplo el hecho de que las mujeres no sean aptas para determinadas actividades, por la sola razón de habérseles negado la educación adecuada, o, desde el punto de vista del carácter, que este resulte deformado y condicionado en la mujer por su misma situación de dependencia. «Lo que se llama hoy naturaleza de la mujer —dice el psicólogo Stuart Mill— es un producto eminentemente artificial». Es lo que expresa la famosa frase de Simone de Beauvoir tantas veces citada: «No se nace mujer; uno se vuelve mujer». [4]

El ensayo de Stuart Mill es tan inteligente y tan actual, que sigue siendo aprovechado por la última ola del feminismo y sirve también como un punto de referencia para comprobar lo que la mujer ha obtenido en el curso de un siglo, pues, si bien hay algo fundamental en la argumentación de Stuart Mill que aún vale la pena para la condición femenina de hoy, debemos admitir que ha habido cambios y que la mujer ha ganado algunas batallas desde el punto de vista jurídico y social. Por ejemplo, el famoso voto, punto de partida del feminismo del siglo pasado.

Buena parte de la lucha feminista, sobre todo en Estados Unidos y en los países del norte de Europa, estuvo centrada en la cuestión del voto. Las feministas fueron por antonomasia las *sufragistas*. En la definición hubo, por cierto, una diferencia de matices en inglés, francés e italiano, que no pasó al español: se hablaba de *suffragistes* y de *suffragettes* (los ingleses lo tomaron del francés). Las *suffragistes* eran simplemente las partidarias del sufragio femenino; pero a la palabra *suffragette*, gracioso diminutivo femenino poco acorde con la seriedad de la causa, se le cargó de ironía, burla más o menos amable, y sirvió para designar precisamente a las más activas y violentas partidarias del voto femenino, a las que alguien llamó «hienas con enaguas»; en particular, a las extremistas de la Women's Social and Political Union, fundada en Inglaterra por Emmeline Pankhurst en 1903, quien organizaba mítines, desfiles, lanzaba manifiestos y por ello sufrió, con sus partidarias, arrestos y condenas.

---

[4] Véase de Beauvoir, *Le Deuxieme Sexe.*

Fue en los Estados Unidos en donde las mujeres se asomaron primero a la vida política, participando —aunque pocas— en la lucha contra la esclavitud. A la convención antiesclavista celebrada en Londres en 1840 asistieron ocho mujeres norteamericanas; pero el escándalo fue tan grande que las delegadas tuvieron que ser expulsadas de la asamblea. El hecho no pasó sin consecuencias: de ahí nace una polémica en la cual toman parte algunos de entre los primeros defensores de los derechos de la mujer —hombres y mujeres— y que culmina con la fundación, en 1848, de la Convención de los Derechos de la Mujer, en Seneca Falls, Nueva York. La lucha por el sufragio dura en Estados Unidos 72 años: desde esa primera reunión hasta 1920, cuando el Senado aprueba la enmienda a la ley del sufragio que otorga el voto a la mujer, enmienda ratificada en 1921 por todos los estados norteamericanos.

También Inglaterra concede el voto a la mujer al final de la Primera Guerra Mundial. La Revolución rusa, de acuerdo con las ideas de Marx y Lenin, lo había otorgado desde 1917. Y en esa primera posguerra, tras el ejemplo de Rusia, Estados Unidos e Inglaterra, se le concede en varios países europeos. La participación de la mujer en la guerra, su presencia en la vida pública como remplazante en las labores que el soldado no podía realizar, la demostración práctica de su capacidad en terrenos que hasta entonces se le habían cerrado, fueron más eficaces para el reconocimiento de sus derechos civiles y políticos que todos los argumentos anteriormente esgrimidos.

El primer país que concedió el voto completo a la mujer había sido, sin embargo, Finlandia, desde 1906. Y Suecia, un voto limitado, en 1862. Entre las dos guerras las mujeres consiguen el voto en algunos países latinoamericanos, en China (1927) y hasta en Turquía (1935), gracias a la revolución de Kemal Atartuk. Una nueva ola de leyes en favor del sufragio femenino se dará en la segunda posguerra, a partir de 1945, año en que lo obtuvo la mujer francesa. En México lo consigue solo en 1953, bajo la presidencia de Ruiz Cortines, aun cuando la campaña se inició y casi culminó en la época de Cárdenas.

¿Participó la mayoría de las mujeres en estas campañas? Seguramente no. La mayoría, en términos absolutos, es aún hoy ajena a la política. Millones de mujeres recibieron el derecho al voto como una concesión no exigida ni necesitada; millones no saben aún que tienen ese derecho. Muchos pensaron, por otra parte, que se trataba de un derecho formal que duplicaría las cifras sin alterar los resultados, ya que las mujeres votarían siempre igual que el marido, el padre, el novio o el amante…

Sin embargo, a aquellas primeras minorías que tan desproporcionadamente lucharon por el voto, algo muy profundo debía moverlas. *Elegir* es, precisamente, lo que la mujer no había hecho nunca; a lo más que podía aspirar en la vida —y no en la vida pública, por supuesto— era a ser elegida; con un poco de poesía o de retórica amorosa, a ser *la elegida.* Para ello debía hacerse, con todos los medios a su disposición, amable, apetecible o, si se quiere, digna de ser elegida. Sustituir *obedecer*, la palabra de orden en la educación femenina, por *elegir*; *aceptar* o *recibir*, por *elegir*, si era un objetivo capaz de sacudirla desde la entraña, aunque en la realidad se tratase solo de *elegir* entre Pedro y Juan para alcalde del pueblo.

Ni siquiera en el matrimonio tuvo la mujer hasta el siglo pasado una libre elección en la mayoría de los casos; la familia, las convenciones y las conveniencias le imponían un marido.

La literatura está llena de amores contrastados. En el siglo XIX era, sin embargo, un derecho formal para la mujer el de elegir libremente marido; y el mismo Stuart Mill parte de este argumento para defender el voto: «Hay que suponer que las mujeres son aptas para esta elección, puesto que la ley les concede derecho electoral en el caso más grave para ellas. La ley permite a la mujer que escoja al hombre que debe gobernarla hasta el fin de su vida, y supone siempre que esa elección se ha hecho voluntariamente…».

Stuart Mill, por cierto —en el tantas veces citado ensayo de 1869—, usa un argumento similar en favor del divorcio, aunque no se atreva a proponer que la mujer pueda casarse más de una vez:

> Yo digo que si una mujer no tiene más destino en este mundo que el de ser esclava de un déspota, si su dicha o desdicha dependen de la casualidad de encontrar a un hombre que la haga favorita en lugar de mártir es cruel agravación de su castigo el no poder tentar fortuna más de una vez. Puesto que todo en la vida depende para la mujer de la fortuna de encontrar un buen amo, sería preciso que, como consecuencia natural de este estado de cosas, tuviese el derecho de variar y variar hasta encontrar el mejor.

Pero asustado de haber dicho tanto, agrega: «No abogo porque se le confiera tal privilegio; ese es otro asunto. No tengo la intención de ventilar el problema del divorcio con libertad para casarse de nuevo». Vale la pena citar estas opiniones del más avanzado de los feministas de hace un siglo para reconocer que, al fin, en algo ha cambiado la situación.

Elegir, elección, sufragio… Todo ello deriva de esa palabra que estremeció el siglo XIX —libertad— y que no podía dejar de conmover a quienes menos la conocían. El sufragio tampoco les dio a las mujeres la libertad, pero sí la ilusión de estar conquistándola.

Si la cuestión del voto es hoy una cuestión superada, ganada, aunque insuficiente, hay otro argumento de Stuart Mill que sigue siendo, en cambio, muy actual. Dadas las circunstancias que someten a la mujer, «sería necesario un milagro —dice el sociólogo— para que el deseo de agradar al hombre dejara de ser, en la educación y formación del carácter femenino, una especie de estrella polar que señala un rumbo fijo e invariable». Todavía no nos hemos alejado mucho de lo que estas palabras expresan. *La mística femenina* de Betty Friedan se refiere particularmente a ese aspecto de la cuestión, que hacia los sesenta se hizo tan aparente en los Estados Unidos, como un proceso regresivo respecto a la posición de las mujeres 20 o 30 años antes. Y es sobre todo ante la actitud condicionada de la mujer respecto al hombre, ante ese querer ser solo en función del hombre, que se rebelan las jóvenes del movimiento de liberación de la mujer, quienes, para expresar sus sentimientos, repudian ostensiblemente los más tradicionales auxiliares de la belleza femenina: corpiños, ungüentos y ornamentales maquillajes.

¿Se estará realizando hoy *el milagro*? ¿El deseo de *agradar al hombre* empieza acaso a dejar de ser *la estrella polar* que guía a la mujer en su camino? Hay indicios de que algo de eso está ocurriendo, a pesar de los millones de dólares que invierte la sociedad de consumo en cultivar un mito que produce jugosas ganancias, y a pesar de los millones de mujeres que quieren seguir encarnando ese mito. Solo en la medida en que la mujer valga más por sí misma y se valorice más ella misma, tendrá menos necesidad de ser valorizada desde fuera y en función del *otro*.

Pero ¿a qué valores hay que referirse? El más evidente es sin duda el valor económico, el que se mide en dinero, en forma claramente cuantitativa y que ha empezado a existir para la mujer cuando ella ha dejado de ser puramente reproductora para volverse productora: cuando la mujer, como suele decirse, ha empezado a trabajar. La expresión —tal como se usa— está lejos de ser exacta, pues la mujer ha trabajado desde que la humanidad existe. Pero el inacabable trabajo de la casa, el cuidado de los niños, el hacer todos los días las cosas que hay que volver a hacer al día siguiente no son trabajos remunerados; no entran, por lo tanto, en el concepto de *trabajo*. Cuando se dice que la mujer trabaja, se entiende, pues, que realiza un trabajo pagado, y en este sentido es justo afirmar que el trabajo es para ella un elemento liberador. Lo es porque le da independencia económica y porque afirma en ella la capacidad de *hacer*, de producir, y no solamente de *ser*. Hay, sin embargo, una situación que parece contradecir lo que estamos afirmando, o por lo menos que demuestra que el trabajo tampoco basta para liberar a las mujeres: es la desdichada condición de las mujeres del pueblo —campesinas, sirvientas, artesanas y aun obreras— que trabajan, ganan un salario y viven (particularmente en América Latina) sometidas a un amo exigente —padre, marido, hermano o amante— de quien son incapaces de liberarse. Se trata de trabajos muy similares al que la mujer ejerce gratuitamente en su casa; y en el caso de las obreras, actividades no menos mecánicas que quizás por ello raramente le confieren la fuerza para rebelarse en su casa. En estos casos, la mujer ni siquiera se siente dueña del dinero ganado, que entrega en gran parte, si es soltera, a los padres, y si tiene hijos (con o sin marido), es naturalmente consumido por los hijos.

Cuando se habla de las mujeres que trabajan, o del trabajo de las mujeres, no suelen tomarse en cuenta estos trabajos. A propósito, Eveline Suillerot, en un libro fundamental sobre *Historia y sociología del trabajo femenino*, refiere con ironía una conversación que tuvo con una pareja de la burguesía francesa:

> La mujer es la belleza, la gracia: ella no puede ni debe matarse trabajando —me decía, al cabo de un hermoso arrebato, un caballero de muy buena sociedad y de opiniones más o menos avanzadas, cuya

> esposa, encantadora ociosa, en efecto, agregó tranquilamente:— Mi marido se olvidó de decirle que desde su niñez, y aún ahora, son mujeres (no su madre ni su esposa sino unos seres de sexo femenino) quienes han lavado su ropa sucia, vaciado sus basuras, fregado los pisos sobre los cuales posa sus pies; son mujeres las que le han escrito sus cartas, marcado el número de teléfono, expedido sus paquetes en el correo, vendido y empaquetado muchas de sus compras, preparado y servido sus comidas. Pero esas, sin duda, son mujeres, sin ser la mujer…

Desde este punto de vista, es más libre —por lo menos más feliz— la mujer burguesa que no trabaja que todas esas anónimas trabajadoras que tanto le facilitan la vida al hombre. Pero el número de las ociosas burguesas disminuye en el mundo, y este también puede ser un factor que favorezca la emancipación femenina.

No es casual que el movimiento de liberación haya nacido en los países desarrollados entre las mujeres de la clase media, cuyo nivel cultural les permite aspirar a satisfacciones espirituales, que el trabajo doméstico les niega, ya que, por otra parte, no cuentan —como las afortunadas burguesas latinoamericanas— con la ayuda de esas otras mujeres a quienes el trabajo no libera… Betty Friedan define muy bien esta situación en *La mística femenina* al señalar la desproporción entre los 12 o 15 años que pasa una muchacha norteamericana en la escuela y las funciones de ama de casa que ejerce al salir del *college*; y documenta ese desequilibrio con citas de la prensa norteamericana y con declaraciones de muchas amas de casa que confiesan, al iniciarse la década de los sesenta, su insatisfacción y su desaliento. La respuesta más simplista a ese «problema que no tiene nombre», como Betty Friedan lo llama, sería que las mujeres volviesen a la educación tradicional y se les preparara exclusivamente para el hogar... No se puede aceptar una solución que empobrece, pero hay que reconocer que quienes viven en épocas de transición lo pagan duramente.

De la insatisfacción en el hogar, de las decepciones conyugales (cuando el matrimonio ha sido deseado y buscado como *única* solución para la mujer), nace la nueva ola del feminismo norteamericano, en el momento en que la mujer reconoce que ni el más alto nivel de educación, ni el derecho al voto, ni el trabajo rutinario, le sirven para realizarse humanamente.

Entre nosotros las cosas son todavía diferentes: en el pueblo, la mujer está tan profundamente sometida y enajenada que no llega a ser consciente de su situación; y en la burguesía, el ocio, el ser *la reina de la casa*, los agasajos del *Día de la Madre*, parecen todavía compensaciones suficientes a la falta de independencia y de realización personal. De ahí que la gran mayoría de las mujeres de la clase media en América Latina no sientan la necesidad de ser *liberadas* y sean las más eficaces y convencidas cómplices del opresor... Si es orgullo del macho latinoamericano mantener a una mujer —o a varias mujeres— es cómodo para la mujer ser mantenida —legal o ilegalmente— y no duda en vender por un plato de lentejas, o algo más, su independencia, su pensamiento y, con frecuencia, su dignidad de ser humano. En esta compleja cuestión, las víctimas son al mismo tiempo cómplices, y las dominadas se vuelven también terribles dominadoras (por un mecanismo de compensación) de los hijos, de los sirvientes y, a veces, de los mismos maridos.

Hay algo que señalar como carácter intrínseco del movimiento de liberación, que se refiere a la naturaleza misma de la mujer. No casualmente nace el Women's Lib en los años de *la píldora* ni es fortuito que uno de sus objetivos sea la legalización del aborto. Desde el punto de vista biológico, es evidente que el hombre y la mujer no son *iguales*, y en esa desigualdad biológica se han fundado hasta hoy todas las desigualdades sociales. Hasta ayer el hombre pudo —biológicamente hablando— *imponer* la maternidad a la mujer, como también puede —desde el punto de vista estrictamente físico— violarla, mientras la mujer no puede violar al hombre. Por otra parte, la maternidad, en los tiempos prehistóricos, dejaba a la mujer librada al hombre, que debía alimentarla y defenderla, y de esa intrínseca situación animal, que hace milenios ha sido superada, deriva el machismo que llega a nuestros días. Pero algo fundamental ha cambiado en nuestros días: la mujer se ha vuelto dueña de su propio cuerpo, gracias a los métodos anticonceptivos y, en particular, a *la píldora*. En cuanto a las consecuencias y a los deberes de la maternidad (mejor aceptada puesto que ha sido deseada) no hay ley natural que impida a la sociedad aliviarlos, ni al padre compartirlos. Los movimientos de liberación de la mujer piden guarderías, para que la madre siga siendo un ser disponible para el trabajo y para sí misma, y piden también que el hombre, el padre, comparta las tareas de cuidar y educar al niño. (Esto sin hablar de los movimientos más extremistas, que exigen la abolición de los nexos familiares y una vida comunitaria en donde los niños estarían al cuidado de la comunidad; o de los que pretenden liberar a la mujer de las exigencias del embarazo y del parto a través de la procreación artificial.) Por otra parte, al exigir la legalización del aborto —o dicho a la inversa, la no delictuosidad del aborto— defienden la libertad de la mujer para decidir ella misma si quiere o no traer un hijo al mundo. (Y reconocen al mismo tiempo la triste realidad de los millones de abortos que se realizan en el mundo clandestinamente, en las peores condiciones y con el consiguiente peligro para la mujer).

Los actuales movimientos ya no luchan, o solo ocasionalmente, por determinados derechos (cuestiones laborales, reformas a las leyes sobre protección de la maternidad, etcétera). Lo fundamental es una protesta contra la situación misma de la mujer; y más dentro del círculo de la familia que en el ámbito amplio de la sociedad. Si bien es la sociedad de consumo la que impone a la mujer el papel de *objeto sexual*, es la educación familiar la que lo sanciona y lo estimula. Se protesta entonces en el marco de la familia o del matrimonio contra ese vivir *en función del hombre*.

Al lado de todos estos aspectos comunes, algunos grupos acentúan más su carácter revolucionario. Han protestado contra la guerra de Vietnam y apoyan la lucha de las minorías raciales. Es natural que la mujer se identifique con los marginados, los oprimidos o los menos favorecidos, por participar ella misma de esa situación. Así como el primer feminismo estuvo vinculado con la abolición de la esclavitud, el actual se vincula naturalmente con los movimientos en favor de los negros, y en un sentido más general, con las reivindicaciones que plantea la izquierda. Sin embargo, surgen también contradicciones internas, porque las mujeres se han rehusado a veces a luchar junto a los hombres alegando que estaban cansadas de llevar la segunda parte, de ser, en el movimiento general, las secretarias, las amanuenses o las compañeras de cama. De ahí que el feminismo ya no suela plantearse como una simple consecuencia de la lucha de clases y que no espere su triunfo implícito en el triunfo de la revolución. En este sentido, las feministas de hoy se sienten decepcionadas por la realidad de los países socialistas, aun cuando sea en estos países en donde la mujer ha alcanzado un mayor desarrollo. Quizás podría decirse que el feminismo no puede triunfar sin la revolución socialista, pero la revolución socialista puede triunfar sin feminismo... Hoy se habla ya de una *revolución feminista* que, según Shulamith Firestone,[5] una de sus más convencidas y ardorosas ideólogas, será «la primera revolución triunfante».

En los Estados Unidos —de donde nos llega la más amplia información a través de numerosos e inteligentes libros escritos por mujeres— los grupos feministas se multiplican continuamente. En la antología de Robin Morgan,[6] publicada a fines de 1970, se enumeran unas 50 agrupaciones feministas, de las que se publican programas y manifiestos. La antología, cuyo título —*Sisterhood is Powerful* (*La hermandad de las mujeres es poderosa*)— es ya un programa, está escrita y editada exclusivamente por mujeres. De los grupos registrados, algunos se han distinguido por su agresividad mezclada de humorismo: *Witch*, por ejemplo, con secciones en todas las ciudades importantes de los Estados Unidos y también en Tokio. «*Witch* es todo — dicen ellas— teatro, revolución, magia, terror, alegría, flores». *Witch* quiere decir bruja y, según las adeptas, «las brujas y las gitanas han sido las primeras en luchar contra la opresión, sobre todo contra la opresión de las mujeres». Ellas luchan en particular «contra la política opresiva de la United Fruit en el tercer mundo». Las Redstockings, que tienen entre sus fundadoras a Shulamith Firestone, son, agresivamente antimasculinas. Dicen:

> Las mujeres somos una clase oprimida —dicen—. Nuestra opresión es total, afecta cada faceta de nuestras vidas. Estamos explotadas como sexo, objetos, nodrizas, sirvientas y trabajadoras baratas. Estamos consideradas como seres inferiores cuyo único objeto es el de valorizar la vida del hombre. Nuestra humanidad

---

[5] Véase Firestone.

[6] Véase Morgan.

está negada. Nuestra conducta está determinada por la amenaza de la violencia física.

Aún más radicalmente antimasculino es el grupo SCUM (Society for Cutting Up Men), una sociedad para destruir a los hombres que pretende demostrar —invirtiendo la teoría freudiana de la envidia del pene— que el hombre no es más que una mujer incompleta que toda la vida ha deseado completarse, que todo lo bueno es femenino y todo lo malo es masculino, que ya es posible la reproducción sin recurrir al hombre, y aun la reproducción de mujeres solas, y que un gobierno de mujeres acabaría con todos los males del sistema en que vivimos. Es decir que tampoco la utopía queda excluida de los movimientos feministas.

Una declaración extremadamente patética formula el Grupo Pro Liberación Femenina de Nueva York, que «fue creado por mujeres militantes cansadas de su posición subordinada en las organizaciones radicales»:

> Hemos llegado a ver la liberación de las mujeres —dicen— como un movimiento revolucionario independiente, que representa potencialmente la mitad de la población. Nos proponemos llevar a cabo nuestro propio análisis del sistema y colocar nuestros intereses en primer lugar, sin importarnos si esto es conveniente para la izquierda (dominada por los hombres). Aunque podamos cooperar con los hombres radicales en cuestiones de interés común, no somos tan solo una parte de la izquierda. [7]

La posición antitradicional de este grupo —y de otros que asumieron la misma actitud— se manifestó singularmente en una reunión

[7] Véase Randall.

electoral en la que adoptaron como lema la fórmula «devolvamos el voto», justificada de esta manera:

> Puesto que en ochenta años de lucha librada por la mujer para conseguir el voto solo ha obtenido una victoria vacía y ha corrompido el movimiento feminista, planeamos destruir públicamente nuestras credenciales de elector para simbolizar que el sufragismo ha muerto y que una nueva lucha ha comenzado por una verdadera emancipación.

Así se cierra un ciclo y se abre otro: lo que fue el centro de la lucha feminista en el siglo pasado puede ser visto hoy como un objetivo equivocado del que se derivó una falsa victoria.

La gran dificultad en esta lucha reside en el hecho de que las mujeres no son, efectivamente, una clase, no son una minoría, no son una raza. Están implicadas y complicadas con todas las clases, con todas las razas, con todas las minorías, y hasta son una ligera mayoría. Susan Sontag las definió como «el cuarto mundo». Por todas esas razones, y aunque el hombre sea el opresor, la lucha no puede librarse en forma absoluta *contra el hombre*.

También suele plantearse superficialmente la pregunta de si la mujer quiere y puede ser de veras *igual* al hombre; aún más, de si quisiera ser hombre, de si lamenta no ser hombre. Creo que la mayoría de las mujeres están conformes con su condición de mujer. El famoso *complejo de castración*, inventado por Freud, nace de una mentalidad esencialmente antifeminista que considera al hombre como la criatura privilegiada, incuestionablemente superior, condicionada por lo tanto para suscitar una envidia casi congénita en su compañera. Pero no se puede demostrar que la niñita, al descubrir que carece de ese famoso apéndice que caracteriza al sexo masculino, se sienta inevitablemente desdichada. ¿Por qué Freud no inventó, por ejemplo, un *complejo de aborto* que sentiría el niño al descubrir su incapacidad de concebir y traer al mundo a un ser humano? Se trata, al fin, de una tarea bastante importante que podría resultar envidiable. Júpiter, el padre de los dioses, no quiso privarse de esta satisfacción, y con un dolor de cabeza hizo saltar a Minerva, la sabia, de su robusto cráneo. Pero a Freud, machista a su manera, nada le pareció envidiable en la mujer, y, al contrario, vio en ella a una criatura implícitamente frustrada por el solo hecho de no poseer un pene.

Dentro de la misma concepción freudiana, se interpreta el feminismo como el deseo de la mujer de ser hombre, olvidando que la *igualdad* reclamada se refiere a todo aquello que corresponde al ser humano como tal; es decir, igualdad de opciones: posibilidad de pensar, de estudiar, de trabajar, de producir, de crear, de amar, de elegir, como lo hace el ser humano masculino. En el aspecto propiamente sexual, la mujer puede ser fiel a su sexo sin sentirse inferior; es complementaria del hombre, como el hombre lo es de ella; necesita al hombre, como el hombre la necesita a ella; por lo tanto, no quiere *ser hombre.*

La confusión, el error en el que incurren muchos movimientos feministas, está en concebir la relación hombre-mujer solo como la lucha entre los dos (se equipara, incluso, la lucha de sexos a la lucha de clases, con una dinámica similar), como una partida en la que debe haber un vencedor y un vencido. Hay grupos, como hemos visto, que le han declarado una verdadera guerra al hombre: quieren prescindir de él, aún más, pretenden destruirlo. Se proponen dejar de ser amables y deseables para él; por consiguiente, guerra a los cosméticos, al brassiere, a la elegancia, las armas del diablo, y en último extremo hasta se ha llegado a proclamar como solución el lesbianismo, o la castidad y la partenogénesis. Para la que desee tener un hijo la inseminación artificial parece la manera más evidente de demostrarle al hombre que no se le necesita sino como productor de determinados elementos químicos. Pero ¿no es eso complicar las cosas y renunciar al reciproco enriquecimiento que puede ser una buena relación hombre-mujer?

Creo que el feminismo de hoy debería más bien insistir en la lucha por abolir *la lucha*, solapada, disfrazada pero real, que milenariamente se viene librando en el lenguaje de todos los días. Se habla aún de la relación hombre-mujer en términos de ganador y perdedor, y no precisamente para señalar los triunfos de las mujeres. Las mujeres consiguen marido, por no decir que lo atrapan; se les prepara para ello con buenas y malas artes, astucias y artificios que son las armas del débil. La terminología de la guerra es la usual; la mujer *se rinde*, mientras el hombre cree *conquistar* a la mujer. Por eso el hombre —particularmente el latinoamericano— se desconcierta si la mujer no considera en el juego amoroso que se está rindiendo sino que está tomando su propia decisión o cediendo a su propio impulso. Y esto hasta puede ser considerado masculino —aunque la mujer sea sexualmente muy femenina— porque va en contra del esquema conquista-rendición al que el hombre está acostumbrado. ¿No es posible llegar a una relación entre la mujer y el hombre en donde no haya conquista y rendición, dominador y dominada, el que manda y la que obedece, o bien explotadora y explotado, el que mantiene y la mantenida, seductora y atrapado, todo ello dentro de una red de sutiles engaños, de pequeñas traiciones, de convencionales compromisos?

Ya es frecuente admitir que no puede haber liberación de la mujer sin liberación del hombre; y ello tanto desde el punto de vista social como refiriéndose a la pareja en sí misma. Eso supone, entonces, que en esta lucha no habrá, como en todas las luchas, el que gana y el que pierde sino que ambas partes deben resultar favorecidas. Así lo comprenden hoy muchos hombres jóvenes que acuerpan el movimiento, muchas jóvenes parejas que tratan de construir su vida sobre bases diferentes de las que sustentaron la unión de sus padres; muchos que se han dado ya cuenta de que las matemáticas no son intrínsicamente masculinas ni lavar los platos una labor esencialmente femenina y que si amamantar al niño solo puede hacerlo la madre, un biberón lo puede dar perfectamente el padre; que compartir con la mujer ideas y trabajo, matemáticas y platos sucios, es bueno para el hombre y para la mujer; y que la vida sexual no es un campo en donde el hombre actúa y la mujer sirve, o *es usada* —según la expresión que siguen empleando las mujeres del pueblo—, sino el encuentro gozoso de dos seres que se necesitan y se complementan.

Tampoco es posible la liberación de la mujer en un mundo en donde la mayoría de los hombres aún no son libres. No puede encontrarse la armonía en la miseria, el equilibrio en la ignorancia y la concordia en la enajenación, en la falta de los más elementales bienes de la existencia. En tales condiciones, ni la mujer es capaz de liberarse de su doble esclavitud, ni el hombre de su pobre despotismo.

Pero nuestro tiempo camina aprisa. En el terreno del feminismo, a pesar de todo, la mujer ha alcanzado en este siglo lo que no había obtenido en toda la historia de la humanidad. Ya se acabó la milenaria, pasiva espera de las mujeres. Penélope ha abandonado su interminable tela y se ha puesto a navegar por su cuenta. Quizás en el camino encuentre a Ulises.

Referencias

Beauvoir, Simone de. 1949. *Le Deuxieme Sexe*, París, Gallimard.

———1972. *Tout Compte Fait*, París, Gallimard.

Firestone, Shulamith. 1970. *The Dialectic of Sex*, Nueva York, Bantam Books.

Mill, John Stuart. 1965. *Libertad. Gobierno representativo. Esclavitud femenina*, Madrid, Editorial Tecnos.

Morgan, Robin (ed.). 1970. *Sisterhood Is Powerful: An Anthology of Writings from the Women's Liberation Movement*, Nueva York, Vintage Books.

Randall, Margaret. 1970. *Las mujeres*, México, Siglo xxi Editores.

Tristán, Flora. 1971. *Peregrinaciones de una paria*, Lima, Moncloa-Campodónico Editor.

8. Año Internacional de la Mujer

Marta Lamas

Es el Año Internacional de la Mujer. Por todas partes vemos el *slogan* «Desarrollo, Igualdad y Paz», en casi todos los rostros vemos una sonrisa de satisfacción. Las mujeres están felices con su año, los hombres están felices de haberlo organizado. Pero ¿cuál es el significado real de este Año y a quiénes realmente beneficia?

Aparte del hecho evidente y obvio de ser una reafirmación más de la situación de inferioridad de las mujeres, es, a la vez, un intento de despolitización y de manipulación para incorporar a las mujeres al sistema. ¿O qué otro significado tendría, digamos, un Año del Negro en Sudáfrica, del Chicano en Texas o del Indígena aquí en México?

En términos generales sabemos que el común denominador de la sociedad capitalista es la explotación a todos los niveles. Manifiesta, por un lado, en la división de clases, donde la clase trabajadora produce toda la riqueza social del trabajo entre hombres y mujeres, donde los primeros se encargan de producir las mercancías y las segundas de atender las necesidades materiales de los hombres.

Las mujeres que trabajan fuera de la casa no se liberan por esto del trabajo doméstico, sino, por el contrario, se ven obligadas a cumplir con dos jornadas de trabajo.

Sabemos también que la explotación capitalista no radica solamente en la producción directa de mercancías en la fábrica, sino también en toda una red de servicios e instituciones sociales: escuelas, medios masivos de comunicación, etcétera, y además cocinas y recámaras donde se mantiene y reproduce la fuerza de trabajo. La sociedad entera es una línea de ensamble.

En la fábrica se producen mercancías y se desgastan las fuerzas del trabajador; en la casa se consumen esas mercancías, se reponen las energías del trabajador y se procrean los trabajadores del futuro.

¿Cuál es la situación de las mujeres en América Latina, en donde se articulan distintos modos de producción que implican diferentes formas de organización social? La mayoría de las mujeres latinoamericanas son campesinas indígenas o de procedencia indígena que viven de la agricultura de subsistencia realizando un doble trabajo no remunerado como jornaleras, minifundistas o ejidatarias y como amas de casa también. Su trabajo es fundamental e indispensable para la unidad de producción básica que es la familia campesina, ya que transforma los pocos elementos que producen en alimentos y vestido. La reproducción en el campo es altísima ya que los hijos son vistos como ayuda y mano de obra. La mujer campesina está casi siempre embarazada, lo que unido a la desnutrición y las terribles condiciones de vida le hacen sufrir un desgaste y agotamiento continuo. Su ínfima escolaridad, casi siempre la carencia absoluta de ella, le ofrece muy pocas alternativas a su situación. Un número considerable emigra y se emplea en las ciudades como «sierva moderna». Esta es su única posibilidad para conseguir trabajo asalariado en un mercado de trabajo raquítico. El capital, al estar organizado para no absorber la mano de obra existente, no explota directamente a estas mujeres: al negarles cabida en el trabajo socialmente organizado las margina a que las exploten aisladamente otras mujeres. La otra posibilidad es unirse al gran cordón de miseria de los marginados que rodea la ciudad con la esperanza de conseguir un trabajo como obrera, vendedora ambulante, etcétera.

Las obreras reciben un salario y realizan dos trabajos: el de la fábrica y el de la casa. Para las pocas que logran entrar al trabajo asalariado el problema de la discriminación es algo más que a igual trabajo diferente salario. Los puestos menos remunerados, más que mecanizados y rutinarios con menos posibilidades de ascender son los que ocupan estas mujeres. Además la maternidad, o sea reproducir y mantener la futura fuerza de trabajo, les implica una mayor discriminación y no un reconocimiento que se traduzca en beneficios sociales (guarderías, capacitación, comedores, etcétera). Los sindicatos no se ocupan de tal discriminación, ni siquiera toman en cuenta todo lo que implica la segunda jornada de trabajo, lo que pudiera repercutir en un cambio cualitativo de la organización del trabajo. Las mujeres de los obreros, las amas de casa de tiempo completo, marginadas tanto económica como socialmente, y disociadas de los medios de producción, dependen de sus maridos sin otro beneficio que el contrato matrimonial y al lavar, cocinar, coser, limpiar, etcétera, para sus familias ceden gratuitamente al capital lo que le costaría a este mantener la fuerza de trabajo que utiliza y la que utilizará. El capital se apropia del valor de uso de los dos trabajos, el que realiza el obrero y el que realiza su mujer.

Las mujeres de clase media y alta tienen, según sus posibilidades, una o más trabajadoras domésticas que, según la ley: «Disfrutarán de reposo suficiente para tomar sus alimentos y de descanso durante la noche». Aun así no pueden desentenderse del trabajo doméstico, lo supervisan, viven alrededor de sus detalles. Su consumo y su forma de vida están muy relacionados a la mano de obra barata de la que incondicionalmente disponen hasta por ley. Para algunas de ellas esta descarga de responsabilidades domésticas a expensas de otra mujer representa su «posibilidad de realizarse como mujer en su trabajo creativo».

Dado que una estructura capitalista no incorporará siquiera a un número considerable de mujeres a la producción y que en Latinoamérica 40% de la fuerza de trabajo se encuentra desempleada o subempleada, y que el trabajo doméstico que realizan cumple una función esencial dentro del capital, es necesario plantear en qué medida pueden las mujeres enfrentarse con éxito al sistema desde su lugar de trabajo: el hogar. Es claro que la lucha de las mujeres tiene tanto sentido en los países industrialmente avanzados como en los del tercer mundo, puesto que el desarrollo no proporcionará ni, desde luego, la liberación de las mujeres, ni siquiera una situación igual para estas que la de los demás explotados.

El descontento de muchas mujeres ha sido evidente en los últimos años. A medida que han desarrollado la conciencia de su opresión y explotación se han dado cuenta del carácter no solo útil, sino indispensable de sus funciones y de su trabajo. Las mujeres ahora sabemos que podemos constituirnos en una fuerza política autónoma imprescindible dentro del movimiento revolucionario.

La situación de las mujeres ya no puede ser ocultada y, aun organismos como la ONU, la reconocen al proclamar a nivel mundial la celebración del Año Internacional de la Mujer. Sin embargo, las soluciones que se proponen son parciales y desde luego no desbordan los marcos del sistema. Consideramos que el programa oficial del AIM no ha sido de manera alguna el resultado del análisis de la situación opresiva y de explotación que las mujeres sufren dentro del sistema capitalista en general y en México en particular, pues solamente aborda los aspectos generales, dejando de lado la caracterización de todos aquellos planos de la realidad en los que la mujer es oprimida y explotada. Por otro lado, los lineamientos del Año Internacional de la Mujer, Desarrollo, Igualdad y Paz, son implementados en cada país bajo criterios exclusivamente gubernamentales, sin participación popular de ninguna índole, de manera tal que, al menos en México, la forma en que se aborda el AIM resulta impuesta autoritariamente. Ejemplo vergonzante, la designación presidencial de un hombre para la coordinación del AIM en México.

Además la mayoría de las actividades de las que tenemos conocimiento están dirigidas hacia aquellas mujeres privilegiadas que, por pertenecer a las clases media y burguesa, han tenido acceso a la educación y cuya opresión es cualitativamente diferente y significativamente sutil que la que sufren las mujeres pertenecientes al proletariado, campesinado y demás sectores populares, sujetas tanto a la explotación de clase como a una dominación ancestral de sexo.

¿Acaso puede resolverse la discriminación cotidiana que sufre la mujer en la casa, la calle, la cama y el trabajo simplemente con una norma que consagre su igualdad jurídica con el hombre? ¿Se logra el desarrollo y la liberación de las mujeres con solo incorporarlas al trabajo productivo en las circunstancias actuales del capitalismo? O más bien se fortalece, y perpetúan el sistema… La ONU afirma que la contribución de las mujeres a la paz sería fundamental. ¿No implica esto una explotación de la imagen más tradicional de la mujer a la que se atribuye una «natural» pasividad, carácter reconciliatorio y miedo a la violencia? Entonces es que se considera que hay paz cuando no hay tiros, y se desconoce la guerra en la paz, la paz armada, la paz violenta, la paz de opresión, de la explotación y de la represión en que vivimos todos.

Por todo lo expuesto anteriormente y para dar a conocer públicamente el carácter manipulatorio de esta farsa del AIM, el Movimiento de Liberación de la Mujer en México ha estado constantemente haciendo denuncias públicas, periodística y televisivamente, que han sido copadas, boicoteadas y censuradas.

A continuación sigue un texto que sirvió de boletín de información para una conferencia de prensa que se organizó en marzo en el Ateneo Español. A esta conferencia fueron invitados periodistas de todos los periódicos y agencias noticiosas. Asistieron solamente periodistas de *Excélsior, El Día, Novedades, El Sol, El Heraldo* y *El Universal,* y únicamente *El Día* publicó una nota sobre la conferencia. Todos los demás censuraron la información menos *Novedades* que sacó una pequeña nota en la sección de crímenes (nota roja), pero sin mencionar que se estaba en contra del AIM, solo como unas mujeres que dieron una conferencia.

9. La mujer y la lucha social

María Antonieta Rascón

> La libertad asusta a quienes no la comprenden y a aquellos que han hecho su medio de la degradación y la miseria ajenas; por eso la emancipación de la mujer encuentra cien oponentes por cada hombre que la defiende o trabaja por ella.
>
> Práxedis G. Guerrero, noviembre de 1910

I

La lucha que han venido sosteniendo las mujeres en México para transformar su condición de apéndice secular, de elemento secundario e inferior dentro de la sociedad, ha sido relevante, sobre todo en los momentos de auge de las luchas sociales y particularmente en el periodo que va de la crisis del porfiriato a la época cardenista, en el cual las luchas femeniles se caracterizan por su combatividad, permanencia y amplitud.

Existe un paralelo entre la forma como la historia burguesa ha tratado de ocultar el carácter preeminente que tienen los conflictos entre las clases en el desarrollo de los movimientos que han marcado las diferentes etapas de evolución de la sociedad y la interpretación que se ha dado a la lucha de las mujeres, donde su acción es un dato aislado también de las luchas sociales.

El hecho de que encontramos a la mujer rebelándose en contra de su situación, precediendo o dándose en los momentos de auge de esas luchas —en el caso de México en el momento mismo en que se consuma la labor devastadora de la Conquista, la revolución de Independencia, la guerra de Intervención y la larga lucha revolucionaria que marca el fin del siglo XIX—, nos da elementos para afirmar que cualquier transformación futura deberá contener, por lo menos, una profunda conciencia del papel que juega la mujer en el mantenimiento de las formas basadas en la explotación de una clase.

Así, los burócratas encargados de elaborar la *historia* de la participación femenina en los movimientos sociales presentan, en libros de texto, memorias y otros documentos, una relación estática de heroínas y *mujeres célebres* donde se hace hincapié en los aspectos que refuerzan ejemplarmente su condición subordinada, como sus sacrificios, su abnegación, su labor de impulsoras de la lucha de sus maridos, etcétera. En esa forma se ha logrado soslayar la significación y el contexto de las acciones de esas mujeres en los momentos en que les tocó actuar.

Por otro lado, como toda historia al servicio de los grupos dominantes, el énfasis que se da a las figuras prominentes —sobre todo a las esposas de los héroes ya consagrados y bendecidos por los herederos de sus antiguos enemigos— disminuye la importancia o ignora simplemente la participación de grupos organizados de mujeres que ya desde 1821 piden derechos cívicos para la mujer, mismos que apoyan y luchan después por la causa liberal, que se organizan para la defensa de sus derechos como trabajadoras en las incipientes organizaciones obreras y participan en las más diversas tareas como militantes del Partido Liberal Mexicano o como combatientes en los movimientos armados a partir de 1910.

De acuerdo con la historia burguesa, el periodo más reciente, que va de las luchas precursoras durante el porfiriato a las de los años de 1930-1940, es el que ha recibido un tratamiento más superficial o deformado. Se ha ignorado o reducido a anécdotas el ejemplo y la aportación teórica de mujeres como Juana Gutiérrez de Mendoza, Dolores Jiménez y Muro, Elisa Acuña Rossetti, Guadalupe Rojo de Alvarado, Inés Malváez, Sara Estela Ramírez y otras, quienes además de militantes del Partido Liberal Mexicano, fundadoras de periódicos que mantienen infatigablemente en las condiciones más adversas, crean los programas que proponen cambios en la situación de la mujer junto a los de las organizaciones que iniciaron la lucha revolucionaria. La obra de estas, Hijas de Cuauhtémoc, Amigas del Pueblo, etcétera, es el antecedente más importante que tiene por rescatar el actual movimiento de liberación de la mujer.

Aunque podrían citarse infinidad de nombres, resultaría ociosa la tarea de demostrar que las omisiones han constituido la regla en vez de las excepciones en los textos históricos de mayor divulgación. Durante la Revolución, por ejemplo, junto a la figura predominante de la Adelita, se omite despreocupadamente la participación de las mujeres en los puestos de mando, como organizadoras de grupos armados, su participación en la redacción de planes y propaganda, su labor como correo y enlace, como combatientes, y no solo como acompañantes de sus hombres.

De las luchas que surgieron a partir de los años veinte, cuando la mujer se resistía a continuar teniendo el matrimonio, la maternidad y las tareas hogareñas como únicas metas y demandaba —apoyada en su participación igualitaria en el proceso armado— igualdad de oportunidades para poseer la tierra junto a muchas otras reivindicaciones, solo han quedado testimonios y documentos aislados.

El estudio de esta última etapa es fundamental para entender la lucha de la mujer no como un movimiento aislado, cuyas implicaciones no trascienden los marcos políticos y económicos establecidos, sino precisamente para explicar *cómo* el papel tradicional de la mujer es de vital importancia para la sobrevivencia de la sociedad clasista. Si la mujer que salió de la etapa revolucionaria trataba de romper con ese papel, la nueva ideología posrevolucionaria trataba de imponérselo de nuevo.

¿Quién podía prever entonces que la apacible ama de casa desempeña un papel fundamental dentro del capitalismo? No estaba todavía claro cómo el trabajo que realiza la mujer en forma privada es una tarea de la comunidad, responsabilidad de toda la sociedad, tal como la educación de los niños, la elaboración de alimentos, la manufactura, el lavado y planchado de ropa, el cuidado de ancianos y enfermos y, en fin, todas aquellas tareas destinadas a mantener la fuerza de trabajo, incluida la reproducción de la especie.

La clase dominante aseguró así dos trabajos pagando solo el salario de un trabajador. Este, fuera hombre o mujer, sería el encargado de producir mercancías mientras la mujer quedaba en el hogar produciendo trabajo invisible, no reconocido, frustrante y embrutecedor. Este papel económico que desempeña la mujer dentro del hogar nos ayuda a explicar por qué demandas tales como la demanda por el voto femenino, el derecho a poseer la tierra en igualdad de oportunidades que el hombre, el derecho al trabajo, la creación de guarderías, la capacitación y elevación del nivel cultural de la mujer —puntos centrales en la mayoría de los programas de los grupos organizados de mujeres— solo podían ser asimilados parcialmente por los gobiernos posrevolucionarios.

Era que la posibilidad, no de una igualdad indiscriminada, sino de la participación efectiva de la mujer en la vida pública con todas sus consecuencias, estaba ligada a las posibilidades de instauración de un estado democrático y popular. Ambos proyectos quedaron congelados en la época cardenista.

A partir de los años cuarenta, las necesidades del desarrollo capitalista del país, reanimado por la posguerra y el flujo masivo de la inversión norteamericana directa, obligaron a la mujer a salir de sus hogares para incorporarse a la industria —peor los empleos de menor capacitación y peor remunerados—, a los empleos gubernamentales y de la empresa privada, aunque se le recordaba constantemente que esa actividad no debía distraerla de su *función primordial* como madre de familia y ama de casa. Al mismo tiempo, a partir de esta época, se tienden a aflojar las restricciones impuestas en el orden sexual por la moral burguesa, cuyos valores parecen no ser ya operantes dentro del neocapitalismo, y se inaugura una época de *desinhibición* en ese aspecto, apoyada por los medios masivos de comunicación, controlados sobre todo por los monopolios norteamericanos.

Pero ni la liberalización sexual ni la incorporación de la mujer al trabajo asalariado encaminaron a la mujer rumbo a su liberación sino, por el contrario, solo lograron reforzar y reorientar el consumo de algunas capas de la población, manteniendo con esto la deformación de la economía. Este fenómeno habrá de ser analizado más ampliamente para ver hasta dónde la sociedad de clases encuentra válvulas de escape para asegurar su sobrevivencia.

La ideología dominante logró en esta forma desviar el impulso de las mujeres que habían participado masivamente en las organizaciones femeniles. De las organizaciones obreras y campesinas, que habían alcanzado su auge durante la época cardenista, solo quedan núcleos reducidos.

Quienes habían participado en la dirección de aquellos movimientos, o bien aceptan la bienvenida que se les da a la política oficial, aceptando de antemano las reglas del juego masculinas, o trasladan su actividad a las organizaciones internacionales de mujeres, asistiendo a congresos, encuentros y seminarios, pero sin que esa labor tenga una expresión relevante dentro del país. Algunas otras, cuya preparación y cultura les permitía desarrollar un trabajo en el periodismo o en la cátedra, se dedican a esas actividades, pero tampoco sin perspectivas de acción. Los casos más dramáticos fueron los de aquellas mujeres que ocuparon los puestos de primera fila en las luchas por la transformación de la mujer después de haber combatido en la Revolución. María del Refugio García, por ejemplo, secretaria general del Frente Único Pro Derechos de la Mujer, organización que llegó a agrupar más de 50 mil mujeres en el sexenio cardenista, murió víctima de la desnutrición causada por su miserable situación económica, es decir, de hambre. Juana Gutiérrez de Mendoza, maestra, combatiente revolucionaria, periodista y fundadora de periódicos de oposición y que llamaba junto con otras mujeres a formar una República Femenina en 1936, también murió en la miseria. Sus familiares tuvieron que vender su máquina de escribir para costear su entierro. Con estas mujeres no hubo conciliación posible por parte del aparato estatal; les negó pensiones, incluso la miserable de veteranos de la Revolución, y fue con quienes se empeñó en que su ejemplo no trascendiera.

La mujer entra oficialmente a formar parte de la vida pública hasta 1953, cuando ya no había voces que demandaran, junto al voto y masivamente, sus reivindicaciones específicas sino, por el contrario, cuando asimila pasivamente los trazos peculiares de la política *a la mexicana*, y justo después de las elecciones presidenciales de 1952, cuando con la represión al henriquismo la posibilidad del ejercicio democrático quedó liquidada prácticamente. Las mujeres que pasan a ocupar las primeras curules ya han aceptado de antemano el *dedazo*, la simulación, la corrupción y demás lacras de nuestro viciado sistema político.

En vísperas de que el Congreso de la Unión declarara la reforma del artículo 34 constitucional para otorgar a la mujer el derecho al voto, en un documento que hizo circular ampliamente el Partido Revolucionario Institucional se rechaza en la siguiente forma los argumentos que aún se escuchaban en contra del sufragio femenino:

> Es ingenuo o de mala fe afirmar que las mujeres abandonarán su hogar si se dedican a las actividades políticas. Estas actividades no son más que la emisión del voto cuando se presentan las elecciones municipales, las de diputados locales, gobernadores y las generales para elegir representantes federales y al primer magistrado de la nación, porque las mujeres que se ocupen de la política militante *serán unas cuantas* que de antemano habrán resuelto el problema de su hogar, y las demás, la mayoría, tendrán que dedicar en cada vez unas cuantas horas a las actividades cívicas, que no las invalida para atender su hogar ni sus deberes como madres y esposas.[1]

Pero no solo de parte de la ideología posrevolucionaria se ha tratado de mantener a la mujer en su actual condición. Esa imagen de la mujer, emancipada pero hasta ciertos límites —los que marcan las necesidades de la clase dominante—, fue en el pasado la imagen que

[1] *Presencia de la mujer en la vida cívica de México*. Partido Revolucionario Institucional (s. e.), p. 50.

creó el aparato eclesiástico para asegurar la dominación colonial, cuyos restos los encontramos aún en las zonas más atrasadas del país y en los núcleos familiares urbanos más cerrados, donde la mujer no tiene siquiera derechos sobre su persona, donde el padre, el esposo y hasta el hermano disponen de la vida y relaciones sexuales de la mujer y el concepto del honor feudal sigue siendo el vigente.

Las mujeres que ahora nos proponemos crear las bases para una lucha encaminada a transformar nuestra situación actual sabemos que es necesario combatir la ideología patriarcal, cualquiera que sea la forma en que se revista, y no solo la ideología capitalista, que ha hecho de la mujer un objeto sexual, base del consumo de 75% de las mercancías que se producen, las más de ellas innecesarias y que dañan irreparablemente el medio ecológico, que ha creado también una imagen de mujer a través de la cual consigue infiltrar en las clases explotadas los valores estéticos y morales de la clase dominante. También tenemos que combatir los restos de la ideología feudal, que hacen que la mujer permanezca como la esclava del hombre, no obstante estar oprimidos ambos por la situación económica.

Otro aspecto de la ideología patriarcal que estamos dispuestos a terminar es el paternalismo de la izquierda primitiva, que ve la explotación de la mujer solo por el lado más evidente, que es la explotación de su trabajo como asalariada. Es el paternalismo que obliga a la mujer a mantenerse en casa o, si acaso, salir a trabajar para que el hombre pueda dedicarse a «hacer la revolución», el que impone a la mujer todavía una esclavitud a su biología ya que los anticonceptivos «le hacen el juego al imperialismo». Es, en fin, la voz de aquellos dirigentes que hablan de «nuestras» mujeres y «nuestros» hijos y que han visto en el movimiento de la mujer un revanchismo de los sexos y que siguen sosteniendo que el antagonismo de las clases es el único y fundamental y que solo resuelto este se sentarán las bases para la liberación de la mujer.

Nosotras sostenemos que, si bien la precondición para la liberación, no solo de la mujer sino de la especie humana, es la socialización de los bienes de producción, es necesario iniciar desde ahora un movimiento que incorpore a la mujer como participante activo en la lucha por el cambio. Su participación en esta etapa es fundamental, no solo para romper las relaciones que permiten el desarrollo y permanencia del sistema capitalista, sino también con el objeto de sentar las bases para que el proceso de socialización, llegado el momento, no se interrumpa al seguir arrastrando, dentro del proceso de construcción del socialismo, todos los valores heredados por la ideología capitalista, el individualismo, el condicionamiento de los niños en la dependencia y la sobreprotección, el consumo superfluo o la aspiración a este, el desperdicio de recursos al retrasar la colectivización de los servicios, etcétera.

No podemos esperar tampoco a que mientras sobrevienen esos cambios la mujer siga siendo la esclava del hombre y que este, como sexo o como individuo, como trabajador o como patrón, como explotado o explotador, siga contando con el último privilegio, con la máxima autoridad dentro de esta sociedad. El trato opresivo de un sexo para con el otro deforma y aniquila cualquier posibilidad de relación entre ambos, sea sexual, emocional o intelectual, y por otro lado permite que se vuelquen en el refugio familiar los conflictos y tensiones derivados de las relaciones de explotación en el trabajo, la ausencia de libertades públicas, la corrupción y falta de democracia en los sindicatos. El trabajador «se desquita con su mujer» en vez de resolver esos conflictos ahí donde se originan. Así, la pasividad de la mujer retrasa el proceso de politización del trabajador en forma que resulta indefinida.

Es por eso que Concha Michel, destacada luchadora mexicana por la liberación de la mujer, señalaba con acierto en 1938: «Con la clase trabajadora las mujeres tenemos causa común y causa diferente».

Se nos dice que debemos luchar contra el sistema y no, utópicamente, por la liberación de la mujer, sin tomar en cuenta que los niños, por ejemplo, seguirán siendo conformados para asimilar los usos y valores de esta sociedad, adiestrados en el consumo o aspirando a este y educados para desempeñar papeles opuestos; la niña entrenada para la tarea reproductiva y el trabajo doméstico como objetivos fundamentales y el niño para sentirse algún día el amo dentro de su estrecho mundo familiar. Estas niñas serán las futuras madres atrofiadas, agobiadas por los partos continuos, frustradas por la realización de un trabajo que ven consumirse día tras día sin que les proporcione satisfacción alguna, neuróticas compulsivas que deformarán a su vez a sus hijos, incluso físicamente (véanse cifras sobre niños hospitalizados por lesiones producidas por la madre).

Estamos luchando por cambiar esa situación, no por razones humanitarias, por prejuicios morales o estéticos, sino porque todo esto presupone la permanencia de la organización capitalista, que no solo está caracterizada por el antagonismo de las clases, por el antagonismo entre hombre y mujer, sino porque, igualmente importante, el acelerado desarrollo tecnológico que caracteriza a esta etapa del capitalismo, al seguir estando orientado por el criterio de la ganancia capitalista, ha roto ya con el equilibrio ecológico, ha establecido una pugna entre el funcionamiento de la vida social con la vida natural, y sus consecuencias ya las sentimos en forma alarmante.

El grupo de mujeres que llamaba en 1936 a formar la república femenina advertía que no podía mutilarse a la mitad de la humanidad sin que las consecuencias fueran devastadoras para toda la especie. En efecto, la permanencia del sistema capitalista, que ha logrado sobrevivir bajo la forma del neocapitalismo apoyado por la empresa transnacional y la sociedad de consumo, y la permanencia del antagonismo entre los sexos, que hace que el elemento masculino sea solo el que esté vinculado al desarrollo tecnológico, amenazan con deteriorar hasta tal punto el medio ambiente que los problemas que se le plantearán al socialismo en ese orden no pueden aún ser previstos.

Las mujeres, pues, no podemos permanecer por más tiempo sin luchar por transformar las relaciones que nos mantienen en la presente situación, sino asumir la responsabilidad que nos toca para transformar este sistema en una sociedad donde puedan sobrevivir las generaciones futuras.

II

> La religión es el auxiliar de los déspotas caseros y nacionales; su misión es la del domador; caricia o azote, jaula o lazo. Todo lo que emplea conduce al fin: amansar, esclavizar a la mujer en primer término, porque la mujer es la madre y la maestra del niño, y el niño será el hombre.
>
> Práxedis G. Guerrero, noviembre 1910

Las ideas que a lo largo de los siglos se han desarrollado con el fin de reforzar la inferioridad de la mujer son las mismas que de una y otra forma persiguen también el reforzamiento de la dominación y la dependencia cultural y económica. Vemos así que desde que se consuma el coloniaje español este conlleva a la destrucción de las culturas que se habían desarrollado en Mesoamérica y que, junto a la presión de las armas para someter a los pueblos indígenas, se hace necesario implantar los moldes peninsulares de vida a través de la labor de los misioneros.

La destrucción de aquellas culturas y el aniquilamiento moral de los indígenas se encubre con el ropaje piadoso de la religión. Los frailes dominicos, agustinos y franciscanos no vienen a impedir los abusos de los conquistadores sino a consumar la labor de aquellos. Esta tarea se lleva a cabo a través de la educación de los hijos de los caciques y principales indígenas, a quienes desde pequeños se moldea dentro de los marcos de la disciplina monarcal: flagelaciones, cantos, oraciones, misterios, estudios teológicos, etcétera, a fin de desvincularlos de las costumbres de sus antepasados. Se formó así una terrible arma ofensiva contra la cultura prehispánica. De ahí salieron, «a los pocos años de ser fundados aquellos conventos, cientos de muchachos que participaron activamente en el desmantelamiento de la sociedad de sus mayores» (Kozuhiro, 1973). Con sin igual visión, los mismos frailes franciscanos advertían que «para consolidar y perpetuar el fruto inicial de la conversión de los indígenas y hacer arraigar de verdad el cristianismo en el país, imprescindible era cristianizar a la familia, última célula de la sociedad humana». Y «de ahí la importancia indiscutible de la educación de las mujeres indias, en particular de las niñas, madres de futuras generaciones» (*ibid.*).

En 1529 los franciscanos fundan en Texcoco la primera casa de doctrina para «hijas de señores y personas principales y otras que por voluntad querían entrar en aquel encierro», a cargo de «matronas honradas, de nuestra nación y buen ejemplo». A aquellas niñas se les apartaba de la influencia de sus madres en el ámbito familiar y se les preparaba para que «enseñaran a sus maridos y casas las cosas de nuestra fe y alguna policía honesta y buen modo de vivir», «no se trataba de formar mujeres instruidas, por rudimentaria que fuera la instrucción, sino prepararlas para los deberes del matrimonio, haciendo de ellas buenas esposas y buenas madres».

Ya para 1534 esas casa-conventos operan en la Ciudad de México, Otumba, Tepepulco, Huejotzingo, Tlaxcala, Cholula, Coyoacán y Texcoco, aunque el proyecto no resulta muy exitoso en el corto plazo debido a la arraigada costumbre de la mujer precolombina de participar activamente en las tareas de la comunidad, y ni ella ni su pareja parecían encontrarse dispuestos a que perdiera la igualdad social que mantenía. Aquellas que aceptaban mediante aquella coerción los nuevos patrones de conducta difícilmente encontraban marido. Los mismos caciques veían «el efecto peligroso que sus propias hijas podían sacar de tal educación», por lo que Zumárraga pide ahorcar a los más de ellos «a menos que se confiriese a alguien poder especial para quitarles a sus hijas».

Con esos métodos de persuasión los españoles logran imponer la concepción feudal acerca de la mujer, que le negaría en adelante la posibilidad de participar en las instituciones como el *calpulli*, en donde esta «tenía la obligación de reunirse periódicamente en asambleas para tratar sus problemas específicos de madre y trabajadora. Discutían la reglamentación a que se sometía la asistencia educativa, que ella prestaba al hijo hasta los cinco años de edad... planteaba los asuntos del barrio en función de la familia» y donde, en fin, «su opinión y funciones eran respetadas y tan importantes como las de los hombres; es decir, no había discriminación y se reconocía su capacidad como madre, productora y administradora eficiente» (Zendejas, 1962).

Bajo la Colonia la ignorancia de la mujer y una supuesta virtud derivada de esa falta de instrucción la harían apta solo para la procreación, las labores hogareñas y la práctica de devociones religiosas. El reconocimiento social dependería de su papel de depositarias del honor masculino.

Aunque en los núcleos indígenas persisten algunas formas comunitarias, la explotación y la servidumbre a las que son sometidos los pueblos, junto al derecho de pernada que impone el encomendero o el hacendado, crean hacia la mujer un sentimiento ambiguo por parte de su compañero, quien toma el papel de *protector* al aceptarla violada por el conquistador. Su impotencia ante el español la convierte en opresión hacia su pareja, a la cual no duda en aceptar pero que empieza a sentir disminuida. Esta también le transfiere su anterior autonomía, y con esto se sientan las bases del machismo, plaga universal, pero que diversos autores no han dudado en utilizar para definir al mexicano.

Así, pues, la nueva religión, cuyo personaje central es un dios varón apoyado en una trinidad también masculina, se impone a la dualidad masculina-femenina, que es una constante en la cosmogonía, las artes y la política prehispánicas.

III

> El organismo total, pues, cuida del desarrollo de la masa segregada, como cuida de su propia masa; cuida la materia que se desprende como cuida la propia que en él vive, y la cuida por medio de un sistema especial de órganos que han llegado a ser un organismo sexual: la mujer.
>
> Andrés Molina Enríquez, 1908

La etapa liberal inhibe la influencia de la religión como eje central de la opresión de la mujer, pero otras teorías entran a colaborar con aquella. Durante el porfiriato, el organicismo o biologismo social es la teoría que justifica *científicamente*, la inferioridad de la mujer.

Andrés Molina Enríquez, en su «Apunte científico sobre los orígenes orgánicos de la patria», cuyo trabajo ha sido calificado en época reciente como «parte ejemplar de lo que era la sociología de la época, bien manejada, con información suficiente y *con un claro sentido izquierdista*» (Villegas, 1972), asumió la tarea de descubrir la función reproductiva como la fundamental de la mujer, junto a la (complementaria) de «colaborar a la expulsión de los excesos celulares del hombre, de un modo natural». Señalaba que «la sociedad se perjudica con el trabajo de las mujeres, tanto por el aumento de incapaces que tiene que venir a sostener, cuanto por la disminución de la multiplicación de sus unidades».

Esta tardía justificación del porfiriato, a más de sexista, trataba ingenuamente de ocultar las condiciones económicas que lanzaban a la mujer a los centros de trabajo a engrosar las filas de los asalariados o que en sus hogares se ocupaban de la *costura de munición*, que era la fabricación de uniformes para el ejército, junto a otras formas de trabajo a domicilio por el cual percibían salarios más miserables que los de las fábricas y que, junto a la de sirvientas o prostitutas, constituían las formas de ocupación de la mujer de las capas populares.

Por otra parte la burguesía nativa, que se encontraba en ascenso a fines del siglo pasado, no solo no se *perjudicó* por el trabajo de las mujeres sino que mantenía una tasa ascendente de ganancias, gracias a la brutal explotación del trabajo tanto de hombres como de mujeres y niños, sobre todo el de estos dos últimos por ser la mano de obra más abundante y barata, y que se empleaba sobre todo en las fábricas de textiles y tabaco.

Aquellos empresarios que ya desde 1860 admitían a las mujeres en las fábricas de Puebla y Tlaxcala, así como Querétaro, Veracruz y la Ciudad de México, lo hacían «debido al mayor rendimiento de su trabajo y al menor salario con el cual aparentemente se conformaban» (Hernández, 1940). Entre las mujeres que ofrecían su fuerza de trabajo se preferían las casadas a las solteras y, de aquellas, a las que tenían hijos, pues las necesidades que tenían que satisfacer las hacía aceptar las jornadas de 14 y hasta 18 horas diarias, y los salarios, de por sí raquíticos, eran pagados en forma de artículos de las tiendas de raya.

La «disminución de la multiplicación de [las] unidades» provenía de los continuos abortos, sobre todo en las fábricas de tabaco por ser ese elemento altamente nocivo para el embarazo, a la mortalidad infantil provocada por la falta de salud de la mujer, la cual tenía que privarse de amamantarlo para retornar cuanto antes a su trabajo, a las enfermedades pulmonares de los niños que se sometían prematuramente a jornadas agotadoras en las condiciones más antihigiénicas, etcétera.

Esta explotación hace que la mujer apoye decididamente las incipientes organizaciones que surgen para defender los derechos obreros. En 1880 Carmen Huerta preside el Segundo Congreso Obrero. Las huelgas declaradas por obreras en los años posteriores son numerosas; solo entre 1881 y 1884 destacan la de El César, El Faro, La Niña y El Borrego (Olavarrieta, 1970).

Las huelgas fracasan en cuanto a lograr mejores condiciones en el trabajo, pero por otro lado impulsan la combatividad de las mujeres, quienes de ahí se incorporan a los movimientos políticos. Muchas se incorporan, para diversas tareas, a la junta organizadora del Partido Liberal Mexicano, otras destacan por sus actos temerarios al enfrentarse inermes a las fuerzas represivas de la dictadura, apedrear y asaltar las tiendas de raya. Lucrecia Toriz, esposa de un obrero textil, analfabeta y madre de 22 hijos, logra paralizar a un pelotón de soldados en la huelga de Río Blanco con una terrible arenga que hace que muchos dejen sus armas o las vuelvan contra sus superiores.

El Partido Liberal Mexicano trata de moldear ese impulso, y los puntos de su programa sirven de base para el surgimiento de organizaciones de mujeres obreras. El grupo Hijas de Anáhuac reúne a las obreras más combativas de las fábricas de hilados y tejidos La Magdalena y Santa Teresa, de Contreras, DF, y La Hormiga, de Tizapán. Se van multiplicando así por toda la república, cerca de los centros de trabajo, las organizaciones y clubes clandestinos promovidos por la junta organizadora del PLM.

Siguiendo el ejemplo de *Regeneración* surgen otros periódicos, con menor radio de acción pero que siguen el principio de actuar como agitadores y organizadores. Esa es la finalidad de *La Voz de Ocampo*, que edita Parral Juana Gutiérrez de Mendoza, de *Vesper*, que pasa a fundar después, «donde se imprimían proclamas y manifiestos revolucionarios», actividad que la lleva a la cárcel —desde donde dirige *Fiat Lux*— y luego al destierro.

Dolores Jiménez y Muro colabora en San Luis Potosí en *El Libertario y Tierra* y *Justicia* con el pseudónimo de Espartaco. Ambas coinciden en una de sus incursiones en las cárceles porfiristas con Inés Malváez y Elisa Acuña Rossetti, que habían ingresado ahí por su labor en el club liberal Redención. La coincidencia de aquellas mujeres en cuanto a la necesidad de vincular la lucha revolucionaria a la transformación radical de la mujer las lleva a constituirse, en la misma cárcel, en la sociedad Hijas de Cuauhtémoc. Posteriormente transforman esa organización en el grupo Regeneración y Concordia, donde llegarían a colaborar mujeres como Sara Estela Ramírez, que también combinaba su trabajo en el club liberal Ponciano Arriaga con la labor periodística en *La Corregidora*, donde luchaba por «la libertad espiritual y económica de la mujer».

Estas mujeres, por su vinculación a los grupos revolucionarios, no luchaban únicamente por derechos para su sexo, aunque analizaron ampliamente su situación específica y trataban de vincular esas demandas en los planes revolucionarios. Confiaban en que el triunfo sobre la dictadura garantizaría la abolición de la servidumbre de las mujeres y la conquista de sus derechos económicos y jurídicos.

Otros grupos, como las Admiradoras de Juárez, empiezan a demandar derechos jurídicos para la mujer desde 1906, concretamente el voto, e impugnan por diversos medios las teorías que como las de Molina Enríquez tratan de justificar la sumisión de la mujer. Ahí participan profesoras normalistas como Luz Vera, Eulalia Guzmán —por entonces estudiante y cuya contribución en el campo de la lucha de la mujer ha sido vasta—, Hermila Galindo —que después sería la secretaria particular de Venustiano Carranza— y muchas otras mujeres profesionistas.

Los pretendidamente agudos comentarios que despertaba su actuación entre la *intelligentsia* porfiriana recordarían, décadas más tarde, a la feroz acogida que tuvo la revisión histórica de las *Cartas de relación* y el descubrimiento de Ixcateopan entre la *intelligentsia* de los cincuenta. Más que la refutación científica a sus descubrimientos, los «encomenderos de nuevo cuño» utilizaron la ridiculización sexista para escamotear a Eulalia Guzmán el reconocimiento de su obra.

IV

> —¡Ah! Qué vida esta para nosotras las viejas... ¡Adió!; pero seguimos a nuestros hombres en la campaña, para no saber después si están vivos o están muertos.
>
> John Reed

La incorporación de las mujeres a la Revolución es masiva, sobre todo a partir de 1913. Las campesinas, que vivían las más agudas formas de explotación en las haciendas, ingenios y plantaciones que reclutaban mano de obra semiesclava, o la miseria en algunas zonas del norte, pero que no habían pasado por la experiencia del trabajo asalariado y la organización para la lucha, tienen por lo general, como única alternativa, acompañar a sus hombres a la guerra para seguir ejerciendo allí, cerca de los campos de batalla, sus tareas tradicionales: buscar maíz, molerlo, hacer las tortillas, parir a los hijos, pero ahora también cargar el metate, municiones y otros implementos durante las movilizaciones. Con frecuencia, sobre todo en el sur y centro, ellas transportaban a pie esa carga pues el caballo era para los combatientes.

La campesina incorporada a los ejércitos revolucionarios podía sentir, sin embargo, que su actuación redundaría en un cambio de su situación. No participaba para «ayudar a la emancipación de sus hijos y esposos», como hemos escuchado en declaraciones oficiales, inclusive de dirigentes femeniles, que atribuyen a la Adelita una labor «callada y desinteresada».

Trabajadoras, maestras, estudiantes y empleadas participan en distintas tareas, difundiendo las ideas revolucionarias, atendiendo hospitales de campaña y consiguiendo auxilios para la población civil. Ejecutan labores de enlace y correo y participan también como combatientes. No son raros los casos de mujeres que ocupan puestos de mando, como el de Carmen Alanís, que se levanta en armas en Casas Grandes, Chihuahua, y participa en la toma de Ciudad Juárez con 300 hombres bajo sus órdenes; Ramona Flores, que ocupa el cargo de jefa del Estado Mayor de un general carrancista que operaba en el noroeste. Ella había armado un contingente con la herencia de su marido, muerto en la rebelión maderista.

Muchas mujeres solo logran pelear con la tropa disfrazadas de varones, pero esa situación, al ser advertida, actúa de inmediato como privilegio y se les eleva de rango rápidamente. Así llegaron a coronelas Limbania Fernández y Carmen Amelia Flores.

En las filas zapatistas también se destacan algunas mujeres en el mando de tropas. Muchas que habían participado en el magonismo, después de que fracasa el plan insurreccional de 1908, con lo cual se desintegra prácticamente su organización, son llamadas junto a otros luchadores por el jefe de la rebelión suriana. La presencia de los magonistas se manifiesta claramente en el Plan Político y Social firmado en la Sierra de Guerrero en marzo de 1911, donde se tocan los problemas de reforma urbana, mejoramiento de los salarios para ambos sexos, cambios a la ley de imprenta y a la centralización de la enseñanza, mejoramiento de la raza indígena y, en fin, puntos que recuerdan a los del programa del Partido Liberal y a los del grupo Regeneración y Concordia, junto a las cuestiones de la tierra, devolución y dotación de predios que demandaban los luchadores zapatistas.

Juana Gutiérrez de Mendoza y Dolores Jiménez y Muro —quien también participa en la redacción del Plan de Ayala— son nombradas coronelas. Su presencia en esos puestos es ampliamente tolerada en vista de su capacidad. La primera llega incluso a enfrentarse a Zapata para impedir los abusos de las tropas. Otras mujeres desempeñan misiones de enlace, como Aurelia Rodríguez; embarazada, se le encarcela en Puebla cuando desempeñaba una de aquellas misiones, y allí muere el hijo, al que no le permitieron amamantar.

Al lado de Zapata también combatió La China, una fornida guerrillera que comandaba un batallón formado por las viudas, hijas y hermanas de los combatientes muertos. Su acción, entre vengativa y reivindicadora, es otro aspecto de la participación de las mujeres en la lucha revolucionaria.

Pero una vez pacificado el país la mujer debió *volver a su lugar*. La igualdad que se logró durante la lucha se esfuma rápidamente.

La nueva Constitución consigna la igualdad de la mujer en el capítulo relativo a los derechos individuales y la igualdad jurídica como sujeto del derecho laboral, aunque con algunas normas protectoras que se volverían después un arma de dos filos. Esas conquistas fundamentales serían también anuladas, de hecho, por la permanencia de leyes reglamentarias contrarias a la mujer en algunos estados de la república.

En cuanto a los derechos políticos, la Constitución de 1917 traslada íntegramente los artículos correspondientes a la Constitución de 1857. Debido «a la moción de varios diputados y a consideraciones tradicionales», se rechaza la petición de que se señalen explícitamente los derechos de la mujer en ese orden.

El Congreso Constituyente fundamenta así, en su dictamen final, la negativa para otorgarle el derecho al voto a la mujer:

> Las actividades de la mujer mexicana han estado restringidas tradicionalmente al hogar y la familia, no han desarrollado una conciencia política y no ven además la necesidad de participar en los asuntos públicos. Esto se demuestra en la ausencia de movimientos colectivos para ese propósito.

A escasos tres años de la participación masiva de la mujer en la Revolución se afirmaba:

> El hecho de que algunas mujeres excepcionales tengan las condiciones necesarias para ejercer satisfactoriamente los derechos políticos no funda la conclusión de que estos deban concederse a la mujer como *clase*. La dificultad de hacer la selección autoriza la negativa.

El Congreso Constituyente incorpora las demandas por reformas sociales que habían surgido dentro y fuera de las filas carrancistas, pero en el caso de la mujer se basa en la tradición, en la interpretación —en ausencia— de las aspiraciones de estas. Las mujeres «excepcionales» que habían analizado y recogido esas aspiraciones, habían sido —las más— derrotadas junto al zapatismo. Su voz no tiene eco dentro del Congreso.

Esa ausencia lleva incluso a olvidar la presencia y participación de la mujer en todos los niveles de la lucha armada, ¡a esperar que su presencia se manifieste en movimientos colectivos por el voto a la manera de la lucha sufragista que se desarrolla en aquel momento en Europa y Estados Unidos!

Paradójicamente, dentro del carrancismo se dan muestras de una visión respecto a la mujer considerablemente avanzadas. Esto se refleja en el Primer Congreso Feminista, que se realiza en 1915, bajo los auspicios de Salvador Alvarado, en Yucatán. La convocatoria para el Congreso señala en uno de sus considerandos:

> … es un error social educar a la mujer para una sociedad que ya no existe, habituándola a que, como en la antigüedad, permanezcan recluidas en el hogar, el cual solo abandona para asistir a los saraos y fiestas religiosas, y que no se le reivindica colocando sobre su tumba el epitafio romano «Cuidó de su Casa y supo Hilar la Lana», pues la vida activa de la evolución exige su concurso en la mayoría de las actividades humanas…

La misma convocatoria señala que es irrelevante e ilusoria la concesión de derechos a la mujer si esta no se «liberta y educa» y «concurre ella misma con sus energías e iniciativa a reclamar sus derechos».

Curiosamente, *algo* (¿una orden burocrática?) se interpone en aquel Congreso y se llega a conclusiones como esta:

> … VII. Las resoluciones de este Congreso tendrán carácter de proyectos, los que serán elevados a la categoría de leyes previo estudio que de ellos haga el departamento de legislación social de la Secretaría General de Gobierno.

No obstante, ahí mismo, en Yucatán, comienzan a surgir las Ligas de Orientación Femenina, que formulan demandas concretas para obreras y campesinas; reforma al Código Agrario, que establece prioridad para los hombres en la dotación de tierras sobre la mujer en las mismas condiciones: cabeza de familia, por ejemplo. Junto a la demanda por dotación de parcelas e implementos de labranza se exige igualdad en la lucha sindical y los salarios, ampliación de la educación popular, efectiva protección a la maternidad, abolición de la clasificación de *hijo natural* para los nacidos de una unión libre y facilidades para el control de la natalidad.

Las agrupaciones locales con demandas similares se multiplican por el país. Algunos estados como Chiapas, Yucatán y Tabasco conceden a la mujer igualdad jurídica para votar y ser elegidas en los puestos públicos de elección popular.

La reacción patriarcal no se hace esperar. La contrarrevolución, que en aquellos momentos llegaba a su punto culminante con el freno al reparto agrario, la inafectabilidad de los latifundios y las concesiones a las compañías extranjeras, no podrá permitir el riesgo que implicaba la acción política de miles de mujeres, y estas eran calificadas de *marimachos* y *desnaturalizadas*.

Calles, por su parte, ante las exigencias de las mujeres, les reclama la distracción que causan en la atención de otras tareas *funda-*

mentales. La demanda referente al voto fue, por excepción, digna de una respuesta, aunque cauta, por parte del PNR: «La Constitución no niega a la mujer el voto, pero dado que el Estado desea introducir paulatinamente a la mujer en la vida cívica, conviene no festinar el asunto» (Morton, 1962).

La radicalización de las demandas femeninas en un contexto de paralización de las conquistas revolucionarias es lo que hacía particularmente difícil su concesión. Las mujeres no planteaban un *participacionismo* tradicional, que en la vida pública se les confinara a las tareas específicamente *femeninas*, como la atención a la niñez, los problemas familiares y la profilaxis maternal. Las mujeres de los grupos clericales no reclamaban cambios en ese orden sino, por el contrario, ponían el énfasis en su «sagrada misión de madres y esposas», y en esa forma no solo eran admitidas en la política sino llamadas abiertamente a participar.

La acción política de las campesinas, obreras y universitarias sigue incrementándose con la realización de congresos, la lucha dentro de los sindicatos, la creación de periódicos, la difusión de la literatura marxista y de teóricos feministas como Bebel, Lafargue, etcétera. Se desarrolla un amplio movimiento cultural y mediante canciones, teatro, pintura y otras manifestaciones artísticas, se toma contacto y se incorpora a los grupos más atrasados.

A los congresos internacionales se asiste no en calidad de excursionista; la participación se gana mediante el trabajo en las bases. Se analizan exhaustivamente los textos constitucionales, reglamentos y códigos para modificarlos o exigir su aplicación.

Todas esas acciones preparan el terreno para el surgimiento de lo que será la organización femenil más importante que se ha dado en el país: el Frente Único Pro Derechos de la Mujer (FUPDM).

En 1931 se organiza en la Universidad Nacional el Congreso Contra la Prostitución, que pretende abolir del código penal la legislación referente a esa actividad como profesión, como única vía para terminar con la explotación de las mujeres en ese orden. El Congreso avanza y desde la primera asamblea plenaria se debate la situación social de la mujer que hace posible ese y otros males.

Este sería uno de los antecedentes más inmediatos del Frente, al integrar en un programa de lucha cuatro aspectos fundamentales: el derecho al trabajo, el derecho a la educación, el derecho a las prestaciones sociales y el derecho a la participación política.

El FUPDM va consolidándose como organización nacional al contener los puntos que interesaban a todas las mujeres, analfabetas e instruidas, católicas y comunistas. Surgen filiales en toda la república que incorporan a campesinas, obreras de todos los sindicatos, pequeñas comerciantes, mecanógrafas, despachadoras y telegrafistas, intelectuales, periodistas y profesionistas y, sobre todo, maestras rurales, que tienen un papel muy importante como organizadoras.

En 1935 se constituye formalmente el Frente, con la realización de un congreso celebrado en el teatro Hidalgo de la Ciudad de México, al cual asisten representantes de todos los estados de la república. El congreso es presidido por María del Refugio García, michoacana, veterana de la Revolución, autodidacta y excepcional oradora y que es nombrada unánimemente por la asamblea como secretaria general.

El programa que de ahí surge contiene los siguientes puntos:

1. Derecho sin limitación a votar y ser votadas.
2. Modificaciones a los códigos civiles del país para tener igualdad de derechos con el hombre.
3. Modificaciones a la Ley Federal del Trabajo a fin de hacer compatible el trabajo femenino con la maternidad.
4. Modificaciones al Código Agrario para que puedan ser dotadas de tierras todas las mujeres que reúnan los mismos requisitos que actualmente tienen que llenar los hombres.

5. Estatuto jurídico para las trabajadoras del Estado.
6. Incorporación de la mujer indígena al movimiento social y político del país.
7. Establecimiento de centros de trabajo para mujeres desocupadas.
8. Mejoramiento integral del niño y protección efectiva a la infancia.
9. Amplia cultura para la mujer.

En la medida en que los postulados de la Revolución cobran de nuevo vigencia con la presencia de Cárdenas en la presidencia, la renovación del reparto agrario, la acción de los trabajadores, la defensa a la República Española y a la soberanía nacional, el movimiento femenil también se amplía y profundiza. Ya desde esta época se habla de la reglamentación del trabajo doméstico y la supresión del aborto como delito.

En la dirección del FUPDM actúan las mujeres más destacadas en la ciencia, las artes, veteranas de la Revolución, esposas de funcionarios públicos y hasta de un secretario de Estado, como Mathilde Rodríguez Cabo, esposa del general Francisco Mújica.

El apoyo gubernamental a la lucha de las mujeres no se escatima. Esto contribuye a hacer recaer en el Estado una tarea que solo las mujeres podían llevar a cabo hasta sus últimas consecuencias y a sentar las bases para que la organización se desintegrara con el viraje de Cárdenas.

Mathilde Rodríguez Cabo, por ejemplo, señalaba cuestiones fundamentales, que, paradójicamente, no se llevan a la práctica:

> En México, como en el resto del mundo —decía a los miembros del Frente Socialista de Abogados—, la mujer, considerada globalmente, forma parte de la gran masa de los oprimidos, y su situa-

> ción de inferioridad tiene un doble aspecto: el económico, por el hecho de ser trabajadora *dentro* y fuera del hogar, y por el hecho biológico de ser mujer.

Se reparaba pues, y en forma clara, en el aspecto social y económico, y no *natural*, que tiene el trabajo de la mujer dentro del hogar, también en que el problema de la mujer no se resolvería *solo* mediante su incorporación al trabajo ya que, debido a la discriminación a que han estado sujetas, la frustración de sus posibilidades creativas, la falta de desarrollo incluso de sus facultades físicas, dan como resultado que esa incorporación se dé en las condiciones más desventajosas, a los empleos menos calificados y, por tanto, peor remunerados.

Aunque la doctora Rodríguez Cabo cita a Clara Zetkin cuando señala que «la liberación de la mujer es tarea de las mujeres mismas», concluye llamando a sus compañeras a presentar al general Cárdenas el programa «*que el Estado debe seguir* para lograr, como el ciudadano primer magistrado lo pretende, la plena incorporación de la mujer a la vida pública».

En algunos grupos dirigentes no se reparaba en la importancia de la acción *independiente* de las mujeres, ya fuera del Estado o de las organizaciones partidistas. Esto era difícil de advertir ante la gestión de un gobierno que parecía coincidir en mucho con los planteamientos de las mujeres, que resolvía o trataba de resolver muchas de sus demandas, les facilitaba el acceso a los puestos públicos y a las elecciones internas dentro del PNR.

Otras dirigentes, por su militancia dentro del Partido Comunista —la organización de izquierda predominante en la época—, se ven obligadas a «aplicar la línea del Partido a las condiciones concretas del movimiento femenil», debilitando con ello el carácter amplio del Frente. El propio PC explica así su actuación en aquel momento:

> Aunque se logra constituir el frente único de las organizaciones femeninas… este se hace bajo la hegemonía de la burguesía, y como consecuencia se rebaja su nivel de lucha revolucionaria, hasta quedar supeditado —como en general quedó el movimiento revolucionario en aquella época— al sector de la burguesía nacional, que detentaba los puestos decisivos del poder.
>
> Las canongías y prebendas que la burguesía otorgó a las dirigentes femeniles corrompieron rápidamente las filas del Frente Único Pro Derechos de la Mujer. Este proceso ocurrió entre los años de 1938 a 1940. La adhesión del Frente, junto con las demás organizaciones del Comité Coordinador, al PNR y después al PRM marca el momento en que la independencia femenil y su combatividad desaparecen casi del todo.
>
> Al tratar de rectificar sus errores en ese lapso, y considerando que el Frente había perdido la posibilidad de unir y representar a las mujeres, *el Partido se orientó a su disolución…*

Si bien el sectarismo del PC fue una de las causas que contribuyó a la disolución final del Frente, muchas otras causas influyeron también; su participación como sector femenil del Partido Nacional Revolucionario, que después se transformó en Partido de la Revolución Mexicana, también le restó autonomía, pero sobre todo, perdió de vista un aspecto fundamental de la opresión de la mujer, su inconsciente o consciente afirmación de la autoridad masculina; dejó a un lado la revisión de las actitudes cotidianas, que constituyen el principal obstáculo para la liberación de la mujer o, al menos, para sentar sus bases.

El aspecto más importante que dejó para su asimilación posterior fue el dejar claro que, al ser las condiciones que permiten la desigualdad de la mujer no individuales sino sociales, las formas de luchar contra esa situación no pueden ser individuales sino colectivas.

Durante este auge de la lucha femenil, un grupo de mujeres planteaba el problema en otros términos: la deformación, no solo de la mujer sino de toda la sociedad proviene del triunfo del patriarcado sobre el matriarcado; de la usurpación, por parte del hombre de las funciones sociales de la mujer. Había que atacar, por tanto, no las consecuencias del problema, sino las causas; en vez de plantear reformas en relación al Derecho Convencional, había que restaurar el Derecho Natural.

Esta tendencia, que tuvo su origen en las Hijas de Cuauhtémoc y que pasó por la lucha de Flores Magón y Emiliano Zapata y posteriormente por un amplio trabajo sobre todo en los sectores campesinos, tenía entre sus representantes a Juana Gutiérrez de Mendoza y a Concha Michel, destacada folklorista, autora de una gran producción de corridos revolucionarios con los que dio a conocer las luchas del pueblo mexicano en Estados Unidos, Europa y la Unión Soviética.

Concha Michel, antigua militante del Partido Comunista, había tomado contacto en la Unión Soviética con Clara Zetkin y Alejandra Kollontay, quienes se empeñaban dentro del PCUS en «dar a las mujeres la conciencia de la conexión política entre las demandas del programa comunista y las demandas de las mujeres en relación con sus propias necesidades y sufrimientos» y definía así la discrepancia entre el movimiento femenil y el Partido Comunista Mexicano:

> En *El Machete*, periódico del Partido Comunista, de fecha 7 de noviembre de 1936 viene una ferviente salutación de la mujer mexicana, a esa falsa igualdad en que está engañada la mujer que busca su liberación y que tanto se ha esforzado por adquirir; pero hay que ver que esa persona no ha sido madre ni obrera ni menos aún las dos cosas a la vez para que pueda opinar sobre lo que significa

para la mujer llevar a cuestas doble tarea que la que lleva el hombre cuando aquella está preñada y tiene además que trabajar como este.

Si en el programa revolucionario estuviera ya bien delineado el interés de la mujer por la transformación de la presente sociedad, con sus demandas específicas, con su causa, en fin, bien comprendida y apoyada por el movimiento en el cual actúan los revolucionarios, estaría justificado que la mujer se sacrificara en interés de su propia liberación, juntamente con la liberación de la clase trabajadora; pero ya hemos dicho antes, y lo demostraremos cuantas veces sea necesario, que el problema de la mujer no es solo de clase: con la clase trabajadora las mujeres tenemos causa común y causa diferente.

La causa común es la de la mayoría de mujeres que vivimos explotadas por los capitalistas, y la causa diferente es la reconquista de nuestra autonomía en relación con la responsabilidad social que tenemos como madres o como productoras de la especie humana. Esto difiere en absoluto de la satisfacción que el trabajador masculino alcance con su liberación económica. Ya se ha demostrado históricamente cómo principió la esclavitud de la clase trabajadora y junto con esta la de la mujer en su doble aspecto; como productora de la humanidad y como productora de medios de subsistencia.

Esta sugestiva insistencia en la valorización biológica contrasta con el énfasis que han dado algunos grupos dentro del movimiento de liberación de la mujer en Estados Unidos, representados sobre todo por Ti-Grace Atkinson, Anne Keodt, Firestone, etcétera, por independizar a la mujer de esa función. La lógica de estas es simple: si la opresión de la mujer proviene de la división del trabajo que destinó a la mujer la función procreativa, ¿por qué no hacemos a los niños en probetas?

La lógica de aquellas resulta más simple todavía:

> La mujer debe orientar su acción a través de las funciones específicas que la naturaleza le marca como directriz de la energía humana en lo que respecta a la reproducción de la especie, tomando en consideración que los móviles originales que impulsan la vida son el de la subsistencia y el de la reproducción, y que el esfuerzo de la humanidad debe tender primordialmente a la conservación y al perfeccionamiento de la especie (*Bases constitutivas*, Declaración de principios y programa de la secretaría de Acción Femenil de la Confederación Campesina Mexicana, 1937).

No se discute si la mujer debe abandonar o no su actitud pasiva, sino el género de actividades que debe desarrollar de acuerdo a la «naturaleza de sus funciones». No solo la mujer, sino la humanidad, ha perdido la noción de sí misma, tratando de adaptarse a una estructura convencional que la desvía de sus orígenes, donde «no hay una forma de adaptación posible, y se vive en un estado de incomodidad permanente que nulifica todo esfuerzo, aniquila toda energía y mata toda aspiración» (República Femenina, 1936).

Así también, señalan, el problema de la inacción femenina se quiere resolver por el mismo procedimiento, adoptando una práctica enteramente convencional y pretendiendo dar a sus actividades el mismo carácter y el mismo objeto que tienen las del hombre; se desnaturaliza a la mujer con el pretexto de transformarla. El voto, por ejemplo, solo podría ser útil si las mujeres precisaran con toda claridad el uso que se habría de hacer del mismo.

En cuanto a los militantes comunistas, planean que su acción será reducida e ineficaz en tanto no reconozcan que «… paralelamente al antagonismo que origina la lucha de clases por el desequilibrio económico de la subsistencia, existe otro antagonismo económico en relación con la biología, y esto por razones equivalentes a las que originan el antagonismo de clases».

También se sugiere que, dada la *facultad* que tiene la mujer de procrear —proceso en el que ella aporta el mayor número de energías, durante el embarazo y la lactancia—, su liga con la naturaleza es más profunda, aun cuando esa facultad se realice o no. La mujer no ha participado con esa energía en el desarrollo de la humanidad sino que lo ha hecho «en calidad de apéndice» lo cual ha provocado que el hombre actúe en la producción, no con la naturaleza, sino sobre ella (y ahora contra ella).

> La consecuencia de esto la tenemos en el desequilibrio existente de nuestra economía social, en la que palpamos cómo unos tragan sin medida y otros se mueren de hambre, unos derrochan lo que otros producen sin descanso; la reproducción de la especie no tiene relación ninguna con la distribución que garantice la subsistencia, etcétera, etcétera.

Pero los dos antagonismos, señalan, deben resolverse paralelamente: «La destrucción del antagonismo existente en la economía de la subsistencia forzosamente deberá incluir en su acción y de manera práctica, la destrucción del antagonismo existente también en la economía de la biología».

Por tanto:

> La palanca que servirá a la revolución social para lograr la transformación de la estructura del régimen capitalista al régimen socialista es la *clase trabajadora*; así como la palanca que servirá ineludiblemente para lograr la transformación y equilibrio en la

> estructura de las relaciones biológicas será el factor al que directa y naturalmente concierne esto, y ese factor es la *mujer* (Michel, 1938).

Con el fin de llevar a la práctica estos principios, la comisión ejecutiva de la República Femenina, como paso previo a la realización de una asamblea constituyente, realizó un amplio trabajo, básicamente en núcleos campesinos de Michoacán, Zacatecas y el Estado de México, organizando cooperativas de talleres, casas-escuela para trabajadores del campo y la ciudad, donde se atendía a los hijos de las mujeres que por diversas circunstancias —abandono, viudez y quienes querían apartarse de la prostitución— podían permanecer ahí el tiempo suficiente para aprender un oficio, atender su salud y allegarse los elementos culturales necesarios para iniciar una actividad ligada a la lucha femenil.

A través de la Secretaría de Acción Femenil de la Confederación Campesina Mexicana, que tenía por entonces como secretario general al profesor Graciano Sánchez, demandan también que en cada ejido se destine una parcela de ocho a 12 hectáreas de tierras de condición apropiadas por cada grupo de 50 mujeres organizadas en ese sector, a fin de que estas se dedicaran en la parcela al cultivo de hortalizas, huertas, viveros, así como a la crianza de animales domésticos y demás industrias conexas con la agricultura.

Se gestionaban asimismo créditos del Banco Nacional de Crédito Ejidal para la explotación de granjas colectivas, la creación de almacenes de consumo, la administración de pequeñas industrias, etcétera. La campesina organizada, y todas las campesinas del país, debían obtener una retribución a su trabajo al igual que el hombre, solo que la jornada de trabajo debía reducirse de ocho a cuatro durante el embarazo y la lactancia, «debiendo disponer libremente de su tiempo durante los dos meses anteriores y los dos meses posteriores a la fecha del parto, con goce también integro de salario».

En esta forma, con sus diferentes demandas y su modo de enfocar el problema de la mujer, los grupos actuantes se ligan prácticamente a todas las luchas donde está presente la mujer, en fábricas, sindicatos y comunidades campesinas. Se organizan campañas contra la carestía de la vida, por la habitación y servicios médicos y asistenciales. Se obtienen numerosas conquistas, las cuales van precedidas de luchas y movilizaciones. El voto es ya una demanda que se considera impostergable. Pero su acción no deja de cosechar enemigos comprometidos, en este caso dentro de las filas del Partido Nacional Revolucionario, cuya presidencia ocupaba por entonces Emilio Portes Gil.

En una intervención ante la Convención de Comunidades Agrarias y Sindicatos Campesinos de Coahuila, en mayo de 1936, Antonio Luna Arroyo reclama a los campesinos su «egoísmo» al hacer demandas «para sí mismos y sus hijos» sin reclamar nada para sus «cariñosas compañeras». Aunque existe una supuesta preocupación por las mujeres, la «preparación revolucionaria» de estas y su educación, no se les llama a que acudan a plantear sus problemas sino que se interpretan de antemano en la siguiente forma: la explotación económica proviene, en la ciudad, de la «explotación judía», y en el campo de que la mujer campesina «riega la semilla pero *no piensa ni sabe* que el fruto de esa semilla debe ser para ella y los suyos», su fanatismo, por la despreocupación del esposo campesino y obrero y porque «las condiciones económicas no le aseguran su sostén permanente, y ante sus apremiantes necesidades todo lo espera del cielo». Otro de sus problemas reside —continuaba— en que la moral familiar es teológica y no social, aunque a pesar de esto «la estabilidad, la vitalidad y hasta el sacrificio materno son características del hogar mexicano, que lo colocan por encima de casi todos los hogares del mundo» (*sic*) y, finalmente, el problema jurídico deriva de que la igualdad de derechos constitucionales «no tienen una respuesta real, consciente y efectiva de las mujeres». «El Código Civil —decía Luna Arroyo—, *con pequeñas diferencias*, le da iguales derechos a la mujer».

Era necesario, pues, abordar estos aspectos antes de llevar a la mujer al voto, «no vaya a ocurrirnos lo que pasó hace poco en España» (*sic*), o sea, «definir su situación moral, intelectual y de conciencia revolucionaria».

> La mujer debe colaborar con el hombre pero primero hay que educarla, naturalmente sin que pierda su femineidad, *sin que se destruya su carácter de mujer hogareña; no transformándola en una electora marimacho*... Es equivocado pensar [y esto por desgracia es una de las falsas preocupaciones de los grupos feministas] que intervenga en la lucha política, porque no está preparada para esta ni para otras cosas más trascendentales (Luna, 1936).

A pesar de la oposición dentro de algunos grupos dentro del PNR, ese mismo año —1936— se declara que «la mujer, con restricciones, debe ir ejerciendo su derecho de elección, si se trata de mujeres organizadas, campesinas, obreras, maestras de escuela y servidoras del Estado, en sus convenciones internas».

Las militantes del PNR votan en abril de 1937 en la selección de candidatos de ese partido para la próxima renovación del Congreso. El sector femenil elige como su candidata a Soledad Orozco de Ávila, guanajuatense, viuda con seis hijos, editora, en principio junto con su esposo, de un periódico obrero que le había acarreado persecuciones en esa zona, empapada todavía de la ideología cristera. Para esa elección también se lanza como candidata independiente María del Refugio García, la secretaria general del FUPDM.

Los grupos femeniles apelan contra el artículo 37 de la Ley Electoral por considerarlo atentatorio a los artículos 34 y 35 constitucionales. El Comité Ejecutivo Nacional del PNR declara que «primero se cambiará la Constitución antes que la mujer participe en las elecciones nacionales» (Morton, 1962). En respuesta se reanudan las movilizaciones de mujeres, mítines, manifestaciones rumbo al Zócalo e incluso amenazan con quemar el Palacio Nacional. Como corolario de esas acciones, un grupo realiza una huelga de hambre frente a la casa presidencial. Pero no es sino hasta agosto, en la víspera de las elecciones, cuando Cárdenas, durante un mitin organizado por la Confederación Femenina Mexicana de Veracruz realizado en ese puerto, promete elevar al Congreso la iniciativa de reformas a los artículos 34 y 35.

Soledad Orozco y María del Refugio García triunfan ampliamente en las elecciones de sus respectivos distritos, pero con la enmienda aún sin aprobación deben quedar vacantes sus asientos en la Cámara. A cambio, las mujeres continúan haciendo presión entre los miembros de la nueva legislatura, con lo que se logra «un consenso favorable al voto».

La iniciativa cardenista del 13 de septiembre de 1937 se expresa así:

> La mujer ha participado por muchos años en la lucha social del país en una proporción importante, tanto en calidad como en cantidad. Con la frecuencia que nuestro egoísmo lo ha permitido, ha tomado parte en las más peligrosas actividades así como en las más francas manifestaciones en favor de las ideas avanzadas. Por esa razón el Ejecutivo considera que para la rehabilitación integral de la mujer

> y su elevación a un plano de igualdad con el hombre somete a su consideración las reformas legales para ese objetivo...

Para julio de 1938 la enmienda ya está aprobada por ambas cámaras y la nueva redacción de los artículos 34 y 35 se envía al secretario de Gobernación para ser transmitida a las legislaturas de los estados para su ratificación. «El 8 de septiembre de 1938 la enmienda ya está ratificada por la mayoría de los estados» (Morton, 1962).

Otra importante conquista habían logrado las mujeres mediante su lucha: la presencia de mujeres combativas en la Cámara significaría el logro de otras reivindicaciones.

Esta es la puntilla para los grupos reaccionarios, que habían organizado ya una santa alianza para oponerse a la expropiación petrolera, al avance de la reforma agraria, la administración obrera de los ferrocarriles y la defensa de la República Española, los actos más significativos del gobierno de Cárdenas.

Los grupos profascistas y sinarquistas, el Partido de Acción Nacional e Idealista Femenino hacen pronunciamientos encaminados a terminar, sobre la base de la amenaza y el terror, con la posibilidad del voto femenino. Junto a la exaltación de un hogar en abstracto, sin conexión con la realidad, tratan de exhibir al país ante el mundo como la síntesis del caos para llamar así a la intervención armada o económica de los países *fuertes*.

> ... Queremos ir a la calle, a las plazas, al ancho campo mexicano. Queremos ir a todas las casas de México. Holgadas, pequeñas, ricas o pobres, *son palacios magníficos* mientras en ella encuentre refugio, abrigo, el hogar mexicano, verdadero fundamento de la ciudad, de la nación; vivero real de todas las virtudes que han hecho posible la

> subsistencia de la patria a pesar de casi siglo y medio de horrores y traiciones (Salado, 1939).

En el clímax fascista, un miembro del Comité Organizador de Acción Nacional señala en la reunión de uno de aquellos grupos:

> No creo en el hombre político, menos aún en la mujer política. Pero sí creo en el jefe, en el gobernante, bien que mande y gobierne desde la autoridad, bien que gobierne y mande enfrente de la autoridad, limitando y orientando el poder. En el gobernante, en el jefe, en el que hace política como realización de un destino colectivo, con plena responsabilidad. La política así, la implantación de un orden fecundo para el bien común, es arte divino y solo puede hacerse de verdad y eficazmente con la ayuda divina.

Manipulando las creencias religiosas y la ignorancia de las mujeres se define la forma como estas participarían en la política, apoyando la candidatura de Juan Andrew Almazán:

> Id, pues, señoras, con vuestros esposos, con vuestros hermanos. Mostradles la necesidad de cumplir como ciudadanos, como miembros de esta nación. Recordadles que sois el hogar a pesar de todas las adversidades y en medio de todas las vicisitudes nacionales. En ese fecundo reposo del hogar, haced que germine esa cosa nueva que salvará a México: la virilidad ciudadana.

Ante la ofensiva reaccionaria el antiguo PNR, ahora como Partido de la Revolución Mexicana, retrocede; ante la disyuntiva en la elección de candidato no se opta por la continuidad de la política cardenista, representada por Francisco Mújica, sino por la conciliación encarnada de Manuel Ávila Camacho. Es el candidato que apoya la poderosa CTM, dirigida por Vicente Lombardo Toledano. Con la elección del «candidato de la concordia» se sella también el destino del voto femenino, que solo esperaba su publicación en el *Diario Oficial*.

¿A quién favorecería el voto de las mujeres en caso de que se pasara a su aplicación? En definitiva no a Ávila Camacho, candidato más bien oscuro, que podría restar votos a Almazán entre los grupos clericales menos radicales, sobre todo después de que se declara *creyente*, pero no atraer, en la medida deseable, los de las mujeres organizadas, que habían visto en el general Mújica su candidato más viable.

«Ante la duda, abstente» parece haber sido la consigna. Quince años habría de esperar la aplicación de ese derecho elemental para que, en otro contexto, ya sin voces disidentes que cuestionaran la función de la mujer como esencialmente familiar y privada, estas lleguen a las urnas electorales.

Antes, en 1946, Miguel Alemán propone que se conceda a la mujer el voto en las elecciones municipales porque «la mujer entiende excepcionalmente bien los problemas locales, los relacionados con las escuelas, los bienes de primera necesidad, el agua, la leche, etcétera. También los relacionados con los servicios, las medidas de salud pública y muchas otras materias que tienen relación con el bienestar del hogar y la familia» (Morton, 1962).

Una declaración de Aurora Jiménez de Palacios, primera mujer que pasa a ocupar un asiento en el Congreso de la Unión después de la reforma constitucional de 1953 —«cuando los partidos políticos nombren a las mujeres candidatos (*sic*) no deben olvidar que estos (*sic*) deben poseer tales virtudes morales que en sus actos públicos afirmen las virtudes tradicionales de la mujer mexicana»—, hace que cobre vigor una de las sentencias de Juana Gutiérrez de Mendoza,[2] cuando afirmaba:

> El gobierno de los hombres, tal como está constituido, no dejará de ser unilateral por el hecho de que la mujer forme parte de él; al contrario, será más unilateral todavía porque la mujer, confundida con el hombre, desaparecerá por completo, no porque pierda femineidad, como piensan los que temen perder su virilidad cuando las mujeres voten, sino porque perderá por completo el concepto de sí misma.

[2] La fundadora del club liberal Benito Juárez, en Minas Nuevas, Chihuahua (1899), la fundadora y editora de *Vesper*, semanario que con diferentes nombres y en diferentes lugares editó durante 15 años, la primera vocal del club liberal Ponciano Arriaga y prisionera de la cárcel de Belem (1903), la exilada en Laredo, Texas, con los Flores Magón, Arriaga, Santiago de la Vega, etcétera (1904), la organizadora de la Agrupación de Gremios Trabajadores «Socialismo Mexicano» y editora de su órgano, *Anáhuac* (1905), la fundadora del club político femenil Amigas del Pueblo e Hijas de Cuauhtémoc y prisionera otra vez en Belem (1909), la organizadora del Regimiento Victoria, que comanda con el grado de coronela (1914), la organizadora de la Colonia Agrícola Experimental «Santiago Orozco» (1919), la organizadora de la agrupación Consejo de los Caxcanes, en Juchipila, Zacatecas (1923), la organizadora de una cooperativa de talleres en Morelia, Michoacán (1924), maestra y fundadora de escuelas industriales para mujeres (hasta 1940).

Referencias

Chapa, Esther. 1938. *El derecho al voto para la mujer*, México.

Guerrero, Práxedis. 1924. *Artículos literarios y de combate; pensamientos; crónicas revolucionarias*, México, Ediciones del Grupo Cultural Ricardo Flores Magón.

Gutiérrez de Méndoza, Juana. 1936. *República Femenina* (folleto).

Hernández, Ana María. 1940. *La mujer mexicana en la industria textil*, México, edición especial de la Biblioteca Universo.

Kozuhiro Kobayashi, José María. 1973. «La conquista educativa de los Hijos de Asís», *Historia Mexicana*, núm. 4, vol. 22, abril-junio.

Luna Arroyo, Antonio. 1936. *La mujer mexicana en la lucha social*, PNR (versalitas), México, Biblioteca de Cultura Social y Política.

Martínez Roaro, Esther. 1969. «La mujer en México: derechos y participación política», *La República*.

Michel, Concha. 1938. *Dos antagonismos fundamentales*, Ediciones de Izquierda de la Cámara de Diputados.

Morton, Ward M. 1962. *Women Suffrage in Mexico*, University of Florida Press.

Olavarrieta, Concepción. 1970. «La mujer obrera», ponencia ante la Reunión sobre el Papel de la Mujer Mexicana en el Movimiento de Productividad Nacional, México.

República Femenina. *Sus principios fundamentales y sus procedimientos prácticos*. 1936. México (folleto).

Rodríguez Cabo, Mathilde. 1937. *La mujer y la Revolución* (folleto).

Salado Álvarez, Ana. 1939. *Lo que vi en Acción Nacional*, México (folleto).

Villegas, Abelardo. 1972. *Positivismo y porfirismo*, Sep/Setentas.

Zendejas, Adelina. 1962. *La mujer en la intervención francesa*, México, Sociedad Mexicana de Geografía y Estadística.

10. Editorial de *La Revuelta*

El movimiento de la mujer en México busca con esta publicación crear un órgano de difusión del feminismo en nuestro país. Sin embargo, ante la diversidad de corrientes y enfoques que ha tenido y tiene el feminismo nos vemos en la necesidad de precisar qué entendemos por feminismo. Para nosotras representa la lucha de las mujeres contra su opresión y explotación *específicas* —subrayamos la palabra específicas para indicar, de este modo, que la finalidad del feminismo no solo es la de poner de manifiesto y luchar contra la opresión y explotación que sufren las mujeres en nuestra sociedad, debido a la división de clases— que sufrimos por el «simple hecho» de ser mujeres. Sostenemos que la mujer asalariada es doblemente explotada como ama de casa. Nosotras, sin perder de vista la división clasista de la sociedad, nos proponemos luchar contra el *sexismo,* es decir, contra la división de la sociedad por sexos, que nos discrimina como personas en todos los niveles: en la escuela, en la casa, en la calle, en el trabajo.

A partir de una concepción feminista de nuestro mundo, el Movimiento de Liberación de la Mujer se propone, por un lado, luchar por una serie de reivindicaciones o logros parciales que se pueden obtener dentro del sistema en que vivimos con el fin de conquistar algunos derechos que no tenemos hasta el presente: queremos obtener el derecho a abortar libre y gratuitamente. ¡Queremos ser dueñas de nuestros propios cuerpos! Necesitamos guarderías para dejar de ser esclavas de los hijos. Exigimos la equitativa repartición del trabajo doméstico entre hombres y mujeres.

La mujer debe aprender a concebirse como ser humano independiente, autónomo y no subordinado, no inferior. Solo cuando la mujer tenga un concepto propio de sí misma, de la sociedad en donde hasta ahora han dominado los hombres, de la historia que es la historia de los hombres, existirá una base real para la solidaridad, para la lucha común de hombres y mujeres. La mujer debe liberarse del estrecho papel de madre-esposa que le ha sido impuesto durante siglos.

Por otro lado, el objetivo último por el que luchamos es imposible lograrlo dentro de este sistema, ya que implicaría la disolución de la familia patriarcal, la total socialización del trabajo doméstico, de la educación… etcétera. Y la *verdadera* liberación de la mujer y de todos los hombres.

El movimiento surgió en México, como en muchas otras partes, de una necesidad de unión. Del desencanto, la insatisfacción, la frustración que las mujeres experimentamos en el aislamiento de la vida cotidiana surge la necesidad, en un principio tal vez puramente instintiva, de unirse con otras mujeres. La necesidad de comunicación, el deseo de saber el porqué de todos estos sentimientos es el primer denominador común de las mujeres.

Por medio de la comunicación, el intercambio de ideas sobre las experiencias vividas individualmente, las mujeres cobramos conciencia de que no se trata de problemas individuales, de que nuestros problemas son también los problemas de otras mujeres y de que son, a fin de cuentas, problemas *sociales*.

La toma de conciencia nos lleva necesariamente a actuar hacia fuera y a buscar formas de organización que nos permitan llevar adelante la lucha para que aumente día con día la conciencia de mujer en las mujeres.

Nuestra lucha nos impone, por el momento, una autonomía con respecto a los hombres. En todas las organizaciones o partidos políticos mixtos, los que propugnan un cambio, para no hablar de los otros, se sigue manteniendo a la mujer en su papel tradicional; además, la cuestión de la opresión de la mujer es considerada como un problema secundario, subordinado, que «ya se resolverá después del cambio social».

Para nosotras no habrá ningún cambio real si no participamos con nuestras propias demandas y si no luchamos desde ahora por alcanzar la liberación de la mujer.

Con base en esta autonomía y dadas las ilimitadas dificultades que se nos presentan para difundir nuestras ideas y expresarnos en los órganos de difusión existentes, hemos decidido sacar nuestro propio periódico. Ya no queremos que otros escriban sobre nosotras. Ahora nosotras escribiremos de y para nosotras.

Consideramos que un periódico feminista representa un arma más para concientizar. Pretendemos con este primer número iniciar la discusión, el intercambio de ideas y la comunicación entre las mujeres. Queremos, además, aprender algo que tradicionalmente nos ha sido negado: expresarnos de múltiples maneras.

LAS MUJERES TOMAMOS LA PALABRA

11. Editorial de *fem.*

(núm 1. Oct-dic 1976, p. 3)

fem. Se propone señalar desde diferentes ángulos lo que puede y debe cambiar en la condición social de las mujeres; invita al análisis y a la reflexión. No queremos disociar la investigación de la lucha y consideramos importante apoyarnos en datos verificados y racionales y en argumentos que no sean solo emotivos.

fem. Pretende ir reconstruyendo una historia del feminismo, para muchos desconocida, e informar sobre lo que en este campo sucede hoy en el mundo, y particularmente, sobre lo que pasa en México y en América Latina.

fem. No publica solo información y ensayo; da cabida a la creación literaria de las mujeres que escriben con sentido feminista y que contribuyen con su obra al reconocimiento de ese nuevo ser, libre, independiente, productivo, tal como empieza a manifestarse la mujer de hoy y será sin duda la mujer de mañana. Y no excluimos la colaboración de algunos hombres que comparten nuestras ideas.

fem. No es el órgano de ningún grupo; por lo tanto, está abierta a todos aquellos que persigan sus mismos objetivos.

fem. Considera que la lucha de las mujeres no puede concebirse como un hecho desvinculado de la lucha de los oprimidos por un mundo mejor.

12. Grupos feministas en México

fem.

Los movimientos feministas en México son recientes. La primera manifestación, de carácter sufragista, fue el Congreso de Mérida (Yucatán) en enero de 1916. Las mexicanas obtuvimos el voto solo en 1953; y solo al inicio de los setenta se empezaron a formar pequeños grupos de militancia, por influencia —como en todas partes— de los Movimientos de Liberación de los Estados Unidos. Hoy existen varios grupos. *fem.* considera importante conocerlos, pero no asume todas las posiciones y declaraciones de cada uno de ellos. Los mismos grupos redactaron su presentación, y a veces su historia. Es posible, por otra parte, que en esta reseña haya omisiones, de ninguna manera voluntarias. *fem.* invita a quienes las verifiquen que hagan llegar a la revista los datos e informes oportunos. Dar a conocer la amplia gama de nuestro feminismo significa ofrecer opciones, con el deseo de coincidir de alguna manera en el feminismo.

Movimiento Nacional de Mujeres

Somos un grupo feminista que decidimos constituirnos en asociación civil para dar al movimiento sólidas bases legales que nos permitan trabajar con toda la amplitud que nuestra organización requiera. El hecho de tener una dirección (encabezada anteriormente por nuestra presidenta fundadora Esperanza Brito de Martí, y actualmente por Anilú Elías Paullada), no significa que el movimiento sea de unas cuantas o que sea el grupo de Fulanita; las que están en la mesa directiva tan solo coordinan las labores del grupo.

Entre los puntos principales que nos proponemos lograr están:

a) Pugnar por erradicar todos los prejuicios existentes en la educación y las costumbres, que resulten discriminatorios para la mujer.
b) Pedir a las autoridades competentes que se revisen los libros educativos, para eliminar de ellos las ideas prejuiciosas que lesionan los intereses femeninos, y que se exija al maestro la actitud adecuada para fomentar el respeto, la comprensión y la idea de igualdad entre los sexos. Pedir, así mismo, que en los textos de historia se incluya un capítulo acerca de las luchas feministas y la integración de la mujer a la vida civil y política.
c) Gestionar que se suprima el uso de documentos oficiales o semioficiales, tales como la epístola de Melchor Ocampo, que se lee a los contrayentes durante la ceremonia del matrimonio civil, y que contiene preceptos altamente discriminatorios para la mujer.
d) Reclamar que se reconozca el valor económico del trabajo que la mujer realiza dentro del hogar en beneficio de la familia y que, por lo tanto, las leyes estipulen su derecho a parti-

cipar en 50% de los emolumentos de su marido cuando ella, por dedicarse al cuidado de los hijos y del hogar, no desempeñe ningún trabajo remunerado.

e) Reclamar que se respeten las leyes laborales que reconocen igualdad de derechos al trabajador, sin discriminación de raza, edad o sexo, y por lo tanto:
   1. Que la mujer tenga igualdad efectiva de oportunidades con respecto al hombre.
   2. Que perciba de hecho, y no solo de derecho, igual salario por igual trabajo.

f) Demandar que desaparezcan de la legislación todas las leyes discriminatorias para la mujer, aun aquellas que supuestamente la protegen.

g) Luchar por la obtención del derecho al aborto, libre y gratuito, para quienes lo soliciten voluntariamente.

h) Pugnar por que la paternidad responsable sea un hecho, entendiendo esta como la obligación que tienen quienes procrean un ser humano de cooperar en su desarrollo integral y ver por su bienestar durante sus años formativos, y por lo tanto:
   1. Que se reformen las leyes que han pretendido dar protección a la madre y al hijo.
   2. Que se apliquen en justicia y en forma expedita las leyes que constituyen los derechos de la madre y los hijos; en caso de divorcio, especialmente las referentes a alimentos.
   3. Que se considere la situación de la madre soltera y que los legisladores, borrando de su mente el status infamante que le han concedido tradicionalmente, promulguen leyes que reconozcan sus derechos y los de sus hijos, dando a estos las garantías de seguridad que les corresponden.

4. Que se contribuya, por medio de conferencias y artículos periodísticos, a arraigar en la mente del público la necesidad de una planeación familiar inteligente y humanista.

i) Pedir que se liberalicen las leyes de divorcio y se haga completa justicia por conducto de los Tribunales de Familia.

j) Pugnar por que la maternidad se reconozca como una función social necesaria al crecimiento y desarrollo del país y, por lo tanto, que a la mujer que asume esta responsabilidad se le den facilidades para realizar su doble función de trabajadora y madre, estableciendo:

1. Suficientes guarderías con horarios de 24 horas para atender a los hijos de las madres trabajadoras o estudiantes.
2. Algún tipo de seguro de maternidad, similar a la protección que da el Seguro Social, para las madres que no reciban esa protección del IMSS o del ISSSTE.

k) Luchar por que se modifiquen las leyes que atañen a la mujer campesina, a fin de que esta goce de educación, seguro social e igualdad de derechos sobre la propiedad ejidal.

l) Pugnar por que en toda la república funcionen bufetes de consultoría jurídica, de cooperación popular, que ofrezcan a las mujeres que lo soliciten el asesoramiento legal necesario para que sus intereses estén protegidos.

ll) Trabajar porque exista en todos los niveles una equitativa representación femenina dentro del gobierno.

Como puede verse, el programa es ambicioso y, a primera vista, difícil de lograr. Sin embargo, la magnitud del proyecto no nos desanima porque sabemos que cada uno de sus puntos representa una importante batalla que ganar y cualquier victoria, por pequeña que parezca, es un paso adelante en la consecución de nuestro objetivo principal: *lograr la igualdad jurídica, social y política de los sexos, en todos los niveles, defendiendo los derechos que actualmente se reconocen a la mujer y combatiendo todos los actos que tienden a la discriminación de la misma.*

La Revuelta

Somos un *colectivo feminista* que se creó frente a la necesidad de concretar en una publicación el proceso de nuestra toma de conciencia como mujeres, es decir, como objetos oprimidos. Vivimos una opresión tal, que nos ha negado la existencia; vivimos una no-existencia controlada, institucionalizada, legalizada y muy bien asimilada e integrada.

Pensamos, con pretensión, que nuestro trabajo, nuestras reflexiones, pueden servir a otras mujeres como nosotras.

El proceso de nuestra toma de conciencia que empieza con los enfrentamientos directos, cotidianos, nos lleva a ver y a analizar nuestra condición de oprimidas en una sociedad en la que no solamente se explota a hombres y mujeres, sino que también se utiliza al hombre para oprimir a la mujer; en una sociedad en donde existe una división por clases y también una división por sexos. De ahí surge la necesidad de buscar nuevas formas de organización para luchar no solo por la destrucción del sistema capitalista que explota a hombres y mujeres, sino también por la destrucción del poder patriarcal que explota y oprime a todas la mujeres, de diversas maneras, según la clase social a la que pertenecen. Cuando nosotras pensamos en una sociedad futura, no vemos solamente un cambio en las relaciones sociales de producción sino también una *revolución total* de las relaciones interpersonales dentro de la vida cotidiana. Nos rebelamos, desde ahora, contra todas las formas establecidas que nos oprimen…

Como dijimos en el primer número de *La Revuelta*, ya estamos hartas de que escriban sobre nosotras, ahora escribiremos de y para nosotras. Y hemos tomado la palabra y nos expresamos. Nuestra voz significa una rebelión contra el discurso masculino impuesto. Estamos lejos de haber encontrado nuestro espacio, nuestro territorio del «habla», sabemos que todavía tenemos que despojarnos de los harapos del discurso impuesto, estamos todavía en la fase de toma de conciencia de nuestra colonización cultural; buscar el camino hacia la descolonización representa una de nuestras principales tareas.

Queremos reivindicar nuestras formas de expresión, revalorizar nuestra espontaneidad ya consciente que no cabe dentro de las categorías reconocidas.

No firmamos nuestros artículos, resultado en su gran mayoría de un trabajo colectivo; no nos interesa crear «personalidades», figuras que destacan porque pisan a otras. Con esto combatimos las jerarquías y la competitividad. Creemos que es bien necesario luchar en contra de los patrones existentes de estatus y de fama y nos negamos a repetirlos. No queremos reproducir los esquemas de las organizaciones mixtas de las cuales salimos para construir un movimiento de mujeres.

No nos interesa tampoco ser como los hombres, es decir, no basta con exigir igualdad de derechos y de posibilidades para mujeres y hombres; queremos conquistar nuestra existencia propia e identidad real.

Nosotras no solamente hacemos el trabajo «creativo» de la elaboración del periódico, sino que también lo vendemos de mano en mano. Y este trabajo de hormiga nos permite tener contactos directos y experiencias importantes con las mujeres.

La Revuelta es en México la primera publicación de difusión del feminismo revolucionario y hemos hablado a lo largo de siete números monográficos, de aparición irregular, de distintos aspectos de la condición de la mujer.

Señalamos, por último, que si bien somos un grupo privilegiado de mujeres pequeño-burguesas, el feminismo no es para nosotras un simple ejercicio espiritual o elucubración intelectual, sino una práctica política cotidiana y organizativa.

Colectivo de Mujeres

A mediados del año pasado, y a partir de la iniciativa de compañeras vinculadas al Partido Revolucionario de los Trabajadores, con una larga experiencia entre y con las mujeres del país, se forma el grupo de teoría y práctica feminista «Colectivo de mujeres». Aun cuando la iniciativa fue de las compañeras, el Colectivo se definió siempre, y así ha venido funcionando, como un grupo autónomo; esto es, las mujeres que lo formamos podemos o no pertenecer a partidos políticos, a organizaciones sindicales, pero no el grupo como tal, este es independiente de todo partido, organización o grupo político o sindical.

Desde su formación, el grupo ha incluido, como punto fundamental, la necesidad de vincular la lucha de las mujeres con la de todos los oprimidos. Esto se encuentra claramente señalado en su proyecto de plataforma: «La opresión de las mujeres en nuestra sociedad se manifiesta en todos los ámbitos de la vida cotidiana, en las ideas, las condiciones de trabajo, las actitudes, etcétera».

«El Colectivo de mujeres considera que esta opresión está íntimamente ligada con la opresión que sufre la mayoría de la sociedad, la opresión del capital, del trabajo asalariado, la opresión que engendra la propiedad privada». Por ello, el Colectivo se plantea como parte de su trabajo la participación en las luchas populares, impulsando la toma de conciencia de la problemática de las mujeres y la creación de grupos feministas al interior de las organizaciones sindicales y populares, para que levanten las demandas de las mujeres al interior de su propio sector.

Pero en el proyecto se señala también que la opresión de la mujer tiene carices y dinámicas específicas por lo que si bien es necesario lograr un cambio en las estructuras que sostienen la sociedad actual, y que son las que permiten la opresión, esto no erradicará automáticamente formas de actuar e ideología opresiva, por lo que es necesaria la lucha por nuestra liberación, una lucha, que no terminará con el cambio estructural de la sociedad, sino que deberemos continuarla hasta que el logro no pueda ser revertido.

En estos momentos, por cierto, Colectivo se encuentra en la difusión que se lleva también a los grupos feministas que en provincia tienen vinculación con Colectivo. Esto nos permitirá contar con los planteamientos de principio y acción necesarios para aglutinar a todas aquellas mujeres que coincidan con nosotras y estén dispuestas a trabajar en torno a las demandas.

Entre ellas se encuentra la del aborto libre y gratuito, y es por eso que Colectivo participó en las II Jornadas sobre aborto con un documento conteniendo su posición, que en síntesis es el rechazo a los planes de control natal del Estado mexicano y a su posición maltusiana; y otras demandas necesarias para que el aborto sea realmente una alternativa de las mujeres ante un embarazo no deseado, y algunas propuestas organizativas para la lucha. Fue precisamente al finalizar las jornadas que Colectivo se integra a la Coalición de mujeres feministas y a partir de entonces se ha dedicado al trabajo de Coalición, sin abandonar sus propios trabajos en sectores populares.

El trabajo de Coalición es para Colectivo muy importante, ya que consideramos que la unión nos dará la fuerza necesaria para acabar con la opresión de la mujer.

Hoy, Coalición está saboreando sus primeros triunfos, sabemos que hay también momentos duros, pero en ellos tendremos que demostrar que nuestra unión debe conservarse por encima de diferencias de concepción entre los grupos, y es por ello que debemos tratar de unificar en una Coordinadora nacional de mujeres a todos los grupos feministas del país.

Movimiento lesbiano

El grupo Lesbos se levanta como una organización política, junto con las luchas de todos los sectores marginales, contra los sistemas socioeconómicos represivos y por la construcción de una nueva organización social.

Capitalismo y socialismo, las formas de organización social imperantes en el mundo contemporáneo, determinan, en todos los aspectos de la vida, la función que debe cumplir cada sector social.

Dichos sistemas tienen especial interés en someter a los grupos marginales o débiles: negros, homosexuales, indígenas, mujeres, trabajadores, inmigrantes, prostitutas, niños, «enfermos» mentales, etcétera, quienes se rehúsan a someterse al papel que se les ha impuesto, calificación arbitraria que se establece en relación a las características de nacionalidad, raza, sexo y generación, para garantizar la estabilidad de sus intereses económico-políticos.

El mismo papel que juega cada grupo social, en cuanto a su poder económico, determina su relación de poder *político* respecto a otros grupos sociales; por ejemplo, los blancos en relación a los negros, los trabajadores urbanos en relación a los trabajadores agrícolas, los hombres en relación a las mujeres, los heterosexuales en relación a los homosexuales, los padres en relación a los hijos, etcétera.

Las luchas aisladas no representan un problema, pero se convierten en un peligro para la economía de dichos sistemas cuando los individuos afectados por una opresión común no solo se unen, sino se organizan, convirtiéndose, entonces, en movimientos políticos definidos.

En nuestro caso concreto, el lesbianismo es un hecho que afecta los intereses económico-políticos de los citados sistemas (que lo hacen aparecer como un problema psicofisiológico o moral) porque no estamos cumpliendo la función para la que fuimos programadas las mujeres, ya que la mujer es la *trabajadora* encargada de procrear y mantener la «mano de obra» (el ser humano), que sostiene a todo el sistema económico, o sea, la *maternidad* y el *trabajo doméstico* (el cuidado del espacio físico del hogar, el trabajo psicológico, pedagógico, emocional, administrativo, sexual, burocrático, etcétera), las exigencias que tiene que ejecutar sin gratificación alguna y que mantienen la funcionalidad de la *familia* (base celular de dichos sistemas).

Nuestro movimiento cuestiona las «sagradas» instituciones patriarcales: la heterosexualidad y la monogamia, cuyo objetivo es garantizar la permanente producción de «mano de obra», la transmisión de la propiedad privada a los hijos y el control institucional del hombre sobre la mujer.

Nuestra organización parte del hecho fundamental de que somos mujeres, de que de ninguna manera pretendemos imitar ningún rol masculino, de que el lesbianismo no se reduce a la relación de carácter sensual, sino que conlleva toda una nueva actitud ante la vida, y es la negación a someternos al papel tradicional de la mujer.

La agrupación de nuestras luchas individuales nos da la posibilidad de, como presencia pública, exigir el respeto al lugar que dentro de la sociedad se nos ha negado y de desmentir la imagen de «anormalidad» que los intereses de la mentalidad «mercantilista» han creado.

No está de más aclarar que, de ninguna manera, pretendemos transformar a la sociedad en homosexual, ni pensamos que sea la única forma de relación social. Creemos que la homosexualidad y el lesbianismo son una opción dentro de las relaciones humanas.

13. De las políticas del régimen para con las mujeres (1970-76)

Marta Acevedo

> La mujer constituye la mitad del género humano, es en quien florece el germen de la vida que con el varón concibe; y que juntos han de custodiar desde entonces... Hemos de entender que hombres y mujeres se complementan mutuamente y que solo unidos podrán salir avante. Uno y otro han de brindarse apoyo, comprensión y aliento. Nuestros senderos convergen hacia un solo camino que exige la unión de los afanes y la comunión de los ideales.
>
> Rosa Luz Alegría
> IEPES, enero de 1976

Femenino es un término aplicado a la mitad de la población y socialmente implica a alguien atrasado, en desventaja, con ataduras e incapacidades, manipulado, que debe recibir, ininteligible, en reserva, «que expresa quejas y algunas aspiraciones». Lo femenino por siglos se consideró «retrasado» (aquel que hace uso inefectivo de los recursos) ahora se considera en «vías de desarrollo». Y no es que haya faltado la conciencia de explotación de parte de las mujeres a lo largo de la historia —su lucha, desde la de las brujas y curanderas hasta la de las sufragistas y feministas, ha sido ocultada o deformada— sino que el umbral de tolerancia del capitalismo la permite y más aún *la necesita.*

En su esquema, ya no cabe nada retrasado. Esto implica una terapia que no garantiza curación. En cambio, a algo que está en vías de desarrollo se le ofrece la posibilidad —en espejismo— de crecer, de alcanzar los estándares del patrón que se consideran «desarrollado»: en este caso, lo masculino. Le abren las cuatro paredes —para ensancharlas— y se le ofrece la desigual igualdad en la explotación, pues sigue siendo la que cuida, tolera, sufre a más niños, a más hombres, a más ancianos que los que tiene en casa, en las escuelas, oficinas y hospitales. El capital traslada el poder amortiguador de las mujeres a la esfera pública —desde sus redondeces y sonrisas en la publicidad y los medios, hasta el toque «humano» o de «cordura» en algunos puestos de decisión. Lo que no tolera, hasta hoy, es llevar la esfera de lo privado a lo público y viceversa; no ha permitido mostrar la repetición, en lo privado, de la vida política y de la producción: a las mujeres se les ha *incorporado*, como a los indígenas o a los negros, sin asumir sus diferencias, sin profundizar en su identidad.

Concursos, discursos y trofeos del Día de las madres.

En este espacio me limitaré a analizar, a grandes rasgos, las políticas del presente sexenio para con el grupo femenino.

Desde pequeña viví el 10 de mayo como una fecha histórica, al igual que el 21 de marzo o el 15 de septiembre; nunca supuse que un diario la hubiera inventado. Pero fue Don Rafael Alducín quien «lanzó la excitativa al pueblo de México el 13 de abril de

1922, para dedicar el 10 de mayo de todos los años a glorificar a las madrecitas... Todos los ministros de Estado así como el arzobispo de México elaboraron la iniciativa y la ciudad se vio inundada de lozanas flores».

¿Y el Monumento a la Madre?, ¿qué gobernante reconoció la labor y vocación de tanta mujer mexicana? Pues no, fue *Excélsior* de nuevo quien organizó un concurso para construirlo. El general Ávila Camacho puso la primera piedra y el Lic. Miguel Alemán develó la placa inaugural, el 10 de mayo de 1944. En 1961, 38 años después de que se «instituyera esa jornada memorable, solo había dos naciones para las que no existe tal conmemoración tan plena de valores humanos: Rusia y Yugoslavia». A partir de 1950 el diario organiza festivales y concursos. Para cada año —casi— hay un motivo diferente, para ganar el premio. En 1950 se le da a la primera madre que parió un niño el 10 de mayo; en 52, 55 y 65 se le da a la madre más prolífica; en 53 a la madre viuda que con más sacrificios educó ejemplarmente a sus hijos; en 67 a la madre más ejemplar, o sea aquella que «contribuyó de manera especial a la formación intelectual, artística y del carácter de sus hijos». Para ello se solicitan «los antecedentes y referencias que confirmen la abnegada labor en la educación y formación de un profesional de renombre nacional, de un estadista, de un cantante, novelista, pintor, prominente arquitecto, químico extraordinario o notable inventor...».

Y, ¡oh, destino!, en 1968, el premio se le da a la madre que desde 1910 «haya dado más hijos para la defensa de la Patria, ya como revolucionarios o como miembros del Ejército Nacional». De 1969 a 1971, cuando termina *Excélsior* tan memorables jornadas, las bases del concurso son un tanto diferentes, ya no se trata de demostrar cantidad o calidad parida sino ¡un esfuerzo intelectual! En 25 líneas plasmarán lo que —a juicio del jurado— sean las mejores ideas para educar a los hijos, en 1969; cómo trabajar y educar a los hijos en 1970, y qué mundo heredarán nuestros hijos, en 1971. Trayectoria notoria y notable la de esta excitativa. Además de fortalecer la ideología dominante —madres prolíficas, madres que heredan educación, mujeres fuertes en el desamparo o, más tarde, en su doble papel de trabajadoras dentro y fuera de su casa— abrió el consumo de artículos para el hogar y la reina del ídem, ¡a nivel internacional! El sistema está en deuda con quienes han organizado los días de... seres siempre muy queridos.

En 1974, Doña Esther Zuno devuelve objetos para el hogar con un valor de 10.5 millones de pesos que 29 000 madres habían empeñado en el Monte de Piedad y desayuna con su esposo en Ciudad Netzahualcóyotl para celebrar el Día de las Madres; en 75 lo vuelve a hacer; se devuelven 50 000 máquinas de coser. En su mensaje del 10 de mayo apunta:

> Han pasado sin embargo épocas en que la resignación y el sacrificio eran los más caros atributos de la vida de una mujer y de una madre; en la actualidad la mejor forma de educar a las nuevas generaciones es *incorporar* a la mujer con toda su potencialidad a las tareas de conformar el mundo del futuro. Al dirigirme en este día lo hago con la plena certeza de que el *amor* a nuestra patria, el *amor* a los hijos y a la humanidad será permanentemente *el mejor motivo para identificarnos* y para luchar por la construcción de un mundo mejor y más junto.

Ciertamente hay un cambio: de asistir al festival de premiación de las cabecitas blancas, a desayunar en Netza y liberar artículos trocados por míseras cantidades de dinero urgido. En el mensaje se aprecian otras cualidades pero se subrayan las mismas pautas; la incorporación de la capacidad de amor como identidad primaria de las mujeres. ¿O acaso cabría en la *potencialidad* que se menciona el rechazo a la prepotencia masculina como base de la sociedad, tanto en la forma de organizar la producción y el carácter del trabajo como en la transformación de las necesidades imperantes y los medios que se imponen para satisfacerlas?

¿Paternidad responsable o maternidad voluntaria?

Si al principio de su mandato el presidente Echeverría se manifestaba en favor de la multiplicación de los mexicanos, años después manda a las Cámaras, para su aprobación, la iniciativa de creación de un Consejo Nacional de Población (Conapo), que tiene, entre otros objetivos, el Programa de Paternidad Responsable. Aunque el consumo de anticonceptivos en México haya comenzado en los cincuenta (con escándalo de la medicina institucionalizada) por las clases media alta y alta y su uso haya permeado poco a poco la clase media baja (Asociación Pro-Salud Maternal), el índice de crecimiento, en lugar de disminuir, aumentaba y cada vez había más mujeres en edad reproductiva que no tenían información ni acceso al control de su cuerpo o sea que cada vez se reproducían más los «problemas». En el exterior se hizo sentir la presión del capital internacional para no llenar barriles sin fondo, y en el interior, el endeudamiento externo creciente, la paciencia agotada de los que esperan aún la reforma agraria, el crecimiento desesperado y desesperante de las ciudades marginales, las dificultades para crear empleos y servicios, obligan al Estado mexicano a tomar medidas desde arriba. La apertura democrática necesita, ahora, que esas personas *atrasadas* asuman la parte de responsabilidad que les toca en el desarrollo. No más mujeres abnegadas, ya que detrás de cada una de ellas hay un macho mexicano y este hombre que demuestra su hombría a través del número de hijos que tiene, también es un obstáculo para el sistema; reproduce «problemas». Pero el mensaje machacón de que *la familia pequeña vive mejor*, confunde. Hay menos bocas que alimentar y menos cuerpos que vestir y alojar pero no se evita que la explotación y manipulación del trabajador por el capital se traduzca en el maltrato que inflige a su mujer. Por lo general, el machismo más brutal está en relación directa con el grado de explotación: a más «golpes» que el hombre reciba en el trabajo, su mujer necesita estar más acostumbrada a recibirlos de él. Gran parte del mantenimiento de la fuerza de trabajo implica, además de estirar el gasto, cocinar, cuidar niños, una cuota de agresión inversamente proporcional al salario del marido; no decir nada cuando en el acto sexual él se viene tan pronto como el sueño, y a pesar de ello seguir teniéndole la casa como refugio. ¿Toma en cuenta esto el Conapo?

Leyes masculinas *vs.* condición femenina

> Dar un salto de la mera ontología procreativa (*sic*) a la axiología de la reproducción (*sic*) buscando que la maternidad que las enaltece, no sirva de sostén a la marginalidad y desprecio que las flagelan (*sic*).
>
> Lic. Luisa Ma. Leal
> *La mujer, política de población y planificación familiar*
> IEPES, Ciudad de México, enero de 1976

El primer grupo de mujeres que trabajara en México con un análisis feminista-marxista publicó varios artículos sobre diferentes aspectos de la condición de las mujeres en nuestro país. Uno de ellos comentaba algunas leyes para poner en evidencia que las mexicanas ni siquiera gozaban la igualdad jurídica que la Constitución consigna. Las contradicciones entre Constitución, Código Civil y Ley Federal del Trabajo no son más que evidencias formales de una profunda desigualdad en todos los terrenos. La intención al realizar este análisis no era más que desenmascarar «la legalidad del sistema» y no, como podría suponerse, luchar por esta legalidad. A continuación reproducimos el texto:

La Constitución:
Art. 4: A ninguna persona podrá impedirse que se dedique a la profesión, industria, comercio o trabajo que le acomode, siendo lícitos.
¿A cuántas mujeres conoces que no trabajan porque sus maridos no lo permiten?
Art. 4: ... Nadie puede ser privado del producto de su trabajo, sino por resolución judicial.
Art. 5: ... Nadie podrá ser obligado a prestar trabajos personales sin la justa retribución.
¿Alguien te paga por los trabajos que haces en tu casa? Ponte a contar las horas que pasas cocinando, limpiando, planchando, cuidando niños, etcétera. Multiplícalo por el salario mínimo. ¿Qué pasaría en la sociedad si un día no hiciéramos esto? La sociedad no funciona sin este trabajo nuestro y debe de pagarnos u organizarlo de otra manera.

El Código Civil:
Art. 168: Estará a cargo de la mujer la dirección y cuidado de los trabajos del hogar.
Pues entonces el artículo quinto constitucional no se aplica a las mujeres, ¿o no es lícito que queramos dedicarnos a otra cosa que las labores del hogar?

Art. 169: La mujer podrá desempeñar un empleo, ejercer una profesión.

El trabajo duro de la mayoría de las mujeres se volvió una misión, una predestinación, casi un sacramento. ¿Quién se atreve a violar estas leyes naturales?

Art. 170: El marido podrá oponerse a que la mujer se dedique a las actividades a que se refiere el artículo anterior, siempre que funde su oposición en las causas que él mismo señala...

Paulatinamente se nos revela que el marido no es el único interesado en mantener a la mujer en casa sino también la sociedad que lo hace su defensor de la estructura de la familia. Cuando se trata de intereses tan fuertes, la Constitución se deja a un lado.

La Ley Federal del Trabajo:

Art. 164: Las mujeres disfrutan de los mismos derechos y tienen las mismas obligaciones que los hombres.

Aún quieren hacernos pensar que somos iguales. No tenemos los mismos derechos y, si acaso trabajamos fuera de la casa, tenemos dobles obligaciones: en la casa y con el patrón. Estamos doblemente oprimidas y explotadas.

Art. 165: Las modalidades que se consignan en este capítulo tienen como propósito fundamental la protección de la maternidad.

Sabemos bien que esta ley no funciona como protección sino como exclusión. Como la meta de los patrones es hacer dinero, utilizan la ley de dos maneras: o simplemente no emplean mujeres, pues les sale caro, o les pagan menos, argumentando que cuestan más en prestaciones. Una vez que trabajan, su salario es bajo, ya que hay más oferta que demanda.

Art. 333: Los trabajadores domésticos deberán disfrutar de reposos suficientes para tomar sus alimentos y de descanso durante la noche (!).

O sea la servidumbre del siglo xx: Y de los trabajadores domésticos, 98% son mujeres.

En diciembre de 1974, el presidente Echeverría presentó a la Cámara de Diputados varias reformas y adiciones a las leyes. El artículo cuarto se transformó… pero fue para añadir: «El varón y la mujer son iguales ante la ley. Esta protegerá la organización y el desarrollo de la familia. Toda persona tiene derecho a decidir de manera libre, responsable e informada sobre el número y espaciamiento de sus hijos». Ya fue una ganancia el hecho de que se redactara *toda persona* y no *la pareja*, aunque en el artículo 162 del Código Civil, el artículo constitucional se diluya en: «… Por lo que toca al matrimonio este derecho está ejercido de común acuerdo por los cónyuges». O sea el marido vuelve a decidir, díganlo si no las estadísticas de casos, en los Centros de Planificación Familiar, Pro-Salud Maternal, etcétera de mujeres que dejan el tratamiento o el dispositivo, presionadas por «el común acuerdo». Del mismo Código Civil, los artículos 168 y 169 se modifican: «El marido y la mujer tendrán en el hogar autoridad y consideraciones iguales… los cónyuges podrán desempeñar cualquier actividad… Cualquiera de ellos podrá oponerse a que el otro desempeñe la actividad de que se trate y el Juez de lo Familiar resolverá sobre la oposición». Los artículos 170, 171, 214, 373, 227, que limitaban derechos de las mujeres fueron derogados. Son artículos sobre el divorcio, los testamentos u operaciones financieras entre la pareja. Aunque importantes, son conducibles solo para un sector de la población. ¿De qué manera se cumple, por ejemplo, el artículo 323: «El cónyuge que se haya separado del otro sigue obligado a cumplir con los gastos a que se refiere el art. 164» para los cientos de miles de mujeres abandonadas por hombres que no tienen un empleo fijo o entradas regulares? El grueso del problema no se contempla de manera realista.

Un artículo que verdaderamente afecta a la totalidad de las mujeres —en su integridad física además— ni siquiera se menciona. Es el que se refiere al aborto. Hay más de un millón 250 mil abortos por año en el país y la respuesta jurídica es ciega, mojigata y ridícula, y aunque escasamente se aplica, no permite que tal operación se haga en condiciones sanitarias tales que no ponga en peligro la vida de las mujeres. *El aborto es un riesgo de trabajo* y como tal debe considerársele.

La Ley Federal del Trabajo se modificó también. El trabajo nocturno industrial o el trabajo después de las 22 horas para las mujeres se legalizó de hecho, aunque era visible a todas luces que muchas mujeres lo llevaban a cabo en restaurantes, casillas del Metro, centrales telefónicas, clubes nocturnos y alrededores, ¡hasta las sirvientas en las propias casas de los legisladores! Los antiguos artículos proteccionistas solo servían como elementos coercitivos al empleador. El artículo 333, sobre los trabajadores domésticos ni se menciona; la legislación para 40% de la fuerza de trabajo femenina sigue anticonstitucionalmente sin un horario fijo, sin contrato, sin posibilidades de organizarse y con prestaciones improcedentes: ¡afiliación voluntaria al IMSS, que tiene que llevar a cabo voluntariamente la patrona!

Sí, en *algunos* renglones la discriminación se borra de la legislación. Ahora falta ver, primero, cómo se encaran los artículos que no se incluyeron y que casualmente son los que afectan a mayor número de mujeres del modo más directo. Queda por otro lado ver cuáles son los métodos, formas y canales para poner en práctica las medidas tomadas en relación a reclamos individuales y a patrones generales de discriminación. Se olvidaron también detalles tales como: considerar discriminatorio el ofrecer empleos con base en características físicas o de estado civil y no meramente en las calificaciones para desarrollar tal oficio (aeromozas de tal peso y medidas; recepcionistas presentables; locutoras que fotografíen bien; obreras solteras, etcétera). Tampoco en la legislación sobre la publicidad, en la Ley Federal de Radio y Televisión, se contemplan sanciones por presentar estereotipos discriminatorios que inundan los medios masivos. Aunque el cambio de algunos artículos es un paso, este no fue dado por las mujeres organizadas según necesidades, sino por el Estado, según *sus* necesidades; de cualquier modo el sexismo no desaparece por virtud de una ley.

Por lo demás, la reforma legislativa tuvo todas las visas de un «remozamiento» como el que se hace a las fachadas pueblerinas cuando va a llegar alguien: en este caso quien llegaba era la ONU: el huésped del Año Internacional de la Mujer tenía que ser un Estado «moderno» con sus vertientes feudales ya renovadas.

Mucho Año de la Mujer, muchos cambios en la ley... ¡pero sigo siendo el rey!

Otro renglón que ocupó 365 días fue el famoso Año Internacional de la Mujer (AIM). Motivo de discusiones superficiales y bromas, de expropiación de posiciones de «avanzada» y por supuesto de «gastos» (espacio para «tajadas»). México fue el escaparate donde se lucieron las logreras de todos los signos. La creación del AIM fue fruto directo de una actitud de tutelaje y no hizo más que atribuir un carácter políticamente inofensivo e inocuo a la conciencia embrionaria de la discriminación y explotación que se está despertando entre las mujeres, y absorber demandas fragmentarias.

El 3 de enero se declara formalmente inaugurado y, a lo largo de 1975, cualquier responsable de la opinión pública se adjudicó la autoridad para escribir y declarar sobre el tema. Se ignoró *casi* sin excepción, todo lo que en los últimos 10 años han escrito mujeres como Morton, Dalla Costa, James, Gardiner, Mitchell, Millett, Larguía, Nash, Rowbotham, Firestone, Federecci, Dixon, Halimi, Saffioti, e incluso mexicanas. ¿Podrían con el mismo desenfado escribir y declarar sobre otro tema? En fin, un trato más de desigualdad en el festín de las palabras huecas.

Gloria Brasdefer, delegada ejecutiva del Programa de México para el AIM, aprecia que «el programa de México para el AIM logró estimular la realización de proyectos y programas destinados a mejorar la condición de la mujer, difundir la importancia de otros que han venido realizando distintas dependencias gubernamentales, estimular el debate y la discusión del problema de la mujer así como estudios e investigación en este campo». Sí, cada quien hizo lo suyo. El Colegio de México presentó una serie de conferencias y proyectos de investigación con el sello de ciencia seria y cara que le caracteriza. La Secretaría del Trabajo, a través del INET, publicó varios trabajos: uno sobre la composición de la fuerza de trabajo femenina en el país, otro sobre las obreras de las maquiladoras en la frontera norte del país, uno sobre la participación de la mujer en la economía campesina. Los medios de comunicación realizaron varios programas: por la radio se pasaron tres millones de spots; en la TV solo tres mil, pero Canal 13 dedicaba un programa de 60 minutos por las tardes… ¿a fin de contrarrestar el consumo de telenovelas? No sabemos los *ratings* que obtuvo, pero si no se continuó este año pues… El contenido de los programas apelaba más bien a un grupo con ciertos tics culturales, que a la mayoría de las mujeres acostumbradas a *Mariana de la Noche* o *Mundo de juguete*. No es suficiente el *entusiasmo*, la *buena voluntad* y *un presupuesto* para hacer un programa que llene necesidades objetivas de información de capas más amplias de la población. Un comentario similar podría hacerse al periódico que fue órgano del AIM aquí: *México 75*. Imposible en este espacio hacer un análisis de contenido, pero, a vuelo de pájaro, las fotos que imprimió se distribuyen aproximadamente con los siguientes porcentajes: 45% a personas del mundo oficial; 21% a mujeres de la clase media; 12% a mujeres extranjeras; 8% a campesinas, 4% a obreras y 9% a paisajes, pinturas, anuncios, hombres, etcétera.

¿Qué organizaciones y grupos respondieron a la invitación del Programa de México para participar en las actividades del AIM? Tres partidos políticos (PRI, PPS y PARM); un grupo político (PMT); seis sindicatos; 77 grupos de promotores «voluntarios» de todas las secretarías, delegaciones y organismos descentralizados, y 337 asociaciones civiles, de las cuales solo 33 trabajan en los estados. Estas asociaciones pueden agruparse en: las de profesionistas (Asociaciones de Psicólogas Industriales, Asociación de Licenciadas en Psicología; Asociación de Esteticistas y Cosmetólogas; Club de Escritoras de Veracruz en México; Funcionarias, A. C., Asociación de Damas Economistas; Asociación de Economistas Mexicanas, A. C., para mencionar solo algunas), las agrupaciones dedicadas a fines altruistas (*Club Elevación, Claustro Sor Juana Inés de la Cruz, Brazos Abiertos, Club Soroptimista, Asociación Protectora del Pobre de la Colonia Nápoles, Mano Amiga*) y los comités de damas de los clubes de Leones, y las organizaciones de muy reciente creación que quieren entrar al juego político: Revolucionarias de México, A. C., e Insurgencia Nacional de Mujeres —pero que no están incluidas entre los grupos políticos sino entre las asociaciones civiles—, así como una facción de lo que fue en alguna época el Movimiento de Liberación de la Mujer en México, el MAS (Mujeres en Acción Solidaria) hoy, también, «Asociación Civil», ¿registrada? ¿Aún existente?

¿Qué representatividad tuvo toda esta lista impresionante de 424 organismos? ¿Qué tipo de mujeres los constituían? No hay datos a la mano. Por los nombres, el grueso de las asociaciones son de clase media en ascenso, aunque por ahí se cuelan otros más o menos anodinos al que por lo menos el nombre no los identifica como tales. Seguramente tenían la misma representatividad de las delegadas de los gobiernos, *vg.* chileno, brasileño, español. Durante la Conferencia y a partir de los propósitos generales del AIM: igualdad, desarrollo y paz, se llegaron a elaborar planes a cumplir «a corto y largo plazo». El Plan de Acción Mundial, en la introducción propone 48 consideraciones generales donde se apunta entre otras cosas que

> las mujeres son las que se ven más afectadas por el desigual desarrollo que existe en las relaciones económicas internacionales... que aunque la industrialización proporciona empleos y constituye uno de los principales medios para la integración de la mujer en el proceso de desarrollo, las trabajadoras están en desventaja desde muchos puntos de vista debido al hecho de que toda la estructura tecnológica de producción se ha orientado al hombre (en masculino) y sus necesidades... la realización de la igualdad entre el hombre y la mujer implica que hay entre ambos igualdad de derechos, oportunidades y responsabilidades que les permitan desarrollar *sus talentos y aptitudes* para su propia satisfacción personal y *beneficio de la sociedad.* A estos efectos es esencial un nuevo examen de las funciones y papeles tradicionalmente asignados a cada sexo dentro de la familia y de la comunidad en general... establecer y mantener servicios organizados por la sociedad con el objeto de aliviar las tareas

> domésticas y, en especial, deben ofrecerse servicios para la infancia... Este plan de acción está destinado a reforzar la aplicación de los instrumentos y programas adoptados sobre la condición de la mujer, así como su ampliación y colocación en un *contexto más actual*. Su objetivo principal es estimular a que se adopten medidas nacionales e internacionales para resolver los *problemas del subdesarrollo* y de la estructura socioeconómica que coloca a las mujeres en posición inferior... Durante las últimas décadas, los movimientos *de mujeres y millones* de mujeres, junto con las fuerzas *progresistas* de muchos países han hecho que la opinión pública en los planos nacional e internacional se centrara en todos estos problemas.

¡Pero qué alivio! Si está todo dicho y casi por hacerse... aunque veladamente, se reconoce al imperialismo; se reconoce también los privilegios masculinos en la actual organización de la producción; se proponen medidas para aliviar las tareas domésticas —sí, el trabajo doméstico es una enfermedad crónica—; se considera la igualdad en el desarrollo de las potencialidades; y se toma en cuenta a los movimientos de mujeres (¿por qué la ONU, en el caso de los movimientos de liberación africanos, sí menciona la palabra *liberación* pero aquí la omite?). Pensamos que todo esto funciona como una semiapropiación, a veces del lenguaje, a veces de las demandas. Estructurado el Plan Mundial en una indefinición política, contribuirá a que las mujeres sean más eficaces en el plano de la producción, a que la paz y la justicia sean una calidad una vez desaparecidas las fuentes de conflicto... y colorín colorado este cuento ha comenzado.

La igualdad y el desarrollo no se llevan de la mano. Ni para hombres ni para mujeres. El desarrollo tomado como el aumento de producción y ganancias, *base* de cualquier modalidad del sistema capitalista, precisa la desigualdad. A pesar de los buenos deseos o las declaraciones fervientes. El capitalista necesita de una penetración desigual, no solo a nivel de naciones, sino a nivel de regiones dentro de un país, y a nivel de trabajadores, de distinto color, de distinto sexo. El capital necesita el trabajo que *ya* realizan las mujeres para el desarrollo: producir bienes de uso para la familia, no las necesitan en el sector avanzado de la producción. Las necesita inculcando y disciplinando trabajadores del mañana y, a menos que su rebeldía sea masiva, podrá *optar* por invertir en servicios sociales él o el Estado. Las necesita como reserva y amenaza, pues a la vez que su exclusión de los sectores avanzados de la producción deprime el salario de los trabajadores marginales, al mismo tiempo aumenta los salarios y ganancias de los sectores propietarios de la población. A pesar de todo esto el sistema no las quiere como seres atrasados, con ataduras e incapacidades; es un sector que *se tiene que modernizar* y al que hay que dejarle salidas. ¿Por qué no matar tres pájaros de un tiro?

El trabajo voluntario, desinteresado y amoroso: la solución somos todos

—«Las trabajadoras voluntarias a falta de salario, adquieren seguridad, capacitación y satisfacción por el trabajo liberador que desempeñan».

—«Participar en las tareas de desarrollo que le competen o que *le asignen*, esto más que *enfocar todas sus energías a tratar de conquistar una igualdad* que tiene que ser resultado no del convencimiento del hombre —supuesto que *no hay contienda al respecto (sic)*— sino del cambio que se opere en las formas materiales y en las estructuras de la sociedad actual, toda vez que las ideas dominantes son consecuencia y no causa de esas estructuras materiales tradicionales» (… si no hay *contienda*, por qué entonces tienen que *modificarse* las estructuras materiales; ¿se cambian estructuras con trabajo voluntario organizado por el Estado?).

O sea: se capacita y se *asignan* tareas a las mujeres para el desarrollo, sin invertir capital para crear empleos; segundo, no hay salarios, aunque sí reconocimiento del trabajo, y por último se canalizan las inquietudes de organización para alcanzar determinadas demandas.

La Sra. María Ester Zuno de Echeverría promovió primero el trabajo voluntario entre las esposas de funcionarios, quiso elaborarse una mística equivalente a la de los servidores públicos cuando la relación que se guardaba era del todo diferente: se estaba en el servicio voluntario por ser la esposa de… no por aptitudes, vocación o compromiso para con tal o cual puesto. Las actividades sociales tomaron otro carácter: no se trataba de vestirse y lucir más kilates, al contrario se tuvo una actitud de austeridad tanto en el vestir como en lo que se ofrecía de comer y beber. El enfrentamiento, en sesiones de trabajo, con la realidad de orfelinatos, cárceles, escuelas, guarderías y hospitales fue patético, en gran parte por lo artificial del acercamiento, y no pocas veces dejaron la imagen de la mujer estorbo, elemento de decoración pero poco eficiente.

Más tarde, en el IMPI, la Sra. Zuno organiza un impresionante programa para las voluntarias en las zonas rurales: uno de ellos, el Programa de actualización de las parteras empíricas y promotoras de salud, es sumamente valioso ya que toma en cuenta que 75% de los partos en este país los atienden estas mujeres. En una actitud sexista y clasista, nunca antes a la Secretaría de Salubridad se le había ocurrido que si la medicina institucional no podía alcanzar las áreas que las parteras cubrían, podían por lo menos transmitirles los elementos fundamentales sobre las patologías prevalentes más sencillas. Por otro lado, están las promotoras voluntarias de las comunidades —casi un millón—, mujeres que han recibido algún curso e instrucción por otro equipo de promotoras organizadas en *redes*. Estas últimas son las únicas que reciben alguna compensación por los gastos que tienen de transporte, alimentos y alojamiento, ya que van recorriendo en parejas las pequeñas poblaciones de los estados enseñando, primero, elementos de higiene y nutrición: cómo construir una letrina, cómo disponer de la basura, mejores actitudes ante las vacunas e inmunizaciones, orientación a las madres sobre la alimentación a los recién nacidos, métodos *naturales* de planificación familiar. También transmiten información sobre las instituciones que prestan servicios a las comunidades rurales. Un tercer rubro importante es la orientación sobre el ingreso familiar: cómo utilizar las garantías de los precios Conasupo, cuál es el salario mínimo en la zona para el obrero agrícola, campaña contra el alcoholismo, ventajas de la siembra de un huerto familiar, formas de tenencia de la tierra, etcétera. Todos estos renglones son necesidades de información básica. ¿Pero bajo qué óptica se analizan? En el manual del Curso de capacitación de promotoras de desarrollo (Red Nacional del Programa Campesino de Orientación Familiar, Pacto de Ocampo), o sea, las cabezas que se dirigirán a las comunidades, encontramos recetas muy concretas a fin de evitar enfermedades, contaminación, problemas en la familia, etcétera. Las causas primarias de la situación no se mencionan. Así por ejemplo, los pequeños están mal alimentados porque «se encuentran sujetos a las costumbres, ideas y prejuicios de la madre, de la familia y la comunidad, sin que se les dé la oportunidad de comer todo lo que quieren». O la madre es la responsable de la contaminación ya que prepara el alimento con anticipación y «deja lo restante *fuera del refrigerador* para dárselo varias horas después. Esta práctica hace que el alimento se contamine por moscas, *roedores, animales domésticos, niños de la casa*, etcétera».

Cuando se toca el tema de la tenencia de la tierra y bajo el lema «No queremos más luchas entre hermanos ¡logremos más pronto nuestra unión!», a pesar de que establece medidas como la igualdad de derechos entre hombre y mujer, la creación de unidades agrícolas industriales en cada ejido para las mujeres donde «se establecerán guarderías, centros de costura y educación (en ese orden), molinos de nixtamal y demás instalaciones destinadas directamente al beneficio de las mujeres campesinas», no toma en cuenta que las que pueden hacer uso de estas instalaciones no son las mujeres campesinas más pobres, las que tienen que trabajar *todo el año* por dinero para mantener el nivel de subsistencia —estando su sobrexplotación en relación directa con el número de miembros en la familia que no trabajan—, sino las mujeres ejidatarias por ejemplo. Admiten que hay problemas en el campo, pero la unidad y el trabajo de todos más las facilidades que proporcionan las instituciones serán la vía de solución. El robustecimiento y la unidad de las centrales campesinas borran las divisiones que existían y con la firma de los secretarios generales de la CNC, CCI, CAM y UGOCM: «Las energías que se gastaban antes por hacer sobresalir su Central, descuidando los problemas urgentes y reales que deberían ser objetivo principal de la lucha, sin *divisiones artificiales*, que solo favorecen a los contrarrevolucionarios» (p. 54). Este aséptico análisis de las relaciones de dominación si no toma en cuenta cómo 1) el trabajo de las mujeres contribuye a la polarización de la masa campesina, 2) cómo es un mecanismo que asegura que los salarios permanezcan bajos y 3) por tanto ayuda a un mayor grado de explotación y acumulación para el sector capitalista, qué perspectivas tiene sino la de organismo paralelo a las centrales o sindicatos oficiales que dirija, amolde y maneje las energías e inquietudes de millones de trabajadoras... no asalariadas en este caso.

Se subraya a menudo que las mujeres requieren un entrenamiento para el trabajo cuando en realidad tenemos uno muy largo y meticuloso: se nos ha entrenado a trabajar por amor dentro de la casa y ahora también fuera de ella.

«Hubo una primera reunión en la que se plantearon los problemas, las angustias y las quejas…»

En la campaña del candidato del PRI ha habido dos reuniones nacionales organizadas por el IEPES que se han ocupado del tema de la mujer. Una en la Ciudad de México y la segunda en La Paz. En la primera, todas las ponentes y la mayoría de los que asistieron fueron mujeres. En La Paz, este patrón se rompió pues se *consideró necesaria* la participación de los varones, ¿y por qué no la de estudiantes en la de Educación, Ciencia y Tecnología por ejemplo? De cualquier manera, como dijera Sergio García Ramírez en La Paz, «hay siempre entre nosotros una rara intrepidez de la palabra. Cuando hablamos de la igualdad del hombre y la mujer, este discurso parece anunciar de tan audaz y resuelto, el umbral del s. XXII o, modestamente (¡no hombre, no sea modesto!) por lo menos el del XXI. La acción en cambio posee todavía un tímido discreto aire medieval».

Sería necesario analizar en un espacio más amplio estas ponencias y los planes de gobierno con respecto a la situación de la mujer en México.

La otra cara de la luna

Ha sucedido con las mujeres lo que con la otra cara de la luna. No la conocemos, pero nos es tan familiar que la presencia de la mitad nos ha sido suficiente. Los movimientos de liberación han revelado lo que las fotografías de los satélites: la euforia de descubrir lo personal como político; los gestos de la vida cotidiana como los cimientos del sistema. El trastocamiento de los postulados: la producción de fuerza de trabajo y lo que ella conlleva como frente de lucha y no tan solo su simple consumo y regateo. Entender cómo la reproducción de las relaciones sociales —en *toda* su complejidad, con *todos* sus despliegues—, aplasta las potencialidades de los seres humanos y es la primera responsable de la sobrevivencia económico-política del sistema. Redefinirnos en términos de lo que somos y no de para qué le servimos al capital: pasar de «el proletariado es aquel que no tiene nada excepto su fuerza de trabajo», a decir que la clase trabajadora es aquella que tiene en sus manos la capacidad de producir fuerza de trabajo, mercancías y servicios para su propio disfrute.

Partiendo de la reproducción de las relaciones sociales es donde la subversión debe darse. Embrionariamente se está dando en términos que aún no encuentran su solidez. Las mujeres han planteado perspectivas en el terreno más vulnerable. Aquel donde su papel social se subvierte por completo: rehusando aquel trabajo en que todo el otro descansa. Cuando las mujeres se rebelen, lo demás comenzará a resquebrajarse: la fábrica, la escuela, la casa, el consumismo. La simulación simbólica puede actuar sobre fenómenos sociales pero no sobre los físicos. La otra mitad de la luna, aunque desconocida por los hombres, por millones de años ha levantado mareas a diario, con una exactitud astronómica. La mitad no reconocida, las mujeres, cuando tomen en sus manos el poder de su trabajo, levantarán la marea.

14. A la búsqueda de una conciencia propia

Lourdes Arizpe

Discurso inaugural del Primer simposio mexicano-centroamericano de investigación sobre la mujer

Asistimos en nuestra época al advenimiento de una nueva conciencia, producto del resquebrajamiento de un sistema económico e ideológico que durante mucho tiempo dominó al mundo. Se cuestiona en la actualidad toda relación de poder que redunde en beneficios inmerecidos para una sola de las partes. Dentro de esta pauta se encuentran las relaciones imperialistas entre naciones, las relaciones entre centro rector y periferia dependiente, entre sociedad nacional y minorías étnicas y, también entre mujer y hombre. Pero entendamos bien esto último: no entre mujer y hombre como seres biológicos, sino en la definición ideológica que se hace del trabajo social por su sexo. Si no comprendemos que este nuevo desafío a un orden arcaico está ocurriendo en todos los órdenes, corremos el riesgo de pensar parcialmente, de creer en pequeñas luchas segregadas, fuera de un proceso histórico mundial. Durante mucho tiempo, las mujeres hemos estado relegadas al ámbito de preocupaciones domésticas cotidianas; ahora nos toca enfrentarnos a la historia. Es necesario, pues, conocer los procesos históricos y el papel que han jugado en ellos las mujeres como grupo social.

Todo cambio social y toda evolución del pensamiento acarrean peligros. El pasado se rehúsa a morir y se entremezcla con el presente. En América Latina compartimos el «sentimiento trágico de la vida», tal y como lo expresó Unamuno para la cultura española, y encontramos, se dice, que la vida de la mujer es un valle de lágrimas y que esta tragedia solo se puede trascender, asumiéndola. No tenemos mas que hablar con las mujeres campesinas de México, de Colombia, de Guatemala; no tenemos mas que hablar con las mujeres de las favelas y conventillos de Caracas, Monterrey y Río. Para ellas, el destino baja del cielo: marido, hijos, penas y sufrimientos, todo ocurre porque «Dios lo quiere». ¿Es casual que tengan esta conciencia de sus propias vidas? Claro que no. Basta con preguntar qué poder de decisión tienen sobre su cuerpo, sobre sus propias vidas, las de sus hijos y esposos y la de su comunidad. Es obvio que no tienen ninguno. De ahí que el fatalismo y la lamentación vayan de la mano. Y nosotras, las mujeres universitarias, estudiantes y profesionistas, que tenemos algo de poder sobre nuestras vidas, tenemos algunos recursos, algunos instrumentos de análisis y de acción, ¿vamos a usarlos solo para mejorar nuestras propias vidas, o para mejorar nuestra sociedad entera? Es una pregunta que le dirijo al Simposio.

Oscilamos entre la pasividad y el esfuerzo, entre la afirmación de nuestro pensamiento y el temor a la lucha que tenemos por delante, tanto en la construcción de sociedades más justas en América Latina, como en la mejoría de nuestra situación como mujeres en todos los órdenes. Y lo que nos detiene son las visiones parciales, los trabajos aislados, la disgregación en los objetivos y las estrategias. De ahí que esta reunión tenga una importancia vital en establecer prioridades de investigación y de acción. Sin observación, sin estudio, sin análisis, las estrategias fracasan y la lucha se detiene en el espacio de las palabras.

No venimos aquí a hacer el diagnóstico de la mujer en México o en Centroamérica. Este diagnóstico ya ha sido hecho. Hace mucho tiempo, una mujer extraordinaria latinoamericana sacó a la luz una conciencia feminista desde la oscuridad del pensamiento colonialista, casi medieval todavía. Llamó necios a los hombres porque acusan a las mujeres de ser lo que ellos mismos las obligan a ser. Lo que Sor Juana expresó con una elegancia exquisita es ahora, dos siglos más tarde, el tema redescubierto por el feminismo. Y añadió Sor Juana:

> En perseguirme mundo ¿qué interesas?
> ¿en qué te ofendo, cuando solo intento
> poner bellezas en mi entendimiento
> y no mi entendimiento en las bellezas?
> Teniendo por mejor, en mis verdades
> consumir vanidades en la vida
> que consumir la vida en vanidades.

No es necesario calcar sus palabras. La conciencia de la desigualdad en la situación de la mujer es una constante en la historia moderna: a veces secreta, a veces expresada quedamente, a veces manifestada en un grito estridente. Ya lo sabemos: necesitamos no solo una habitación propia, sino también una conciencia propia. Y para lograrla, necesitamos análisis y reflexión.

Pero además, se ha hecho el diagnóstico en otro sentido: América Latina sufre los efectos de un capitalismo que la liga en forma desigual a las metrópolis industrializadas; y siguen persistiendo intereses de clase y presiones ideológicas que hacen más grave su situación de dependencia. En relación a este proceso yo no diría que las mujeres han estado marginadas; al contrario, su aportación económica esencial pero invisible, su pasividad política y su actitud de fuerte resignación psicológica siguen permitiendo la reproducción de tales condiciones. Y existen intereses que quieren mantener precisamente las ventajas que evidentemente ofrecen la explotación y la opresión de las mujeres.

Desde la perspectiva anterior, se presenta a la mujer latinoamericana lo que aparentemente son dos líneas de militancia. Pero a mi juicio, no se trata de una separación de finalidades. La finalidad es una: lograr sociedades que no estén basadas en la injusticia y la explotación. Y creo que hemos llegado a una etapa en la que aún una sociedad socialista no puede considerarse igualitaria si no implica un cambio radical en la vida laboral y doméstica de la mujer. Es decir, me parece que ya no es posible separar las preocupaciones del feminismo de las preocupaciones políticas libertarias para un futuro. Esto puede afirmarse sin duda a nivel abstracto, pero es en el terreno de las estrategias donde se plantean contradicciones que por el momento parecen insalvables. Y es aquí en donde se requiere mayor investigación, mayor análisis.

En economías capitalistas dependientes que producen un exceso de mano de obra, la estructura ocupacional no puede ofrecer trabajo asalariado para la mujer. Por tanto, a los gobiernos les interesa fortalecer la familia, aun cuando ello signifique un descenso del nivel de vida, puesto que hay mayor número de personas dependientes de un trabajador asalariado. En este caso se compensa el bajo salario con el trabajo doméstico no remunerado de la mujer. Cuando aún este trabajo es insuficiente para la reproducción de la unidad doméstica, la mujer realiza una doble jornada, en la mayoría de los casos en empleos eventuales con muy baja remuneración y productividad. ¿Qué estrategias ocupacionales siguen las mujeres para permitir la sobrevivencia de su familia en estas condiciones? ¿Cómo afecta esta situación la fecundidad y la dinámica de la población?

La discusión sobre la familia se hace cada vez más compleja. En las burguesías está claramente relacionada con la acumulación y transmisión de la propiedad privada, pero no se trata de una institución unifuncional. En la Unión Soviética tuvo que reintroducirse una legislación para protegerla; y la crianza y educación de los hijos en los kibbutz arrojó resultados ambiguos. ¿Podemos realmente destruir a la familia? Aun en una sociedad socialista como la cubana, el desarrollo de las fuerzas productivas no permitiría todavía la socialización total de las labores domésticas de las mujeres. Aunque cabe preguntar si la doble jornada en países socialistas en donde la mujer constituye la mitad de la fuerza de trabajo asalariada (e incluso su incorporación creciente a empleos asalariados como en Estados Unidos) es una mejoría o un doble yugo. En países de nuestra región, el que las mujeres permanezcan en la esfera de la familia alivia los altísimos niveles de desempleo y subempleo visibles, pero ¿cuál es el costo psicológico? ¿Es ese costo el machismo hembrismo, es decir, un hombre que necesita sentir que domina la situación ante una mujer capaz de cualquier cosa con tal de no perderlo, porque no podría sobrevivir económicamente?

Y sin embargo, al mismo tiempo, hay que analizar por qué la mujer latinoamericana siente menor apremio que sus contrapartes europeas y norteamericanas en luchar por su emancipación. Es un factor clave, insuficientemente analizado, el que exista un servicio doméstico de bajos salarios que libra a la mujer pequeño burguesa y burguesa de la doble jornada y de que los hijos constituyan una carga. Pero también creo que influye el hecho de que la cultura latina católica le proporciona a la mujer dos esferas importantes de poder: la familia y la Iglesia. En ellas la mujer siente que compensa su absoluta marginalidad política. Si esto es cierto, el énfasis del feminismo en proporcionar a la mujer el control de su propio cuerpo (a través de la natalidad restringida mediante los anticonceptivos y el aborto) y su cuestionamiento de la familia militarían en contra del poder de la mujer en América Latina. Así el feminismo vendría a debilitar a la mujer en vez de liberarla, y se cumpliría lo que opinan algunos marxistas ortodoxos en el sentido de que el feminismo es una estrategia del capitalismo de avanzada por liberar al trabajador y a la trabajadora de las trabas familiares. Además, la tendencia antirreligiosa del pensamiento contemporáneo también estaría debilitando el poder de la mujer latinoamericana. ¿Es cierto todo lo anterior? Es una pregunta que le dirijo al Simposio.

Pero hay que pensar que si estos procesos son inevitables, en vez de que la mujer latinoamericana trate de aferrarse inútilmente a privilegios que la historia le confirió y que ahora le arrebata, en vez de atemorizarse ante los cambios, debería, por el contrario, desarrollar estrategias que le permitan encontrar nuevos caminos de participación política y económica en las sociedades que se construyan más adelante.

Por ello, resulta vital conocer las experiencias de las mujeres en países capitalistas industrializados y también en los socialistas. Es un error pensar que las condiciones en que ellas viven no nos conciernen. Nos conciernen porque nos dan el espejo de posibles alternativas futuras y tenemos la gran oportunidad histórica de poder anticiparnos a esos cambios y dirigirlos para nuestro beneficio y para beneficio de nuestra sociedad.

Nuestra realidad latinoamericana de hoy es demasiado urgente y no nos permite retroceder. Si exigimos participación, tendremos que estar a la par de nuestros compañeros. En las luchas libradas en Chile, en Argentina, en Uruguay, en Brasil y en las que se libran en todos nuestros países, las mujeres han estado presentes. Pero nuestra participación será menos incierta si nos liberamos de las cadenas ideológicas y económicas con las que nos han atado. Y esto requiere una labor colectiva de discusión, de investigación, y exige actuar con una conciencia clara que evite la fragmentación, la pasividad y la lamentación. En esta reunión tenemos entre las manos una oportunidad vital para llevar a cabo esta labor colectiva.

15. Nueva salutación del optimista

Carlos Monsiváis

¿Qué han logrado, en esta década de surgimiento militante, el feminismo y los movimientos de liberación sexual en México? Las respuestas varían de acuerdo al «criterio de utilidad» que se aplique. Si la medida es el desarrollo organizativo, el panorama es ciertamente magro y, sobre todo, sectorial; nos hallamos ante grupos no muy numerosos de clase media con frecuencia divididos o ideologizados hasta la parálisis. Si la medida es el grado de influencia social, los resultados son muy amplios, en especial en lo tocante al feminismo que, en pocos años, se ha convertido en punto de vista ya no prescindible, que trasciende con mucho su radio *deliberado* de acción y alcanza de modo difuso pero efectivo a vastas zonas de la población. No me refiero aquí, aunque no ignoro su grado de influencia, al afán imitativo y colonizado que ve en la liberación (con o sin comillas) una técnica de *estar al día* y que aprovecha el feminismo para modernizarse. Lo que me interesa destacar es más importante: a un país carente de organizaciones independientes, sin tradición democrática, con una todavía precaria sociedad civil, el feminismo y el movimiento de liberación sexual en general le están aportando una perspectiva crítica para entender la «condición femenina» y la «condición masculina» como productos históricos que alimentan y vigorizan la explotación laboral, la represión social y la manipulación política.

Hasta el momento, el éxito mayor del feminismo ha sido la campaña por la despenalización o legalización del aborto que de tema prohibido se ha convertido en causa apremiante pese a la oposición cerrada de la Iglesia (nacional y mundial) y la cómplice debilidad del gobierno (nacional). Una anécdota (para mí) ejemplar: hace cinco años el director de una publicación donde trabajo arrojó al cesto una carta de feministas en pro del aborto diciendo: «¡Esto es sucio e inmoral!». Ahora, en la misma publicación, aparecen con frecuencia alegatos en favor del aborto, sin que nadie se oponga. Esto no es solo atribuible al «espíritu de la época» o al terror extendido ante la explosión demográfica, sino al influjo de las razones feministas. Por eso, no tiene mayor sentido establecer la eficacia de la lucha en pro del aborto libre y gratuito únicamente por sus resultados legales, evitando otro criterio fundamental: *la disminución de la opresión social.* Esto es comprobable: han amenguado de modo considerable, en casi todas partes, las sensaciones de pena, vergüenza, humillación y dolor asociadas generalmente al aborto. Ciertamente no ha sido el feminismo el responsable de la desaparición de la Honra como el primer valor familiar. Pero sí es atribuible en buena medida a propaganda y luchas feministas el cambio de actitud en decenas de miles de mujeres que, al abortar, no se consideran «víctimas del pecado» o «desechos humanos», sino seres que, de modo consecuente, eligen el alcance de sus responsabilidades. ¿A quién puede ya convencer el obispo de Tlalnepantla cuando fustiga a las mujeres por creerse «dueñas de su propio cuerpo»? Solo, como lo probó la escuálida manifestación del movimiento ProVida contra el aborto, a núcleos muy reducidos y fanatizados. De modo no explícito o verbalizado, quienes abortan (situación todavía exclusivamente femenina pese a los priistas que declaran idénticos los problemas de hombres y mujeres) le confieren a su acto una dimensión política, de resistencia al autoritarismo familiar o gubernamental o eclesiástico, de insubordinación ante destinos trazados desde fuera. Es un gran avance político reivindicar el derecho al cuerpo propio.

Por eso, la mayor victoria del feminismo se está dando a través de un proceso de *contagio* o *contaminación social.* Hoy las burlas a las «mujeres que se creen hombres» se mezclan con la inquietud ante los señalamientos y acusaciones de machismo (ironía de los setenta: se ha vuelto término inculpatorio lo que fue todavía hace poco el mayor Timbre de Orgullo de un Hombre Cabal!!).

Se puede decir, y con razón, que a las clases populares no les afecta visiblemente este contagio persuasivo: en ese ámbito ni los machos dejan de serlo por vergüenza cultural, ni las mujeres se consideran habilitadas para el libre uso de su cuerpo (no solo en lo relativo al aborto). Pero, dada la rapidez de los cambios sociales, tanto el descenso de *prestigio interno* del machismo, como la discusión pública de la despenalización del aborto, la efectiva igualdad jurídica de la mujer, el salario al ama de casa, el castigo legal a los violadores, los derechos homosexuales, etcétera resultan avances no minimizables si se consideran los criterios de explotación capitalista, si se piensa en los siglos de invisibilidad social para las mujeres y las minorías marginadas o si se considera la estrategia de la moral tradicional que, sustentada en la Iglesia, insiste en no concederle beligerancia alguna a las mujeres y se obstina en no reconocer, fuera de las páginas policiales o la compasión destinada a lo abyecto, la existencia civil de los homosexuales.

El machismo tradicional, puesto a la defensiva, intenta actualizarse, volverse sofisticado, renovar sus prestigios. Si antes (las tesis de Samuel Ramos en los treinta) el machismo se usó para desacreditar aún más a las clases populares, hoy es prueba de anacronismo cultural. Si «ser macho» fue signo de orgullo (desafío, identidad arrogante no ligada a sensaciones autocríticas) ahora, a fines de los setenta, el antimachismo es categoría cultural arraigada en sectores ilustrados que, al diseminar términos como «sexismo», arrincona o hace de lado las formas más reaccionarias de la ideología patriarcal.

La izquierda también ha sufrido transformaciones importantes. Durante muchos años, la izquierda «ortodoxa», de filiación stalinista, desdeñó y combatió el feminismo por «pequeño burgués» y por «restarle fuerzas a la lucha contra el enemigo principal». Esta izquierda le opuso al feminismo su célebre *apocalipsis de la bondad*: todo se resolverá con el triunfo del socialismo; mientras tanto, conviene aplazar luchas parciales o fraccionadas como el feminismo para esperar todos juntos el advenimiento de la liberación integral. Ahora, solo grupúsculos stalinoides en vías de liquidación como el Partido Popular Socialista sostienen sin ruborizarse estas «teorías» aunque distan mucho de precisarse situaciones como la doble militancia política de las mujeres o el «interclasismo» de las organizaciones feministas. Pero se resquebrajan diversos prejuicios ancestrales de la izquierda y una prueba adecuada es la reciente formación del Frente Nacional de Lucha por la Liberación y los Derechos de la Mujer, con la participación de distintos partidos (Comunista y Revolucionario de los Trabajadores), de sindicatos universitarios, de grupos feministas, etcétera.

Si en el espacio de la izquierda el principal debate se da en torno a la autonomía del movimiento feminista, en una discusión más amplia el punto más controvertible sigue siendo el control de la natalidad. Incluso militantes respetables abogan por la fertilidad inextinguible y se aíslan de la lucha por la legislación del aborto, aduciendo que la multiplicación de las masas será la señal de extinción del imperialismo o se oponen a toda medida demográfica calificándola de malthusiana y empleando hipótesis igualmente convincentes: el homosexualismo es una enfermedad diseminada por los imperialistas y la CIA para quebrantar o debilitar el viril combate de los pueblos del tercer mundo (tesis por ejemplo del profesor José Santos Valdés en artículo no intencionalmente humorístico).

La fuerza de estos movimientos debe también medirse a través de sus expresiones límite. En dos manifestaciones donde han participado los grupos feministas y homosexuales (26 de julio y 2 de octubre de 1978), la respuesta ha sido variada, pero por lo común sorprendentemente respetuosa. En este reconocimiento social y político de la izquierda intervienen elementos diversos (invisibilidad social que se prosigue a través de la sorpresa, actitud distante hacia los «freaks», etcétera) pero también se advierte un auténtico desarrollo social. No ignoro los gravísimos inconvenientes de la «tolerancia», técnica de inmovilización política y táctica de modernización burguesa (*cf.* el lúcido ensayo de José Joaquín Blanco, *Ojos que da pánico soñar*), pero a este riesgo lo atenúan las transformaciones aceleradas del país y las decisiones militantes.

Por lo demás, logros y batallas se están produciendo básicamente en el terreno político. El feminismo busca informarle a las mujeres que su inferioridad programada es parte esencial de la plusvalía capitalista, y los movimientos de liberación sexual intentan establecer con claridad que un primer derecho civil es el uso del propio cuerpo. De allí la vinculación obligada de estas luchas de liberación con el proceso general de democratización del país y la suerte colectiva de los derechos civiles. Si la izquierda comprende —como parece estar haciéndolo en sus sectores de vanguardia— los muy concretos e irrenunciables derechos de las mayorías y minorías marginadas y aplastadas por un sexismo que es también explotación económica, se habrá dado un paso fundamental. Otro será la toma de perspectiva respecto a limitaciones y querellas dentro de los movimientos liberacionistas. Es cierto: es menguado el tiraje y muy irregular la aparición de las publicaciones, los grupos son de hecho grupúsculos y suelen dividirse por polémicas sectarias o brotes de caudillismo, etcétera. Pero esto, en conjunto, significa bien poco en función de lo obtenido masivamente y, por lo mismo, conviene revisar las nociones de *reformismo* y *estrategias de largo alcance*. En lo tocante a las diferencias individuales, todo logro puede ser radical. Disminuir o suprimir la humillación personal y la desolación familiar en el caso de quienes abortan es empresa suficiente en sí misma, como lo es también la conciencia sindical o cualquier uso concreto de derechos constitucionales y civiles en los casos de mujeres violadas o golpeadas o explotadas sexualmente en sus trabajos, de homosexuales vejados y chantajeados en redadas, etcétera.

He intentado resumir algunos avances indiscutibles de las luchas feministas y de liberación sexual en México. Falta examinar otros resultados (democratización y paulatina seriedad de la información sexológica, respeto creciente en el tratamiento del tema en los medios masivos, agotamiento del humorismo fácil y sus sarcasmos sobre «liberadas» y «jotos rojos», etcétera) pero, en lo fundamental, se puede *reducir* lo obtenido en el capítulo de liberación sexual a estos puntos. a) Disminución general y sectorial de presiones sociales y familiares. b) Eliminación mínima de la invisibilidad y opresión de las minorías marginales. c) Polarización del «linchamiento moral» de minorías que, al concentrarse en las publicaciones amarillistas (*Alarma*, *Alerta*, *Homicida*), ha perdido ya parte de su atractivo catártico sobre las distintas sociedades de México. d) Reubicación central del tema (del problema) de la liberación sexual, lo que neutraliza ya, en buena medida, los fervores manipulatorios. La señora Griselda Alvarez, candidata a gobernadora de Colima, se ve forzada a deslindarse: «No soy feminista, soy humanista». e) Creciente eliminación de la pasividad de las víctimas. Se multiplican las denuncias por violaciones y empiezan a producirse las reclamaciones judiciales ante la arbitrariedad e inconstitucionalidad de las redadas. f) Asimilación de un lenguaje derivado de los movimientos europeos y norteamericanos al cual va «nacionalizando» el desarrollo de las luchas. Así, la expresión «derecho al uso del cuerpo» empezó siendo frase erótica y hoy, en decenas de miles de mujeres, es el punto de partida de su comprensión de la realidad.

En menos de 10 años, los movimientos feministas y de liberación sexual, pese a los enormes escollos internos y externos, son ya un elemento insustituible en la construcción de la sociedad civil, en la crítica de la explotación capitalista, en la visión de un socialismo democrático.

16. Lesbianas y feministas

Marta Lamas

Feministas y lesbianas

Una forma tradicional de atacar a las feministas ha sido el llamarlas lesbianas. La ecuación mujer rara o antinatural = feminista = lesbiana es una que han utilizado los grupos reaccionarios y los medios masivos de comunicación para «desprestigiar» al movimiento feminista. Como cada día más mujeres cuestionan su papel en la sociedad y buscan en la militancia política una alternativa, se ha intentado «frenarlas», alejarlas de las feministas por el temor a ser tildadas de lesbianas.

Las feministas, por su parte, han ido modificando su posición frente al movimiento lesbiano. En sus comienzos, el movimiento feminista en México no planteó la cuestión homosexual, fundamentalmente porque no habían lesbianas que impulsaran ese punto. Se asumía, en términos generales, que todas las personas tienen el derecho de relacionarse con quien quieran, sin sufrir ninguna represión o discriminación por ello. Sin embargo, la vulnerabilidad del movimiento que empezaba hizo que se intentara separar claramente los planteamientos de la lucha feminista, aquí en México, de los grupos feministas-lesbianos de otros países.

Poco a poco esta situación ha ido cambiando. Después de siete años de trabajo feminista en el país, con seis grupos en el DF, algunos más en provincia, y decenas de pequeños grupos de estudio y cuestionamiento sobre la situación de la mujer, el movimiento feminista ha establecido claramente su posición y sus objetivos, y está maduro como para aceptar los puntos de coincidencia que tiene con otras organizaciones políticas, en este caso, con las de los homosexuales. Además el surgimiento de un movimiento político de homosexuales que explícitamente se solidariza con la causa feminista, a partir de un análisis del sexismo, ha puesto en evidencia estos puntos de coincidencia entre ambos movimientos.

Aunque ya venían trabajando hace tiempo, ha sido en este año cuando los grupos de homosexuales en lucha han «salido a la luz». En el acto político más importante del 78, la manifestación del 2 de octubre, los homosexuales marcharon abiertamente, con el asombro y apoyo de miles de espectadores y manifestantes. La lucha de los homosexuales se centra en la defensa de sus derechos como seres humanos y como ciudadanos mexicanos, denunciando las arbitrariedades que se cometen contra ellos solo por el hecho de una preferencia sexual, y difundiendo lo más ampliamente posible información científica y veraz sobre dicha cuestión. En relación con este último punto, es importante saber que varias de las asociaciones psiquiátricas y psicoanalíticas de diversos países (Inglaterra, Suecia, EEUU, entre otros) han dictaminado que la conducta homosexual no es una enfermedad mental, ni es anormal, sino solamente representa una opción más de conducta sexual.

Entre los puntos prioritarios de los grupos homosexuales en lucha, está el romper la barrera de incomunicación entre los llamados homosexuales y los heterosexuales, que socialmente se han enfrentado como grupos antagónicos, con una actitud de incomprensión y rechazo por parte de los heterosexuales. Dentro de esta perspectiva de comunicación, los grupos lesbianos en México organizaron el sábado pasado un Primer Encuentro de la Mujer Nueva, al que invitaron a los grupos feministas y a mujeres que luchan contra el sexismo. En el encuentro, que reunió a más de 100 mujeres, se expusieron las posiciones de cuatro grupos mexicanos: Frente Homosexual de Acción Revolucionaria (FHAR), Lambda, Oikabet y Lesbos. Los dos primeros son grupos de homosexuales, hombres y mujeres, los dos últimos solamente de lesbianas. También participaron las Lesbianas Feministas Socialistas de EEUU, y representantes de Puerto Rico, Holanda, Italia, Australia, Canadá, Venezuela y Armenia.

Durante la reunión de trabajo se hizo hincapié en trabajar conjuntamente con otras organizaciones, principalmente feministas y de la izquierda tradicional. Se le puso al encuentro el nombre de «La Nueva Mujer» porque se consideró que nueva mujer es aquella que está en lucha por una nueva sociedad, sin explotación ni opresión, y sin discriminación con base en las preferencias sexuales. Se planteó también que la nueva mujer no es ni homosexual ni heterosexual, sino que es una persona que establece relaciones no opresivas ni dominantes con otra persona. Más información sobre el encuentro y los grupos en particular aparecerá en el próximo artículo.

Lesbianas y feministas

El rechazo a aceptar la realidad de las conductas sexuales es casi unánime y se manifiesta primordialmente con la negación. Cuando una investigación trata sobre la existencia de algún tipo de comportamiento socialmente rechazado, inmediatamente surge una protesta pública, no porque se tengan datos que la desmientan, sino porque dicho hecho «no puede ser posible». En relación con mi artículo del martes pasado muchísimas personas me dijeron «no puede haber cuatro grupos de lesbianas en México», cuando en realidad querían decir «no deberían existir».

De todas las variedades de conducta humana, la sexual es la más controvertida y problematizada. Dada la universalidad del sexo y de la conducta homosexual, parecería lógico suponer que la información sobre esta sería extensa y adecuada. Sin embargo, es un área llena de confusión y mitos. Parte de la confusión proviene de la incapacidad de ver las cuestiones sexuales dentro de un contexto histórico e intercultural.

Existe una gran cantidad de información sobre la conducta sexual humana (desde las pinturas paleolíticas de cerca de 15 000 años antes de Cristo), pese a los múltiples intentos que diferentes grupos han hecho por destruirla o encubrirla. Dos antropólogos dedicados a la investigación sexual, Ford y Beach, han sistematizado y resumido parte de ese acervo acumulado y han presentado información sobre la conducta sexual de 190 sociedades en todo el mundo. En dicho estudio, que además incluye mucho material sobre conducta sexual en animales, se plantea que la conducta homosexual es universal y que ha existido en todas partes y en todas las épocas.

En cada cultura ha tenido un significado diferente, por supuesto. Sin embargo, ha sido menos reprimida y más aceptada y fomentada de lo que se piensa. Solo la tercera parte de las sociedades investigadas desaprueban la conducta homosexual, algunas sancionándola y otras ignorándola; las otras dos terceras partes la aprueban, muchas de ellas fomentándola. Además, otras investigaciones han reforzado esto. La más reciente, la de Marshall y Suggs, tira abajo la interpretación simplista de que el homosexualismo es una conducta anormal, asocial y aberrante.

Todos los científicos de la sexualidad tienden a plantear que la vida sexual humana no tiene tipos «puros» de comportamiento, que las personas, en la gran mayoría, pueden tener conductas homo y heterosexuales en diferentes momentos de sus vidas. Ya no se acepta la categorización de una persona como «homosexual», sino se habla de conducta homosexual. No existe un acto sexual «homosexual» diferente al «heterosexual», no es una degeneración o perversión, lo que hace a una conducta «homo» o «hetero» es con quién es realizada. Ya no se habla de «desviaciones» sino de «variaciones» de la conducta sexual.

Aceptar que en México hay, en este momento, cuatro grupos de lesbianas y homosexuales organizados, es el primer paso para empezar a conocer la magnitud de la llamada «cuestión homosexual». Recientes investigaciones (Bryan Magez) hablan de una persona con conducta homosexual por cada 20 (en sociedades occidentales). En México tendríamos cerca de tres millones de personas perseguidas, reprimidas, ridiculizadas, hostigadas y discriminadas por sus preferencias sexuales.

Claro que la gran mayoría de ellas son personas con conducta homosexual «encubierta» u «oculta», personas de ambos sexos, casadas y con hijos que esporádicamente tienen una «aventura» homosexual. Y dentro de esta cuenta no caen aquellas personas que «por privación» tienen conductas homosexuales (en las cárceles, los internados, los monasterios y los conventos).

Son pocas las personas con esta conducta rechazada que se atreven a dar la cara y a reconocerla; son pocas y, definitivamente, son valientes y sanas, y son las que conquistarán, para la mayoría oculta, el derecho a la diferencia, la seguridad de la no represión, los derechos ciudadanos y humanos que les son negados en aras de una «normalidad» que no existe. Para dar esta batalla cuatro grupos son pocos todavía. Falta difundir la lucha y que surjan otros cientos en toda la república. Este es uno de los primeros puntos de lucha: la difusión. En el próximo artículo trataré sobre esto.

Lesbianas en lucha

Hablar de los cuatro grupos de lesbianas organizadas, de sus planteamientos, sus similitudes y sus diferencias, en solo dos cuartillas, significa resumir brutalmente sus posiciones. Pido disculpas por ello y espero que por lo menos sirva para que las personas interesadas se pongan en contacto con el grupo que les interese más. He utilizado los planteamientos que coinciden, separando a los dos grupos que trabajan con homosexuales hombres, de los de lesbianas exclusivamente.

El FHAR, se propone

> Defender los derechos de los homosexuales como ciudadanos mexicanos y como seres humanos: hacer frente a las campañas de ataques y mentiras emprendidas en los medios de comunicación, por ignorantes o desinformados, denunciar toda arbitrariedad que las corporaciones policíacas y otras autoridades menores cometan en contra de los homosexuales solo por el hecho de serlo; defender legalmente a compañeros y compañeras homosexuales presos o detenidos por su apariencia física o su indumentaria; difundir ampliamente información objetiva y veraz acerca de la homosexualidad, el lesbianismo y la sexualidad en general; solidarizarse con las luchas de la mujer por sacudirse el yugo sexista; vincularse con grupos progresistas comprometidos en las luchas populares; discutir y aclarar de

manera permanente la vinculación que existe entre la sexualidad, las actividades económicas, políticas, sociales y culturales, utilizando para ello el análisis de clase.

Coincidiendo con estos propósitos, Lambda señala como «difícil pero necesaria», la militancia mixta. Dice que «las dificultades que se le presentan a Lambda como grupo mixto son de gran complejidad, pues por el propio sistema no solo se comparten opresiones, sino que se manifiestan problemáticas particulares del lesbianismo y del homosexualismo masculino, en el seno de una sociedad homofóbica y machista». Ambos saben de las dificultades de los grupos homosexuales mixtos; sin embargo, reivindican la posibilidad de una militancia conjunta como principio básico de sus organizaciones.

Oikabet y Lesbos, por lo contrario, plantean la necesidad que tienen las lesbianas de organizarse políticamente de manera autónoma. Ambos grupos se dicen «lesbiano feministas». Proponen como forma organizativa imprescindible los grupos de toma de conciencia (Oikabet tiene además talleres de arte, de investigación científica y de difusión), e intentan llegar a encontrar la «identidad lésbica». Ambos grupos piensan que la homosexualidad y el lesbianismo son una opción dentro de las relaciones humanas. Aunque Lesbos no especifica su política más allá de un «feminismo lesbiano». Oikabet se define claramente como «Lesbianas Feministas Socialistas», y lucha por un «Socialismo sin sexismo». Oikabet y Lesbos se pronuncian por la erradicación de la discriminación y la represión sexual contra las lesbianas, los homosexuales y las mujeres en general, pero Oikabet también lo hace por la «abolición de la sociedad de clases capitalista y patriarcal, basada en la explotación laboral, sexual, racial y generacional» y por «el derecho de las lesbianas organizadas para participar en la construcción del socialismo».

Huelga decir que los cuatro grupos se solidarizan con todos los marginados y que apoyan las luchas de los trabajadores y las trabajadoras. Otro común denominador de los grupos es la cantidad de personas valientes, inteligentes e íntegras que están arriesgando sus carreras profesionales, sus empleos y hasta relaciones personales por esta difícil militancia, por «dar la cara», «salir a la luz», en nuestro país, tan represivo y machista. Luchar contra los arraigados prejuicios de los mexicanos respecto a «maricones» y «tortilleras», contra las deshonestas costumbres de «los guardianes del orden», contra la serie de injusticias que día tras día se cometen contra quienes asumen sus preferencias sexuales «diferentes» es una tarea ardua e importante. Quienes quieran unirse a ella pueden pedir informes en la dirección del FHAR: Apartado Postal 13-320, México 13, DF. A través de este grupo se pondrán en contacto con los demás.

17. México: una bolsita de cal por las que van de arena

Marta Acevedo, Marta Lamas y Ana Luisa Liguori

En este trabajo se analizan algunas de las luchas que las mujeres han dado en México en estos últimos 10 años. La intención es dar a conocer cómo empezaron, cómo se organizaron y cuáles fueron las consecuencias. Por eso hemos dado especial importancia a los testimonios. No es un recuento exhaustivo, ni siquiera mencionamos muchas batallas importantes. Esta historia aún no está escrita, es tradición oral fresca, reciente, sentida. También hemos querido rescatar y elevar al rango de lucha política, movilizaciones poco conocidas (o inéditas) cuyos objetivos apenas empiezan a ser considerados políticos: las luchas por el reconocimiento de la producción y reproducción de la fuerza de trabajo, las de las trabajadoras prostitutas por condiciones laborales y las luchas contra el hostigamiento sexual.

Hemos trabajado con el material que pudimos conseguir; las omisiones no implican «selección política». Nos topamos con una gran carencia de información escrita, pero con una rica tradición oral. No siempre, por razones obvias, damos la fuente de la información y en algunos casos hasta omitimos el nombre de la comunidad donde se dio o se está dando la lucha. Agradecemos a Sara Sefchovich, Angelina del Valle, María Elena Sánchez, Leonor Aída Concha e Itziar Lozano, así como a quienes no podemos mencionar, su colaboración desinteresada.

No situamos estas luchas en el contexto más amplio de la dinámica política e histórica de México; no hacemos un recuento histórico de la participación de las mujeres ni definimos la relación entre estas batallas y el movimiento obrero, ni tocamos una serie de consideraciones teóricas sobre la estrategia, las tácticas o la perspectiva de la lucha. Tampoco analizamos las movilizaciones reaccionarias que, sin duda alguna, son importantísimas en el análisis de la movilización femenina (baste recordar la manifestación antiaborto organizada por el grupo ProVida que reunió el año pasado a miles de mujeres en la Basílica de Guadalupe). Al restringirnos a las luchas democráticas y revolucionarias y al darle un peso especial a los testimonios, hemos querido contribuir al análisis que —a través de este y muchos otros materiales— tendrá que hacerse sobre lo que constituye la lucha de las mujeres, y aproximarnos tanto a propuestas teóricas como organizativas que hagan avanzar la pelea también por el otro lado de la banda capitalista: la producción y reproducción de la fuerza de trabajo.

Al intentar una visión general de lo que ha pasado en los años setenta, hicimos un breve análisis de los tipos de movilizaciones clasificándolas en cinco grandes ejes. Esta división no es tajante y hay situaciones que corresponden a dos de estos ejes, aunque estén ubicadas solo en uno. La separación es simplemente operativa.

En el primer eje están consideradas las luchas laborales y sindicales de obreras y empleadas; en el segundo, las movilizaciones de las mujeres campesinas; en el tercero, las que han emprendido las mujeres al solidarizarse activamente con los conflictos de sus compañeros; en el cuarto, las que tocan demandas específicamente femeninas y se han librado de manera espontánea, sin una estructuración feminista y, en el quinto, las que tienen detrás cierta elaboración a partir del feminismo.

I. Con sus niños y sus enseres de cocina

El inicio de los años setenta marca un resurgimiento de la lucha obrera en nuestro país. Entre 1971 y 1972 se dieron una serie de luchas de sindicatos compuestos principalmente por mujeres: Hilos Cadena, Medalla de Oro, Rivetex, y algunos sindicatos independientes de la confección y el calzado en Guanajuato y Querétaro. La actitud de las obreras textiles fue especialmente combativa. Las compañeras de Medalla de Oro vinieron desde Monterrey a México a seguir peleando y, en todos los casos, las mujeres resistieron ante las intimidaciones y la represión.

El caso de Rivetex es representativo: se trata de un gran consorcio industrial, ubicado en el estado de Morelos, que consta de varias secciones (Confecciones, Zurcido, etcétera) donde trabajan predominantemente obreras. Aunque el movimiento empieza en 1971 —cuando una trabajadora es injustamente despedida y luego reinstalada— toma fuerza a partir de junio de 1972. En la sección de Confecciones, 110 trabajadoras quedan sin trabajo al terminarse un contrato que no garantizaba la planta. Muchas llevaban 20 años trabajando en la empresa. El resto de las compañeras se une y emprende una lucha que dura 17 días, al término de los cuales el problema se resuelve favorablemente, con el pago de 75% de los salarios caídos y la restitución de casi 90% de las plantas.

En agosto de ese año los 320 trabajadores de esa sección —95% mujeres— acuerdan lanzarse a la huelga por violaciones al contrato colectivo de trabajo. Las autoridades de Conciliación y Arbitraje declaran la huelga «inexistente», y las obreras reaccionan. Después de marchar en manifestación desde la fábrica hasta el Palacio de Gobierno en Cuernavaca, deciden plantarse ahí hasta obtener respuesta. Se instalan con sus niños y con sus enseres de cocina y se mantienen económicamente vendiendo muñecos de peluche, tejidos y comida a los turistas y curiosos que circulan por el lugar.

La proximidad de las patrióticas celebraciones de septiembre preocupaba al gobernador ante el espectáculo que ofrecía el Palacio de Gobierno con las obreras instaladas enfrente vendiendo comida y coreando consignas. La tensión aumenta conforme se acerca el día 15, pues el gobernador no puede dar «el grito» en esa situación. Empiezan las presiones y son los hombres los que comienzan a flaquear. Una de las huelguistas recuerda:

> Y sí, la mayoría de los que empezaron a traicionarnos eran hombres; porque las mujeres, a pesar de que teníamos muchos problemas —porque muchas son casadas y tenían problemas con sus maridos—, a pesar de eso no decaían, seguíamos y decíamos: ya que nos metimos en algo, tenemos que acabar y lograr lo que realmente pedimos.

El problema adquiere trascendencia nacional y se reciben adhesiones. Llegan estudiantes y representaciones obreras a manifestar su solidaridad. El 14 a la madrugada la policía saca a las mujeres de Palacio, pero ellas se cruzan a la Plaza de Armas que está enfrente. La situación se torna crítica y la negociación se abre a las 11 de la noche de ese mismo día. La empresa ofrece 40% de los salarios caídos, pero insiste en despedir a 40 trabajadoras: a las más activas y al comité ejecutivo del sindicato. Las obreras no aceptan los despidos de las compañeras; renuncian a los salarios caídos, pero exigen que se cumplan todos los puntos del pliego petitorio y que no se despida a nadie. A las 4 de la mañana del día 15 la empresa acepta. El gobernador podrá dar «el grito» y todos los obreros volverán a trabajar con la antigüedad reconocida, sin salarios caídos, pero con mejores condiciones generales. La huelga duró cinco semanas.

En 1974, las obreras de Rivetex hacen una segunda huelga gracias a la cual obtienen algunas ventajas más. Pero en 1975 cometen un error que tendrá graves repercusiones. Durante la asamblea para el cambio de comité, un grupo de esquiroles propone un comité vendido a la empresa. La discusión empieza y muchas trabajadoras, en señal de repudio, se retiran de la asamblea. Esta continúa, sin embargo, y se levanta el acta de constitución del nuevo comité con los presentes. Cuando las trabajadoras se dan cuenta de lo sucedido, van en masa a la Junta de Conciliación y Arbitraje y entrevistan al secretario de Gobierno, pero la respuesta es que nada puede hacerse: el acta está en orden.

Durante 15 días las trabajadoras luchan para recuperar las posiciones del comité, que finalmente obtienen por medio de una votación democrática. Durante esta elección las obreras cuestionan abiertamente que, a pesar de estar integrado por 90% de mujeres, el sindicato esté manejado por hombres. Una de ellas nos relata la elección:

> Empezaron a decir que el primer punto del orden del día era el cambio de comité. Pero todo estaba totalmente manejado: ya habían hecho sus juntas (los charros) para que se hiciera ese cambio del comité. Pero, pues, también nosotras no estábamos tan mal preparadas; nosotras lo que queríamos era un comité de puras mujeres, porque en sí la

mayoría de las mujeres eran las que trabajaban ahí; porque era 10% de hombres los que trabajaban en la planta, entonces, pues acordamos que se hiciera un comité de mujeres. Bueno, que fueran hombres (también), pero que el secretario general fuera mujer. Entonces empezaron a nombrar las carteras; cuando se llegó a las carteras principales, la de secretario de trabajo, la de secretario general, entonces se empezó a armar la bronca porque una compañera fue nombrada por mayoría de votos. Esta compañera pues sí tenía su mayoría de votos, pero por parte del comité ya estaba nombrado otro.

Sin embargo, logran ubicar a una mujer en el puesto de secretario general y la mayoría del comité queda integrado por mujeres. Pero después del triunfo empieza otra historia: inmediatamente son despedidas muchas mujeres que desempeñan cargos sindicales y luego otras que se oponen a una rebaja de salarios. Las mujeres despedidas demandan a la empresa, pidiendo su reinstalación. Después de cuatro años, la Junta de Conciliación y Arbitraje falla a favor de la empresa. Paulina Díaz Delgado hace una crónica de las despedidas:

> Total, que ya llevo cinco años de despedida y sigo comiendo igual y sigo siendo la misma. Por eso ya nomás le hago al cuento para que la empresa no se pare el cuello. Y eso que tengo que meter dinero a la casa, tengo las dos chicas estudiando, y aunque el hijo da, eso no alcanza. Así que comencé a vender cháchara s, y en tiempo de aguas trabajo en el campo. También me entusiasmé con el trabajo y la promoción de la soya, trabajo mucho en eso, y además en la creación de la Casa de la Trabajadora Doméstica; la mayoría de las mujeres pobres del valle de Cuernavaca trabajan de sirvientas, y hay que ayudarlas. Aunque la verdad, lo que quiero hacer en estas luchas no es ayudar, sino participar.

Ya ni queremos la reinstalación; solo que nos reconozcan nuestros años de trabajo. Yo tenía 20 años trabajando allí, y por eso no quiero abandonar la lucha aunque hayamos perdido los juicios. Y es nuestro deber informar a los compañeros que nos apoyaron de cómo va la cosa. Por eso seguimos volanteando, y ellos siempre nos alientan y dicen: «Adelante, cuando nosotros estemos más conscientes, no habrá despedidos, o habrá despedidos con prestaciones, como debe de ser». Siempre nos animaron. Por eso pienso que, si dejamos de volantear, traicionamos a los mismos compañeros que nos dieron un apoyo económico y moral, los que nos animaron o nos dieron su cooperación para organizar comidas populares durante las huelgas y para ayudarnos a sobrevivir.

¿Entonces por qué iba yo a dejar la bronca? Pero políticamente nos amenazaban y en la puerta de las empresas los policías ya no nos dejaban repartir volantes. Y yo les discutía: fuera de la fábrica ¿quién manda? ¿quién prohíbe? Estamos en la calle, un lugar público, podemos repartir lo que queramos.

También había algunos compañeros vendidos, que además tarugueaban a los otros porque cooperaban. A esos los llamamos charritos. Oros nos decían que si dejábamos de repartir todas esas cosas, nos darían trabajo. Las jóvenes creyeron y dejaron de repartir volantes y de participar en las huelgas. A mí hasta me invitaron a que fuera a trabajar a México, en la Universidad; será a barrer ¿no? ¿qué otra cosa podía yo hacer ahí? Pero no quise escucharlos, después iban a decir que las despedidas se fueron todas, que abandonaron la lucha.

Por eso ahora hasta denunciamos que en tal parte nos prohíben repartir. Y por lo menos cada dos meses me voy a la peni y platico con los presos, me echo todo el domingo allá. ¿Que qué? ¿Que me van a llevar presa? Si algo aprendí de chica, es a no tener miedo.

No voy más seguido a la peni porque no tengo dinero, cuando voy allí les doy aunque sea 10 pesitos a los que están más fregados. Hay muchos compañeros que se echaron sus añitos por abrirnos el paso para que uno pudiera salir a las manifestaciones. Hay que apoyarlos.

Hay tantas cosas que seguir haciendo por mantener viva la lucha obrera, para que la conciencia no se vuelva a dormir; ese cartón que tengo ahí, que ya me corren con todo y mi cartón, es puro volante que conservo, puro documento. Tenemos copia de todos los juicios que perdimos. La Suprema Corte de Justicia dictó en contra de los laudos de Paula y mío, adoptando abiertamente una posición patronal. En los casos de María Luisa y Marta, fue el Tribunal Colegiado de Toluca que, en contubernio con los patrones, dictó los laudos a favor de la empresa y en contra de las compañeras. De la misma manera, los compañeros Etelvino y Paulino. Solo la compañera Estela recibió su liquidación.

¿Para qué guardo todo esto? Me preguntan; para que se los enseñen a sus nietos y vean qué abuela tan pendeja tienen… Hasta mi hijo me dice cuando se enoja: «Ya quémelos, ya de tanto recordar se me retuercen las tripas».

Y yo le contesto: «Déjame, un día que yo no trabaje más, verás que me voy a poner a escribir todo esto en un libro».

María Elena Sánchez y Angelina del Valle

Un proceso irreversible

Una de las luchas más importantes que han dado las mujeres ha sido la de las taquilleras del Metro para obtener su «base» (plaza o planta). Cuando se inició el servicio, el personal de las taquillas era masculino y de base, con todos los derechos que los trabajadores sindicalizados gozaban en ese entonces. Luego de unos meses los hombres fueron cambiados por mujeres, cambio que «coincidió» con que las taquilleras se convirtieron en personal «de confianza», perdiendo la base, el derecho al sindicato y las prestaciones (incluido el servicio de autobuses que tenía el personal del primero y último turno).

Estas circunstancias determinaron condiciones de trabajo particularmente desfavorables para las 650 taquilleras. No podían abandonar la taquilla en ninguna circunstancia. Para ir al baño era necesario llamar a una «suplente», que podía tardar horas o inclusive no llegar nunca. Esta situación era especialmente incómoda durante los periodos de menstruación de las trabajadoras. Además, no se les permitía comer dentro de la taquilla, y no se les daba el tiempo para hacerlo durante sus ocho horas, derecho consignado en la Ley Federal del Trabajo. No podían retirarse de las taquillas hasta que llegara la compañera del turno siguiente, y si esta no aparecía tenían que quedarse a doblar el turno, que no se les pagaba como horas extras sino como otro turno sencillo de trabajo.

Las empleadas del primer y tercer turno, al no contar con transporte, se enfrentaron a la difícil circunstancia de llegar antes de que el Metro abriera e irse después de terminado el servicio. Hubo algunas violaciones (seguramente siguen ocurriendo) y muchísimos asaltos. Las trabajadoras caminaban grandes distancias o gastaban una proporción muy alta de su salario en taxis. Los cambios de turno y de línea eran una manera de presionar y de castigarlas, imposibilitando una actividad secundaria como estudios de cualquier tipo. Además, la empresa se ensañaba especialmente con las empleadas que tenían hijos: no se concedía a las madres el tiempo de lactancia que marca la ley ni se les proveía guarderías, y curiosamente, se les cambiaba a la línea más alejada de su casa.

Otro tipo de arbitrariedades eran las relacionadas con el manejo del dinero. Las taquilleras tenían la obligación de no rechazar el dinero deteriorado que entregaban los usuarios, sin embargo, la empresa no recibía de sus empleadas el que consideraba en malas condiciones, descontándoles de su salario el importe equivalente. Si las tiras de los boletos no venían completas, ellas tenían que reponer la diferencia; si a medio turno se hacía una auditoría y se encontraba un «sobrante» la empresa lo retiraba, y si al final del turno había un faltante por la misma cantidad del sobrante ¡las taquilleras lo tenían que pagar, sin tomar en cuenta el sobrante anterior! Las empleadas del último turno vivían la situación más grave: al final de la jornada debían poner todo el dinero en una bolsa, cerrarla y meterla en una caja fuerte, sin más testigo que la compañera de turno. Hubo varios casos de «desaparición» de bolsas y las empleadas tuvieron que pagar con varios meses de sueldo lo robado. Innumerables veces las taquilleras pidieron, sin ser escuchadas, que se supervisara oficialmente el trámite de entrega.

El hecho de ser trabajadoras de «confianza» solo por manejar dinero como cajeras hacía muy difícil para estas mujeres pelear por sus derechos y defenderse de las arbitrariedades de las que eran víctimas. No obstante, un pequeño grupo encabezó una difícil lucha por conseguir la base, enfrentándose a la empresa y al sindicato charro que se negaba a apoyarlas. Esta duró casi cinco años y solo en el último, en 1975, recibieron apoyo sindical.

Aun así, lograr la «basificación» fue duro. Una vez obtenida la base en noviembre de 1972, las taquilleras fueron un elemento importante en las luchas de los trabajadores del Metro, que llegaron a ganar las mejores condiciones de trabajo dentro de la Federación de Sindicatos de Trabajadores al Servicio del Estado. Cuando el primer Comité Ejecutivo Democrático cobró fuerza, las autoridades trataron por todos los medios de desintegrarlo, encontrando su oportunidad en el congreso de febrero de 1978, en el que de manera amañada y brutal depusieron al Comité Ejecutivo Democrático e impusieron uno charro. Algunas dirigentes de las taquilleras fueron bestialmente golpeadas y después despedidas, junto con el resto del Comité Ejecutivo Democrático.

Aunque despedidas, estas compañeras siguen vinculadas a la base trabajadora y su proceso de conciencia y organización se ha hecho irreversible. Ellas mismas han reflexionado sobre la experiencia del Metro y han señalado hasta qué punto la condición femenina fue determinante en el tipo de participación que hubo por parte de muchas mujeres.

Uno de los obstáculos que surgió fue el hecho de que muchas estaban ligadas afectivamente a trabajadores del Metro y aun a algunos funcionarios menores y muchas veces definían su participación política según los criterios de sus compañeros y no de acuerdo a los propios.

Las telefonistas, voces que exigen la democracia sindical

De un completo artículo sobre las trabajadoras de Teléfonos de México, de Rossana Fuentes Berain y María P. Ortega, hemos tomado la siguiente parte:

—¿A dónde desea hablar?… Gracias, un momento…

Estas son las palabras que nueve mil operadoras repiten cientos de veces cada día.

En Teléfonos de México las mujeres constituyen 60% del total de los trabajadores. Durante 28 años, las operadoras trabajaron en pésimas condiciones, sin otra regulación que el contrato colectivo de trabajo. En 1976, a partir de su iniciativa, se desencadenaron una serie de acontecimientos que culminaron en el cambio del Comité Ejecutivo del sindicato y en la firma del «convenio de tráfico» para las operadoras. En este convenio se ha tratado de clarificar las ambigüedades existentes en el contrato colectivo respecto a las condiciones de contratación y de trabajo.

El proceso de contratación de las aspirantes a operadoras comienza en el sindicato, siendo los requisitos: tener entre 18 y 30 años, haber cursado la primaria, y presentar un examen de aritmética y ortografía.

Las operadoras de primer ingreso trabajan en calidad de eventuales, es decir que no tienen horario fijo y están a completa disposición de la empresa, la cual, para poder dar servicio las 24 horas, establece tres tipos de turnos: «de velada», que comienzan a partir de las 10 u 11 de la noche para terminar a las cinco o seis de la mañana; discontinuos o «mixtos», que dividen la jornada de trabajo en dos partes, lo que muchas veces implica que la operadora permanezca en la empresa hasta 12 y 13 horas; por último, los turnos más codiciados, los continuos, ya sea matutinos o vespertinos.

Los turnos de las eventuales se cambian por lo general cada semana. Este factor determina que no puedan desarrollar actividades paralelas como sería el estudio u otro trabajo. Hay operadoras que llevan tres o cuatro años desempeñándose como eventuales, sin tener acceso a los beneficios que la empresa ofrece a sus trabajadores de planta. El cambio de categoría de trabajadora eventual a trabajadora de base se da por riguroso escalafón cuando hay una vacante por renuncia, jubilación, despido o ascenso.

Una operadora trabaja siete horas diarias sentada frente a un conmutador, en salas insuficientemente ventiladas e iluminadas. Está sujeta a un horizonte visual muy estrecho que no puede ser desatendido un solo instante. Las actividades que realiza ante el conmutador son numerosas y la sujetan a una ininterrumpida actividad, ya que tiene que atender de 100 a 400 lámparas, verificar tarifas, escribir datos con claves de poblaciones y precios, además de manipular las clavijas. Si a este intenso ritmo de trabajo se agregan las malas condiciones de las líneas que frecuentemente producen descargas dolorosas («repiques»), la impaciencia de los abonados y la imposibilidad de levantarse o de platicar con sus compañeras más próximas, concluiremos que el tablero se convierte en un instrumento de constante tensión.

¿A dónde desea hablar? Las operadoras dicen estar siempre preocupadas por ser amables, serviciales y eficientes porque tienen que producir intensamente: a razón de 180 llamadas por hora, es decir, una llamada cada 20 segundos. Esta alta productividad se logra reduciendo a su mínima expresión el lenguaje. La fraseología que se maneja en los conmutadores es sumamente especializada: las muchachas toman un curso de seis semanas en el cual, además de aprender a manejar el conmutador, se les enseña las frases exactas que deben utilizar al responder las llamadas. El variarlas o añadirles algunas palabras implica pérdida de tiempo y, lógicamente, de ganancia para la empresa.

El mecanismo para controlar la productividad está principalmente en la supervisión constante. Para cada fila de operadoras hay una «auxiliar», que, siendo trabajadora sindicalizada, ejerce funciones de empleada de confianza puesto que su trabajo consiste en verificar que las 12 operadoras a su cargo no platiquen entre sí, ni con los abonados; que se respete la fraseología; también le corresponde dar los permisos para poder levantarse de los conmutadores. Las operadoras levantan la mano indicando que quieren salir, la auxiliar las anota en su lista y en función del tráfico de llamadas, va dejando que una por una salgan.

El segundo mecanismo de control es la grabación de las llamadas que una operadora realiza en un determinado lapso, normalmente una hora, sin que ella lo sepa. Respecto a este control de productividad escriben dos operadoras en la revista interna del sindicato:

> Al entrar vamos pensando que ojalá la auxiliar de vigilancia que nos toque en nuestra fila sea una compañera y no una gendarme de la empresa que nos haga imposible el día de trabajo. Así, desde el preciso momento en que llegamos, empezamos a hablar, hablar, hablar... A sentir hasta en los sesos los repiques constantes del equipo en mal estado, el dolor de los riñones por la incomodidad de las sillas, aguantando las ganas de ir al baño hasta que nos toque turno... Pero lo más humillante de nuestro trabajo en la central es el control por medio de grabaciones que se ejercen sobre nosotras, lo cual nos hace estar en una constante tensión nerviosa y además atemorizadas, ya que nos llaman la atención hasta por cambiar una palabra de una frase, a sabiendas de que se utilizan estos mínimos detalles para llevarnos a «investigación».

Estas condiciones de trabajo nos permiten entender mejor el gran riesgo psicológico y social que afecta en todo sentido la vida de las operadoras. De ahí que el objetivo principal de lucha de las telefonistas sea establecer dentro del convenio una cláusula —la que hasta el momento no ha sido aceptada por la empresa— en la cual se determinen y reduzcan los riesgos profesionales.

La lucha sindical se inicia en abril de 1976 cuando, después de 28 años de pasividad, las operadoras reaccionaron ante la farsa de la revisión contractual ese año. Ese año, la contratación se firmó dos días antes de lo previsto y, como era costumbre hasta entonces, sin la participación de los trabajadores. En los conmutadores se empezó a correr la voz de que «nuevamente se las habían transado» y las mujeres, indignadas dejaron los conmutadores y se trasladaron desde las centrales al sindicato. Con ello se inició un movimiento a nivel nacional, no solo de operadoras, sino de todos los trabajadores de Teléfonos de México.

El empuje a la lucha que dio la participación masiva de las trabajadoras permitió que, a través de un referéndum, se eligiera un nuevo Comité Ejecutivo Nacional y se planteara la reestructuración del sindicato. Poco a poco se han ido implementando medidas organizativas tendientes a conseguir mayor representatividad y participación de los trabajadores en la toma de decisiones.

Los resultados de cuatro años de trabajo se reflejan en el grado de organización logrado en las negociaciones de la contratación de abril de 1979. Cada departamento de operadoras (02, 09, 04, 05 y foráneas) formó comisiones que se encargarían de velar porque, además de las demandas de aumento salarial, se incluyeran en los puntos a tratar con la empresa el aumento de tarifas para los turnos de velada o nocturnos y la reducción de los años de trabajo activo (actualmente 25) que se plantean como necesarios para la jubilación.

La época en la que el departamento de operadoras —el más numeroso— laboraba sin un convenio de trabajo ha quedado definitivamente atrás. Su voz ya no es nada más un murmullo confuso; estas «obreras del lenguaje» están luchando por abrir foros de expresión y de participación, y, en gran medida, ya lo han logrado.

(Reportaje de Rossana Fuentes Berain y María P. Ortega)

II. Aquello acabó en fiesta

Las luchas campesinas en México tienen una sangrienta historia de represión que en las zonas indígenas cobra una dimensión genocida. Seis movimientos de mujeres, indígenas y campesinas, nos permiten comprender una forma de movilización poco conocida. En los dos primeros hay que señalar una circunstancia común; las mujeres se lanzaron a la lucha porque en la comunidad ya no había hombres. La razón de su ausencia no era, sin embargo la misma en ambos casos: en la Huasteca hidalguense habían sido asesinados; en Chiapas se encontraban fuera de la comunidad, trabajando en la pizca del café o en los potreros.

La Huasteca hidalguense ha sido desde hace años el escenario de una brutal represión contra la población indígena que, sin responder a una política genocida explícita, en los hechos ha resultado serlo. Tal es el caso de Pepeyocatitla, un pequeño poblado cafetalero al pie de la Sierra Madre Oriental, según información proporcionada por el Dr. Ricardo Ferré Diamará, el director del Centro Coordinador Indigenista de Huejutla desde 1972 a 1974. A principios de los setenta la pequeña burguesía no campesina de la zona trata de apoderarse de las tierras de los nahuas; y durante la toma y posteriores contiendas matan a la mayoría de los hombres, dejando al pueblo solo con mujeres y niños. Esto ocurre en 1972. Dos años después las mujeres se unen y deciden recuperar las tierras que les habían arrebatado. Bajan a la ciudad de Huejutla y toman la presidencia municipal. Reivindican su derecho sobre las tierras y las ocupan nuevamente. A los pocos días los judiciales estatales arrasan el poblado, al que queman y hacen desaparecer, masacrando brutalmente a las mujeres y a los niños.

Chiapas ha sufrido reiteradamente los despojos de tierras y la represión militar policiaca. En un espontáneo y violento movimiento contra los caciques de «El Bosque», las mujeres de la comunidad llegaron hasta a atacarlos físicamente, logrando la restitución de sus tierras.

También en Chiapas, en Petalcingo, las mujeres se organizaron para defenderse —ellas, sus maridos y la comunidad— de un despojo de tierras. El pleito empezó entre hombres que se enfrentaron a la presidenta municipal, coludida con los despojadores. Ella los amenazó con echarles al ejército si no desistían, pero los campesinos siguieron la lucha y se enteraron que el ejército, efectivamente, venía en camino. Fue entonces cuando las mujeres decidieron organizarse. Pensaron hacer una valla humana que impidiera el paso de los militares; si de todos modos las atacaban, ellas recurrirían a una «táctica»: tirarles cal a los ojos. «A ver cómo le toca a cada quién» —dijeron— y cada una armó una bolsita con cal que se escondió en el seno. Cuando llegaron los soldados resultó que también eran indígenas. Las mujeres se pusieron a hablar con ellos, se estableció un diálogo y finalmente los convencieron de que desistieran de entrar. Aquello acabó en fiesta; las mujeres les dieron de comer, los maridos sacaron las bebidas y se detuvo la agresión de la «seño presidenta».

Dos luchas que se están produciendo en estos momentos, y que aunque tienen un desarrollo opuesto, son ejemplos complementarios de cómo la organización de las mujeres motiva a los hombres, y viceversa.

La primera ocurre en un ejido en Guanajuato. Una mujer nos da el testimonio: *Mira,*

> es un ejido en... no te puedo decir el nombre, está en Guanajuato. Allí como 30 mujeres se organizaron para poner ellas un molino de nixtamal, para abatir un poco el precio de la molida. Los molineros del lugar aumentaban arbitrariamente el precio de la molida cada vez que querían. Estas mujeres empezaron

su lucha con mucho temor —¿qué sí, qué no?—, pero se fueron afianzando en sus convicciones. Además recibieron todo el apoyo de otro grupo de mujeres que trabaja por esa zona, mujeres con mujeres. Y luego, también de aquí de México vamos mujeres en su apoyo. Resulta que a estas 30 mujeres los molineros del lugar no las dejan abrir su molino. Va una licenciada de México y empiezan a hacer los trámites exigidos por la ley. Pese a que todo está dentro de la legalidad, los molineros empiezan a hacer sus movidas, a dar dinero para que no se les dé el permiso. Entonces se toma una opción y, apoyadas, viendo que se han seguido todos los pasos legales y que son presiones de otro tipo, se decide una acción política: abrir el molino así como está. «Vamos a abrir el molino» y se avientan y lo abren. Vienen los otros y se lo clausuran, y ellas lo vuelven a abrir, y lo clausuran de nuevo; y en ese ir y venir, amenazadas con ser golpeadas, ellas siguen de todas maneras. Claro que están apoyadas por otras mujeres y que hay una asesoría legal que les ha dicho que hay que tener una respuesta política. Pero lo que también es muy importante es que ya para estas fechas los hombres, que no se habían metido al principio, empiezan a apoyarlas y a involucrarse en la lucha. Y lo que pasa enseguida es que ellos se dan cuenta que uniéndose se puede avanzar y ahorita están empezando a dar sus propias luchas, por la tierra y otras demandas. Mientras tanto el caso se empieza a mover aquí en México, con la Secretaría de Comercio y otras dependencias, y en esas estamos…

Pero ellas se lanzaron

Un miembro de la Asamblea Permanente de Campesinos e Indígenas (APCI) nos habla de un caso similar en el que el proceso de concientización se da de manera inversa. Ocurre en un pueblo de la costa de Oaxaca. Allí la organización de los campesinos motiva a las mujeres. Los hombres deciden juntar sus tierras y trabajarlas en común.

> Este proceso colectivo empezó hace dos periodos de cosecha. Como los hombres se reunían en asamblea, las mujeres empezaron a hacerlo paralelamente. Junto con algunas mujeres de la APCI empezaron a discutir qué podían hacer ellas como mujeres. Se dio una reflexión muy padre sobre lo que las mujeres pueden hacer y ellas mismas llegaron a la conclusión de que como sus vidas son muy pobres era importantísimo mejorarlas. Decidieron mejorar la alimentación.
>
> Y entonces se preguntaron cómo. Pues cultivando hortalizas, para completar la dieta de maíz y frijol. Entonces una viuda dijo: «Yo tengo tierras, cultivémoslas en común, hagamos nuestro huerto juntas». Y entonces se dieron cuenta de una cosa. «¡No tenemos tiempo!». Pues sí se dieron cuenta de que no podían juntarse a cultivar porque no tenían tiempo. Y empezamos con las reuniones, y las conversaciones fueron evolucionando. Entonces se preguntaron. ¿Qué cuestión de la casa nos quita más tiempo? Y todas dijeron: «¡Las tortillas!» Sí, las tortillas, porque es desde poner el nixtamal, molerlo, y hacer las tortillas. Todo el día se la pasan haciendo alteros de tortillas, no sabes lo que es eso. A uno se le olvida el trabajal que es estar echando tortillas todo el día, para el almuerzo, la comida y la cena. Y entonces surgió muy claramente. ¿Qué necesitamos? ¡Pues un molino! Y luego las preguntas. ¿Cómo le vamos a hacer para conseguirlo? Y ahí empezó la acción. Empezaron a hacer rifas y a hacer cosas para vender, pero el problema del tiempo seguía. Y mientras ellas juntaban para comprar el molino empezaron a hacer acciones en común. Una muy importante fue la de los lonches,

los almuerzos. Todos los mediodías había que llevarle su lonche al hombre, cinco o seis km. Caminando, a donde estuviera. Estaban atenidas a perder toda la mañana. Pero entonces dijeron: Ahora nos organizamos y solo van a ir dos mujeres a repartir todos los almuerzos. Y así de dos en dos, cada día se hacía el recorrido de los veintitantos hombres. Para muchas también fue un sacrificio, pues era el momento de la plática, de estar con su hombre. Pero dijeron: «Preferimos esto para lograr lo nuestro». Como entre los hombres ya hacía conciencia, no protestaron. Y así alcanzaron para comprar su molino. Esto empezó el año pasado y en un año lograron juntar el dinero. Pero entonces empezaron con los problemas de los molineros, que son un monopolio. Ellas se opusieron y les cortaron la luz. No sabían que tenían que legalizarlo. Entonces llegaron personas de la Asamblea para ayudar con los trámites. Pero lo de la luz fue por transa de los molineros. Entonces decidieron ir en bola a la compañía de luz. «No, no vayan todas», les dijeron algunos hombres. Pero ellas se lanzaron. Legaron como 30 mujeres a las oficinas y se instalaron y no se movieron alegándole al señor y por qué nos la quita, y usted qué se mete si tenemos permiso o no, ese no es su asunto, eso es cuestión de otra naturaleza, y dale y dale hasta que el de la luz cedió y se las volvió a poner. Yo creo que debe haber pensado qué hago con este tumulto de mujeres. Como ves, es muy importante este proceso. Las mujeres solas llegaron a la conclusión de que no podían participar en la producción por el tiempo, por el trabajo doméstico aislado. Si querían modificar sus condiciones de vida, por ejemplo la alimentación, necesitaban compartir, o sea socializar, las tareas domésticas.

Muchas veces las movilizaciones en torno a demandas concretas no tienen trascendencia posterior, ya que al lograr solucionar el conflicto las mujeres regresan a sus casas. Tal es el caso de las mujeres de Cheje, Jocotitlán, quienes emprendieron la lucha espontánea por el agua. Ubicada en la región del Alto Lerma Cheje pertenece a la zona de pozos que abastecen a la Ciudad de México a costa de quedarse sin agua. La negligencia de las autoridades de Recursos Hidráulicos hizo que una descompostura privara de agua a muchas casas del pueblo, por espacio de cuatro meses. Frente a la indiferencia de los encargados, las mujeres tomaron los pozos. He aquí el testimonio de una de ellas:

La valla de los rebozos

Cuando empezamos a organizarnos fue un 11 de diciembre (1976): teníamos ya cuatro meses de no tener agua y los ingenieros no hacían caso. Yo fui a ver a las señoras a sus casas para que fuéramos a parar los pozos, pero al otro día iba a ser el día de la Virgen de Guadalupe y dijimos: «No, vamos a dejar que nos ayude la Virgencita y hasta el 13 vamos a pararlos». Entonces nos levantamos muy tempranito y a ir a sacar a las señoras de sus casas, y nos juntamos 32 señoras y paramos el primer pozo. Luego nos fuimos a la carretera y paramos un carro de los que iban y le hicimos ronda, que nos llevará a otro pozo, y a otro, y a otro. Paramos siete pozos y cada vez que llegábamos reportaban ellos la hora y paraban los pozos. No se oponían ni nada, pero si se hubieran opuesto los operadores, nosotras hubiéramos agarrado las herramientas para pararlos.

El último que paramos es el que está en el crucero a Jilotepec, y ahí nos instalamos. Como a las 10 de la noche se presentó el ingeniero Carvajal (uno de los jefes de región de Recursos Hidráulicos) diciendo que pasaba por ahí por pura casualidad, pero era mentira. Ya habíamos como doscientas señoras, porque se corrió la voz durante el día. Había una parte de señoras que sí tenía agua y esas nos tiraban mucho que éramos revoltosas, porque estaban enojadas que a ellas les había faltado el agua porque habíamos parado los pozos. Un solo día, y nosotros teníamos ya cuatro meses... ¡No jalaron con nosotras!, nos tiraron bien feo. Lo que pasa es que los de para debajo de la iglesia, todos tenían agua y para acá, nadie.

Todas las demás señoras, toditititas, bajaban con sus esposos, pero ellos las dejaban, y se retiraban, porque los señores no se arrimaban ahí para nada. Y se presentó Carvajal, y ahí estuvimos hasta el tercer día. Nosotras hacíamos guardia de noche y de día, nos turnábamos. Y muchas señoras nos llevaban de comer frutas, tortas, refrescos, comida. Había hartas señoras teje y teje, cose y cose. Yo no tejía, yo tenía nervios. Después del tercer día se volvió a presentar el ingeniero. Él quería que funcionaran los pozos, pero sin tener arreglo con nosotras. La discusión se puso muy fuerte, pero nosotras no aceptamos hasta que no tuviéramos agua. Ya teníamos como cuatro noches que él no se presentaba y nosotras metimos capricho de no quitarnos de ahí, y ahí íbamos a estarnos. Entonces fimos al campamento de Ixtlahuaca a decirles que si no venía Carvajal al otro día íbamos a volar los pozos. Estábamos decididas a todo. Pensábamos nomás dejarnos estos pozos de aquí para nosotros tener agua, y todos los demás volarlos, y de aquí nadie se llevara el agua para México. Yo creo que se lo comunicaron al ingeniero porque llegó como a las 11 de la noche. Cuando él nos vino a buscar ya éramos de nuevo las 200, no sé ni cómo se corrió la voz. Él trataba de convencernos y nosotras a no aceptar. «Si no nos ponen el agua bien pronto vamos a volarlos». «No, que mañana, déjennos echarlos a andar». Y nosotras: «No, no van a echar nada de agua hasta que nosotras tengamos agua».

Al otro día se presentó bien temprano el ingeniero y empezaron a componer, y a componer bien rápido. ¡Ah! Pero mire, antes de que hubiera el arreglo con Carvajal, como vimos que dos días ni se presentaron, pasó algo con el supervisor, que era Don Ernesto. ¡Uh! Pasaba rerisueño, viéndonos de lejos y se sonreía como burlándose. Ese día nos dio tanto coraje. Él pasó como para Cheje y al regreso le hicimos ronda con los rebozos y lo atajamos en su carro. Yo estaba adentro, donde está el pozo, que les grito: «¡Bájenlo!», y que lo bajan. «¿Qué le hacemos?». Preguntaron. Yo dije: «Lo vamos a bañar como puerco, porque nosotras tenemos cuatro meses de mandar a los niños a la escuela sin bañar, ni nada, y mientras en México se bañan hasta tres y cuatro veces al día, aquí nos bañamos una vez cada 15 días. Ahorita lo vamos a bañar en lodo como puerco, para que vea qué se siente». Y él gritando «¡Pero yo qué les hago!», y le temblaba el pantalón. Al final lo soltamos sin habérsela cumplido, pero eso sí, cómo lo hicimos temblar... Estaba asustadísimo, los pantalones se le sacudían, temblaba como los meros hombres. Nomás unas señoras quién sabe de dónde agarraron pintura y que le pintan toda la camisa. Eso sí, no se fue hasta que quisimos. Le dijimos: «Lo vamos a colgar de ahí...», y el pobre «¿Porqué me van a colgar...?», ya no podía ni hablar del sustazo que se llevó.

Después de la noche que vino Carvajal, al día siguiente empezaron a echar agua. Fueron casa por casa; «esta si tiene, a esta no llegó, todavía no llega hasta allá arriba al pedregal». Al ingeniero lo traíamos por todas, y hasta que tuvimos agua en toditititas nuestras casas dejamos que abrieran los pozos. Y desde entonces no nos ha *fallado* el agua; y cuando falla por descomposturas ya no dejan las cosas para largo. Se reporta y vienen.

III. Ese puño sí se ve

En general, las amas de casa no son tomadas en cuenta como un sector político. Su tarea aislada, la falta de un salario y de una perspectiva de lucha hacen que no exista conciencia del valor de su trabajo. Frecuentemente se escucha la queja de que muchas veces estas mujeres son una rémora en la participación política de sus maridos, que al no entender sus luchas los instan a dejarla y los acobardan. Que en su afán de proteger «la familia» frenan la lucha de los hombres. Es frecuente, sin embargo, como las condiciones objetivas en que viven las amas de casa no propician una toma de conciencia, que esta se dé a partir de la lucha de sus hombres (maridos, hijos, padres). Y cuando las luchas se extienden y dejan de ser incidentes espontáneos (como algunos de los ejemplos campesinos que nombramos) es cuando las mujeres se comprometen y trascienden los marcos iniciales. Tal es el caso de dos movilizaciones, iniciadas por esposas y madres que lograron convertir en suya propia una lucha en un principio librada por sus hombres, y que ha rebasado con creces sus planteamientos originales: nos referimos a los Comités Femeniles de la Tendencia Democrática y al Comité ProDefensa de Presos, Perseguidos, Desaparecidos y Exiliados Políticos.

El análisis sobre el desarrollo de la organización de los trabajadores electricistas y su importancia como eje fundamental en la insurgencia obrera, entre 1972-1978, ha sido emprendido por diversos autores. Así Raúl Trejo señala en su artículo «El movimiento de los electricistas democráticos (1972-1978)» aparecido en *Cuadernos Políticos*, núm. 1:

> Ningún movimiento sindical reciente ha tenido características tan ricas y variadas como el de la Tendencia Democrática. Aspectos

> como la resistencia en las secciones de provincia, la participación de los trabajadores con sus familias, la función de las mujeres en esa lucha…, forman parte de los momentos más luminosos en la historia del proletariado mexicano.

No obstante, llama la atención que a lo largo de más de 50 cuartillas no se mencionen los comités femeniles, su acción y función en las movilizaciones. Se hace necesario entonces rescatar esta parte de la historia —tan reciente— para que no caiga, como tantas otras, en el olvido.

El testimonio de Rosario Anguiano, ama de casa de provincia, nos proporciona una visión de lo que fueron estos comités femeniles.

> Mira, yo te voy a hablar de mi experiencia específica en el C. F. de Irapuato, aunque sé que otras experiencias fueron similares. Cuando las mujeres empezamos a organizarnos, los hombres ya tenían como 15 días fuera de los centros de trabajo, que habían sido tomados por el ejército. Algunas mujeres, como 10 en cada sección, nos comunicamos por teléfono para organizarnos para ir a Los Pinos a pedirle al presidente la reinstalación de nuestros maridos. No fue fácil pues lo hicimos de un día para otro; por la tarde empezamos a hacer las llamadas avisando que la salida era al día siguiente a las siete de la mañana. La tirada era llegar a Los Pinos a mediodía.
>
> Se empezó a correr la voz en todas las secciones de la república y las mujeres se dejaron venir. Muchas no pudieron por lo imprevisto de la decisión, algunas tienen hasta ocho y 10 hijos y no tenían con quién dejarlos; otras tampoco pudieron, pues porque el machismo pudo más que la conciencia. Al llegar a México, en la caseta de pago, nos detuvieron las patrullas de la policía. Los esquiroles, o los patrones, avisaron que veníamos a instalarnos hasta que nos recibiera el

presidente. Que no podíamos pasar. «No importa», dijimos, «si los camiones no pasan, pues nosotras nos vamos a pie». Empezamos a caminar y un patrullero le habló a un jefe. «Mire jefe, los camiones los detenemos, pero la gente se nos va. ¿Qué hacemos?». Entonces recibieron órdenes de escoltarnos hasta el local sindical, el de Zacatecas 94. No nos dejaron ir a Los Pinos.

Cuando llegamos al local nos encontramos con la noticia de que el problema se había arreglado. El presidente, al tener conocimiento de cuántas mujeres íbamos a verlo, mandó a Ojeda Paullada a decir que reinstalaran a todos. Aunque muchas mujeres regresaron inmediatamente, el local estaba llenísimo. Yo calculo que cerca de dos mil; de donde menos habían venido, por lo menos era un camión. De Irapuato fuimos dos camiones; setenta y tantas en cada camión.

A unos los reinstalaron inmediatamente, a otros después; a otros los indemnizaron y a unos pocos no los reinstalaron. Cuando regresamos, yo seguí insistiendo en que debíamos reunirnos, pues los problemas seguían y los electricistas estaban dando una lucha que también nos concernía a las mujeres. Pocas se daban cuenta de lo que la lucha significaba; la mayoría se movilizó única y exclusivamente por defender el trabajo de sus maridos. Las que sí estábamos interesadas no teníamos ni idea de cómo organizarnos, todas éramos amas de casa sin experiencia laboral ni política. Además, al regresar de México la mayoría de los hombres les dijeron a sus mujeres: «Ya se resolvió la bronca, ya entramos a trabajar, ahora sí, mujer, dedícate a tu casa, no vayas a dejar quemar los frijoles porque la política no se hizo para las mujeres y la lucha es de hombres». Y de esas ciento y tantas, 120 o 130 mujeres de Irapuato que logramos sacar de sus casas con una facilidad increíble, solo unas 20 o 30 siguieron.

Empezamos estableciendo lugar, día y hora fijos para reunirnos; les pedíamos a los compañeros que nos informaran cómo estaba la situación nacional. Nos fuimos enterando que había secciones con problemas gravísimos —Irapuato tenía a todos reinstalados— y empezamos a trabajar. Yo tuve que venir a México por razones personales, logré acercarme a Galván y, junto con otras personas, formamos el Comité Femenil del Valle de México, y de ahí surgió el Comité Nacional.

La situación crítica de otras secciones nos preocupaba y, aparte de la discusión política, hicimos rifas y pudimos mandar cantidades importantes de dinero. El trabajo dentro del Comité fue muy duro. Queríamos introducir a las mujeres a otras cosas, inquietarlas. Nos reuníamos para discutir y para leer algo de literatura. Pero conocer la situación de otras secciones hizo que nos mantuviéramos en lucha aunque nuestro problema estuviera resuelto.

Lo más impresionante fue el valor y la combatividad que demostraron las mujeres de los C. F. en todas las secciones. Te menciono solo unos pocos ejemplos. Uno muy divertido se dio en Aguascalientes. Allí las mujeres tomaron por la fuerza la radio, y empezaron a mandar mensajes a todas partes y a los compañeros de la Comisión Federal de Electricidad. Allí trabajaba un señor que molestaba mucho a las mujeres, que las acosaba. Cuando las compañeras tomaron la radio, dijeron por ella que si ese fulano las volvía a molestar lo iban a *rapar*. Pero su esposa entendió que lo iban a *capar*, y habló llorando al sindicato para pedir que no le fueran a hacer eso a su marido. También en Aguascalientes el primero de mayo, como no las habían dejado desfilar, las mujeres se plantaron frente a Gobernación y con unas bocinas denunciaron todas las arbitrariedades que les habían hecho, mientras las autoridades trataban de hacerlas callar.

En Pachuca, a los compañeros que hacían guardias, los acusó el gerente o el superintendente de robo y se los llevaron a la cárcel.

Todas las mujeres y las familias de la T. D. se fueron a la cárcel y armaron un gran alboroto. Las mujeres de los detenidos, y otras más fueron con el que los había acusado falsamente y lo cuestionaron. Después de demostrarle que no era cierto lograron que confesara la verdad. Cuando los maridos salían de la cárcel las mujeres obligaron al fulano a gritar: «Este puño sí se ve». Al pobre hombre se le derramó la bilis y hasta le dio diarrea. Para vengarse, duró más de tres semanas sin pagarles... Estaban todos trabajando y él no les quería pagar hasta que de nuevo las mujeres tomaron cartas en el asunto. Se fueron a su oficina y dijeron: «Si nuestros maridos no cobran, usted no sale de aquí». No le quedó otro remedio que pagar.

En Morelia las mujeres se concientizaron tanto que ahí andaban organizando a los campesinos para que vendieran directamente al consumidor, y hasta consiguieron tener a unas inspectoras de precio y de peso para defender los derechos de los consumidores.

También hubo casos dramáticos. En La Boquilla, las mujeres se enfrentaron a mano limpia con el ejército, para que no entrara a esquirolear. Pero les cortaron el agua y el ejército entró. También les quitaron a los maestros, el de primaria y el de secundaria, dizque por subversivos, porque las apoyaban. En Mexicali fue donde más resistieron: 10 meses sin salario. Perdieron sus pertenencias, televisiones, muebles, casas, etcétera, por no poder pagar los abonos.

Yo me acuerdo de la solidaridad que tuvimos y de la resistencia y se me enchina el cuero y me dan ganas de llorar. Todos nos cooperábamos. Así, Pérez Ríos, Fidel Velásquez, la Güera Rodríguez, todo mundo se preguntaba de dónde salía el dinero, porque no podían creer que los trabajadores nos cooperáramos así. Para venir a la gran manifestación que iba a salir del Monumento a la Revolución, y que no salió porque nos cercaron con metralletas —éramos como 250 mil trabajadores venidos de todas partes— nos cooperamos para pagar los camiones. Nos tocaba de a $500.00 o más por cabeza y todos pagábamos sin chistar. Y, como decisión de la base, al que no fuera a la manifestación se le descontaban tres días de sueldo.

El machismo contó mucho

La participación de las mujeres durante los momentos de más actividad fue como de una tercera parte; después bajó a una cuarta parte. Los prejuicios sociales contaron: muchas tenían vergüenza de salir a la calle y gritar consignas. También pesó el hecho de estar tradicionalmente sujetas y dependientes de la voluntad del marido. El machismo contó mucho. Hubo maridos que dijeron: «Tú no te me paras en los comités porque nomás vas a hacer el ridículo y yo voy a ser la burla de todos». Hubo también mujeres que no se dejaron: «A mí me vale, haz lo que quieras, brincas, bailas, pero yo voy a ir». Luego el compañero se convencía y era de los que más luchaba porque las mujeres participaran. Hubo el caso de un compañero que al llegar a una asamblea del sindicato vio a su mujer y le dijo: «Vete pa' la casa», y ella le contestó: «No, yo estoy contigo en la lucha y aquí me quedo». Entonces él dijo: «Ah, pues si tú estás aquí yo me regreso a la casa que está sola». Ella se sintió remal, pero se quedó, y al rato él regresó y delante de toda la asamblea le pidió una disculpa.

Claro que hubo problemas, pero sí hubo liberación; muy moderada, pero liberación a fin de cuentas. Y no solo de las mujeres, también por parte de algunos hombres. Había algunos compañeros que sus esposas los traían muy aquí y también se liberaron. Para muchísimos matrimonios la participación de las mujeres en los C. F. representó la posibilidad de una comunicación que antes no existía.

Antes el hombre al llegar del trabajo no hablaba, ella le preguntaba: «¿Qué pasó?» y él contestaba: «Nada, tú no sabes, son cosas de hombres, a ti no te interesa». Pero cuando ella empezó a intervenir y le hacía preguntas concretas, pues empezaron a hablar.

Si había consejos regionales, pues nos trasladábamos a otra ciudad. Ibamos puras mujeres, muy pocos maridos podían acompañarnos. Los consejos terminaban muy tarde y luego regresar, pon tú, desde Zacatecas a Irapuato, pues lógico que llegábamos a la madrugada. Recuerdo a una compañera Clarita que la primera vez que llegó tarde el marido le dijo: «Fíjate nomás qué horas de llegar» y ella «Pues es que como era la primera vez que iba no sabía que iba a tardar tanto». Para la segunda vez, cuando el marido le preguntó si iba a ir al consejo regional, ella le contestó: «Sí, y ni me esperes, acuérdate que llego después de las 12».

Los hombres poco a poco se fueron adaptando a la idea de que las mujeres participaran. Cuanta manifestación se hacía, nosotras teníamos que ir, y pobre del marido que no llevara a su mujer, porque se le armaba después. Las propias mujeres eran las que protestaban primero. «Si fulanito la lleva, cómo no me vas a llevar tú». Al principio se agarraban de pleito, y después siempre las llevaban.

Yo también tuve mis problemas. Aunque mi marido es de ideas socialistas y fue quien me creó muchas de mis inquietudes políticas, pues estaba de acuerdo con que todas las mujeres se liberaran, menos la suya, claro está. Yo tuve que dar mi batalla dentro de mi casa.

En ciertas circunstancias las mujeres se mostraron más combativas que los hombres. Cuando teníamos el campamento fuera de Los Pinos, ya al final de la lucha, vino el ejército una mañana y cargó con todos, destrozando el campamento y robando lo que podían. Fueron las mujeres las que al subir a todos los camiones empezaron a cantar «Venceremos» y «Ese puño sí se ve». Los compañeros estaban preocupados por ellas, pero después también ellos se integraron y los soldados tuvieron que echarles gases lacrimógenos para que se callaran.

A partir de ese incidente se empezó a negociar la disolución de la Tendencia Democrática. Creo que era Lenin quien decía que hay veces que después de dar dos pasos adelante hay que retroceder uno. Tenemos que aceptarlo. Cuando se disolvió la TD también los comités femeniles fueron disueltos. Nos tenían mucho miedo a las mujeres. Hubo amenazas claras en el sentido de que la mujer que siguiera reuniéndose, aunque ya no hubieran los CF, su marido sería despedido. Y como la lucha tomaba otro camino, pues nos disolvimos. Ahora bien, sí quedó una semilla. Hay mujeres que desean con el alma poder volver a organizarse. Además es indudable que se ganó mucho, sobre todo con los propios compañeros. Fue importantísimo que los hombres aceptaran con normalidad la participación de las mujeres. Y eso que la empresa también ahí trató de interferir, fomentando el machismo, haciendo comentarios machistas para que los hombres nos prohibieran participar.

Otro logro importante fue que conseguimos que los hombres participaran en actividades dizque femeninas. Como hacíamos comida colectiva, nos ocupábamos de la limpieza y todo, pues el trabajo era agotador, así que los hombres tuvieron que entrarle también parejo a guisar, a cuidar niños, a limpiar.

Cuando los líderes de la TD se dieron cuenta de la fuerza que representábamos las mujeres en el movimiento, hicieron el comentario —yo lo oí— de que lamentaban haber desperdiciado esa fuerza tan grande, pues las mujeres éramos la mitad de la lucha.

Una forma de movilización que en los países de América Latina ha sido iniciada y encabezada por mujeres es la de los comités por familiares desaparecidos. Las madres, las esposas, las hermanas han empezado a reclamar por sus familiares; al principio, prioritariamente hombres, y cada vez más, también mujeres. En México la creación del Comité Nacional Pro Defensa de Presos, Perseguidos, Desaparecidos y Exiliados Políticos fue impulsada por unas mujeres que llevaban tiempo buscando infructuosamente a sus familiares. Una de ellas, Rosario Ibarra de Piedra, se dio cuenta de que tenía que rebasar su búsqueda individual después de haber agotado todas las instancias de apelación, incluso la presidencial. La señora Piedra se dedicó prácticamente a asaltar al presidente Echeverría; llegó incluso a entrevistarse con él nueve veces en un mismo día. Después de meses de asedio y de respuestas esperanzadoras, el último día de mandato echeverrista la señora Piedra le preguntó al presidente si al menos su hijo estaba vivo. «Yo no lo sé» fue la seca respuesta.

A partir de ese momento ella empezó a ponerse en contacto con otros familiares de desaparecidos.

Al principio eran todas mujeres. Los comités se empezaron a crear espontáneamente en provincia y en 1977 se constituye ya formalmente el Comité Nacional. Muchas mujeres tuvieron que enfrentarse con la incomprensión de sus familias, que no les permitían salir de sus pueblos para buscar a sus desaparecidos; otras tuvieron que aprender a leer y escribir; algunas empezaron a trabajar en forma asalariada para mantenerse y unas pocas, como la propia Rosario Ibarra de Piedra, dejaron una vida cómoda, se radicalizaron y asumieron las dificultades y riesgos de la militancia. Lejos estaba la señora Piedra de pensar, en los tiempos en que montaba, elegante, a caballo, que un día se encontraría sin maquillaje ni peinado de salón haciendo una huelga de hambre frente a una iglesia.

Al principio las mujeres sufrieron el sexismo de las autoridades. En especial las provenientes de las clases populares fueron sistemáticamente «ninguneadas» y ridiculizadas. Cuando preguntaban por el marido o el hijo recibían respuestas del tipo de: «Ya ni lo busques, te dejó por otra más joven», «¿Cuál desaparecido? Seguro que se largó de bracero». «¿Ya buscaste bien por la cantina?». Tildadas de «viejas borloteras y chillonas» aguantaron majaderías e indiferencias; en el Comité encontraron el camino para encauzar su lucha.

El Comité cobra importancia en los medios de difusión al promover una huelga de hambre días antes del segundo informe presidencial y al lograr que el presidente López Portillo —en consideración a las madres enlutadas— declare una *amnistía*, aunque en la práctica esta fue muy reducida. El movimiento de solidaridad y de denuncia iniciado por estas mujeres rebasa los marcos del Comité y el 12 de diciembre de 1979 se forma el Frente Nacional contra la Represión, por las Libertades Democráticas y la Solidaridad. Este Frente se propone «luchar por la presentación de los desaparecidos, por la abolición de la tortura, la disolución de los cuerpos represivos anticonstitucionales, por la amnistía general e irrestricta para presos, perseguidos y exiliados por motivaciones políticas, por la supresión de las cárceles clandestinas, por el cese de la persecución de la disidencia». El comité nacional del Frente está integrado, además del Comité Pro Defensa, etcétera por partidos políticos, comités estudiantiles, centrales campesinas y obreras, coaliciones de izquierda, centros de intelectuales, sindicatos y asociaciones democráticas. Este es el caso en que la lucha de una mujer ha trascendido y se ha ampliado a toda la república.

IV. «… Y no es que él me lleve; yo voy por mi voluntad»

Son poco conocidos los movimientos que emprenden las mujeres, sin una reflexión feminista, por demandas específicamente femeninas. Las luchas políticas, laborales o sindicales son amplias y sus demandas incluyen cuestiones masculinas y femeninas. Un sector de la población al que no se le reconocen posibilidades de organizarse como tal es el de las amas de casa. Su situación laboral es individual; su trabajo no tiene salario y no se rige por ninguna condición o contrato que permita luchar por algún cambio: es visto como una «función natural». La ideología cubre toda la función social de mantener y reproducir la fuerza de trabajo de manera gratuita. Sin embargo, cuando las condiciones objetivas se destacan y se rompe la «normalidad» o la tradición, las mujeres atisban que el salario del marido está pagando dos trabajos, y mal pagándolos, por supuesto. Aunque sin una clara concepción feminista, algunas amas de casa han llegado a plantear que el trabajo doméstico no es tan natural como se ha hecho creer, sino una dura faena que también debe ser compartida por los hombres. Esto se dio en Campamento 2 de Octubre, en Iztacalco, cuando las mujeres exigieron la participación de los hombres y la socialización de este tipo de tareas. Pero, hasta donde conocemos, el único caso donde algunas mujeres decidieron exigir a la empresa que les pagara salario a *ellas* es el de la Siderúrgica Lázaro Cárdenas.

En esta «tierra prometida» del desempleado, del campesino golondrina, del comerciante voraz, del funcionario improvisado se produjeron dos tipos de movimientos políticos que la izquierda apenas registró: el de las amas de casa y el de las prostitutas. La empresa empleó, en la primera etapa de la construcción, dentro de la planta a unos 30 mil obreros y, fuera, en obras tanto del puerto como de la ciudad, a otros tantos. Las condiciones de vida de esta población flotante eran muy duras, lo cual propició una toma de conciencia por parte de las mujeres. He aquí algunos testimonios:

Pedro tiene 25 años, casi terminó la secundaria; soltero, de padres campesinos, llegó a Lázaro Cárdenas en la etapa de la construcción de la siderúrgica y estuvo entre los obreros de la construcción que se quedaron trabajando en la planta.

> No había suficientes habitaciones. La empresa hizo campamentos; galerones donde se apretaban cerca de 80 trabajadores. Ese era el lugar donde íbamos a descansar. Los que no alcanzaron vivían en cuartos de piso de tierra y techo de palapa que es el hueso de las hojas de la palma y esto costaba 800 pesos. ¿La comida? La empresa dio en poner comedores y cobraba sumamente barato; cinco pesos, pero esos comedores no tenían suficiente higiene y los obreros se enfermaban. Luego comíamos en Lázaro, pero así sí era caro y malo también, aunque no tanto. El transporte, uy, había muy poco; a los trabajadores nos transportaban como animales en camiones, hacinados. Hubo muchos accidentes. Éramos muchos, pero muchos hombres en estos campos, alejados de nuestras familias así que había como mil o dos mil prostitutas.

Mercedes, es una mujer joven, casada con un trabajador de la siderúrgica, tiene un niño de tres años:

> Nos vinimos hace como tres años, somos de cercas de Toluca. Mi marido oyó decir que había trabajo aquí y se vino, estuvo dos meses solo, luego lo alcancé, pero las esposas no se venían. Mucho tiempo después llegaron. Mientras, ellos mismos se hacían sus cosas, iban a lavar al río y así sin planchar se ponían su ropita. Había boletos para comer en la empresa, pero no les gustaba, se quejaban y solo

por necesidad se aguantaban para guardar unos centavos para mandar a su familia. Otros se olvidaban un poco de ellas y comían en restaurantes. Cuando terminó la primera etapa se fueron muchos, muchos... ahora Lázaro está solo. Ya quedan los que tienen trabajo y más o menos sus familias están aquí, y se dieron muy bien cuenta de lo que es tener mujer en casa. No es lo mismo un trabajador que tiene alguien que le hace su comida, le lava y le tiene la casa, aunque sea de palapa, a alguien que vive en un campamento sin nadie. Y mire, aquí no hay luz, el agua tengo que ir por ella, la cubeta me la venden a peso, calles ¡ni soñar!; las tiendas quedan lejos y los camiones son una lata, pasan de vez en cuando.

Ahora la empresa gasta menos en ellos, pero a nosotras no nos facilitan el trabajo. Yo por eso he estado yendo a las asambleas del sindicato y los señores me dicen: «Le gusta estar sufriendo el calor, le gustar estar sufriendo la sed». Pero no, lo que me dio es interés en ir, pues ahí se tratan problemas que les interesan no solo a los hombres, y luego me dicen: «Hace bien, quiere estar al lado de él», y les contesto: «No, no es eso, si él está allá muy retirado y yo muy acá». Y no es que él me lleve, yo voy por mi voluntad. La asamblea es para todos y más para uno de mujer, porque los problemas que ahí se arreglan son los de salario, sobre cómo los tratan, y uno de mujer que deba hacer alcanzar el dinero, pues le interesa más. Y hay otras mujeres que se interesan y van; no muchas; se han dado cuenta de lo que ahorran a la empresa, les gusta ir, les gusta oír, hablan bonito; que por esto que yo hago me pagan tanto, y yo que por lo otro tanto, ¡qué bien que yo pudiera decir lo mismo! Pero ya están viendo los compañeros que las asambleas no son solo para los hombres sino también para uno. Unas no quieren ir porque sus maridos, dicen, son muy celosos, ¡pero cómo van a otras partes! Además si uno sabe lo que tiene en casa, no tiene por qué ser celoso, uno sabe con quién se casó. Otras dicen: «No, no puedo ir hasta que acabe esto y lo otro». Imagínese: si toda la vida vamos a estar así no vamos a hacer nada. Pero a veces me enfado, aquí de pobre y pobre y pobre no sale uno: toda la vida vamos a estar así, pero la voluntad es la que trabaja y seguimos yendo a las asambleas. Esto se tiene que formalizar.

Soledad no cumplió aún 25 años y hace dos que empezó a ser prostituta en la zona de Lázaro Cárdenas.

Estaba en mi casa pero necesitábamos dinero y me vine aquí, decían que había trabajo en las fondas y restaurantes. Pero solo nos pagaban 25 pesos, la dueña decía que con las propinas sacábamos lo demás. Y aquí en Lázaro eso no alcanza para nada. Después de trabajar me hice de un novio, que como todos… piden la prueba de amor. Bueno, vivimos un tiempo juntos. Luego se fue y…pues he andado con otros, soy joven y aunque fuera feísima aquí los hombres necesitan mujeres para seguir trabajando, y eso no lo toma en cuenta la empresa. Habíamos aquí uy, más de mil prostitutas, todas al servicio de los trabajadores. Viendo esto y las condiciones horribles en que vivíamos, platiqué con algunas de mis compañeras. «No es posible que vivamos en estas condiciones», les dije; hay 50 mil hombres y nosotras apenas si más de mil, no descansábamos nunca, ni cuando nos bajaba la regla. Además teníamos que repartir feria al compa que te metía en el asunto y al policía que rondaba el lugar, dizque para protegernos.

Si queríamos atención médica, nos costaba a nosotras; si queríamos descansar, al compa no le gustaba; por todos lados estábamos controladas. Unas cuantas decidimos pedir nuestros derechos. Muchas se rieron, otras no dijeron nada, total, unas cinco fuimos a hablar con el presidente municipal para que nos dieran ciertos derechos, como trabajadoras. Así como la empresa ponía comedores y campamentos, pero olvidando otras necesidades que tienen los hombres. Fue horrible. Fui a hablar sobre esto y me mandaron con la policía, me hicieron toda clase de vejaciones y no conseguimos nada más que la cárcel y amenazas. Ahora vivo en Acapulco, ahí la cosa es de otro modo. Mis amigas tienen menos clientes, otras se han ido, esto se ve vacío, quién sabe dónde andarán.

Hasta que un día nos hartamos

Una lucha campesina con una demanda aparentemente inverosímil fue la de las mujeres de Villa de las Rosas, municipio Villa de las Rosas, en Chiapas, que presionaron al presidente municipal para que les construyera un lugar donde tener sus partos. En 1979 lograron que se les dotara de tierras donde iniciar la construcción de centros de salud y descanso para dar a luz. Es el único ejemplo del que tuvimos noticia de este tipo de demanda y movilización de campesinas ejidatarias.

Cuando las mujeres se organizan en colonias o barrios populares es frecuente que sus propiedades de lucha y sus demandas sean diferentes a las de los hombres, no porque sean «femeninas» en sí sino por la división sexual de funciones e intereses que se dan de manera ideologizada. Así, la lucha por mejorar las condiciones de salud o por una buena alimentación, requerimientos comunes a los hombres y mujeres, se transforman en demandas «femeninas» al ser levantadas exclusivamente por las mujeres, muchas veces en contra de los hombres o ante su indiferencia o sorna. En varios pueblos del estado de Morelos se ha producido un movimiento originado en el interés por la salud. Varias mujeres empezaron a adquirir conocimientos básicos de medicina, recuperando ciertas prácticas de la medicina tradicional como el uso de yerbas, masajes, etcétera. Esa información se fue ampliando entre las mujeres y se empezó a transmitir con una orientación de «autoayudarse» y de desmitificar la medicina autoritaria, involucrando a la comunidad en salud pública. Las mujeres de estos pueblos acudieron a CIDHAL a recibir información, orientación y cursos específicos. Y a partir de este trabajo se produjeron algunas movilizaciones exigiendo la construcción de letrinas, el saneamiento de las condiciones habitacionales, la fabricación de tabique, etcétera.

Una lucha ideológica importante es la emprendida por las mujeres cristianas que cuestionan la religión patriarcal y el sistema autoritario y jerárquico de la Iglesia. Unidas en un grupo llamado Mujeres para el Diálogo estas mujeres hicieron una importante movilización para la conferencia del Celam en Puebla en febrero de 1979. En una lucha por el «desbloqueo ideológico» las Mujeres para el Diálogo cuestionan desde la representación masculina de Dios hasta la imposibilidad de participar en el sacerdocio.

Las mujeres estamos sometidas cotidianamente a un hostigamiento sexual con el que hemos aprendido a convivir. Solo cuando este rebasa los límites «normales» de machismo es que surge la posibilidad de enfrentarse abiertamente y de unirse. Tres pequeñas batallas contra el hostigamiento sexual, de diferentes características, nos han sido relatadas. Todas se dieron entre 1978 y 1979 y una de ellas continúa hasta el presente.

Es en el sector de servicios donde las mujeres se encuentran con más dificultades. Como el trabajo es considerado una «prolongación» del rol femenino, se da por sentado que las trabajadoras deben realizar una serie de tareas «complementarias», vistas como absolutamente naturales. Así, una secretaria, una enfermera, tienen que hacer el café, ayudar a sus jefes y muchas veces se espera que acepten sus proposiciones sexuales. Son las ayudantes y «las esposas» del trabajo. La presión a que son sometidas es altísima y en muchas ocasiones deben soportar el genio, el malhumor y hasta las groserías del jefe. Tal fue el caso de las enfermeras en la Clínica de Londres ante un médico que exageraba su trato soez con ellas. Una trabajadora dio el siguiente testimonio:

> En general los médicos tratan de aprovecharse cuando una es jovencita. Ya así como yo, no se meten mucho contigo. Además hay de todo, quienes son muy respetuosos y hasta da gusto trabajar para ellos, y otros que deveras da coraje. Uno, no, no voy a decir el nombre, nos trataba espantoso, cuando no nos decía prófugas del metate nos gritaba groserías. Desquitaba su genio con nosotras, como si tuviéramos por qué aguantarle tanta majadería. Hasta que un día nos hartamos. En verdad se le pasaba la mano. Decidimos no bajar a la sala de operaciones. Él operaba un día fijo y tenía como ocho operaciones, una detrás de la otra; ninguna enfermera entró a la sala. Se armó un gran revuelo. Nosotras ya nos habíamos quejado individualmente pero no nos habían hecho caso. Ese día también había otras operaciones y todos los médicos estaban furiosos. Nosotras dijimos que mientras ese médico estuviera en la Clínica nosotras no entrábamos a la sala. Se tuvo que salir de ahí. Ahora opera en otro hospital y unas compañeras dicen que ya no se mete con las enfermeras.

Contra «espiones» y «contempladores»

Un caso similar ocurrió en una secundaria oficial en septiembre del año pasado. Para muchas maestras y alumnas era un martirio subir las escaleras ya que cierto intendente se instalaba abajo y descaradamente trataba de verles las piernas y los calzones. Las primeras semanas las mujeres lo reportaron a las autoridades administrativas. Luego se entrevistaron con el director, quien llamó al intendente y le recriminó su conducta delante de todas, pero no lo suspendió ni le aplicó sanción alguna.

> Nos dijo que no podía correrlo por eso y que tampoco lo podía amarrar —relata una de las involucradas—. Además se veía que al propio director no le importaba, y hasta le daba risa todo el incidente. Uno de los maestros nos comentó que llegó a decir que por qué armábamos tanto borlote, que qué teníamos de diferente de otras mujeres, y que qué importaba que nos vieran lo que la naturaleza nos había dado, «no les hace daño y él tiene su gusto». Ahí fue cuando nos enojamos deveras. Dijimos: «Ah sí ¡pues van a ver!».Y nomás entramos el lunes y se volvió a plantar ahí el tipo, y como 12 o 14 mujeres, entre alumnas y maestras, lo agarramos a golpes. Unas con reglas, otras con bolsas y las demás con puñetazos y puntapiés lo dejamos tirado hasta que nos vinieron a separar. Estuvo en cama toda la semana y no se ha vuelto a parar bajo la escalera. Al director le fuimos a decir que gracias a su «ayuda» ya habíamos resuelto la bronca. Nomás se nos quedó mirando, no sé si con rabia o con miedo de que también a él le agarráramos unos chingadazos.

Una de las funciones de las recepcionistas y de las secretarias es la de ser «objetos sexuales para contemplación». En una gran compañía multinacional de computación, las recepcionistas estaban obligadas, en pleno 1979, a usar minifalda. Además de incómodo, resultaba absolutamente fuera de lugar en relación con la moda de falda a media pierna. El fin era obvio: que los clientes de la compañía se deleitaran viendo las piernas a las jóvenes muchachas. En noviembre, cinco recepcionistas solicitaron una cita con el jefe de Relaciones Públicas de la empresa para decirle que no usarían las minifaldas ya que no querían exhibir sus piernas. Que era antiestético y que, además, no era la moda. Que las que lo quisieran hacer, bueno, pero que no las podían obligar a usar cierto largo de falda. Aceptaban el uniforme, pero no se les podía imponer el largo, más bien el corto de la falda. Esta posición trascendió y se unieron 18 compañeras más. La primera semana recibieron amenazas de despido e intimidaciones, pero frente a la claridad y la decisión de presentarse en Conciliación y Arbitraje, la empresa cedió. En adelante las muchachas podrían usar el largo que quisieran en la falda del uniforme.

V. Por la legitimidad de una perspectiva feminista

No hemos querido describir, por cuestiones de espacio, las luchas feministas ya que estas han sido reseñadas en varios números de la revista. Tanto el resurgimiento del feminismo en México en los años setenta como los planteamientos de algunos de los grupos feministas y la historia de la evolución de uno de ellos en especial se incluyen en el número 5 de *fem.* Valga el artículo «Piezas de un rompecabezas» como testimonio parcial de ese proceso.

Resumiendo al máximo podemos decir que las feministas hemos luchado, desde hace 10 años, en dos terrenos: el ideológico y el concreto. La gran batalla se ha dado en el terreno ideológico donde nos hemos enfrentado, no solo con el «establishment» y la reacción, sino con la propia izquierda. Solas, ridiculizadas, caracterizadas como sectarias o «divisionistas», hemos bregado por el reconocimiento de la validez política de nuestros planteamientos, por desenmascarar el carácter político de los temas «no políticos», por sacar los trapitos sucios y restregarlos frente a las narices de todos los grupos políticos. Hemos removido en el interior de los partidos y de los grupos de oposición temas tan «triviales» como el del trabajo doméstico, tan «personales» como la sexualidad, y hemos puesto nuestro dedo en la gran llaga: las relaciones de poder entre los sexos, que cruzan las clases y se acentúan en las clases.

Luchar por la legitimidad de nuestra perspectiva, por su ampliación a otros niveles, por lograr que el feminismo trascienda adquiriendo su verdadera dimensión política y revolucionaria, ha sido el arduo y desgastante trabajo de un puñado de mujeres en nuestro país. Los resultados están a la vista. Por lo menos en los medios culturales, intelectuales y políticos, el feminismo es ya una postura respetable que muchos, aunque sea de dientes para fuera, dicen compartir. El tema de las mujeres se ha puesto de moda tanto en la investigación como en la creación literaria y artística. Pocos hombres, aparte de los eternos provocadores, se precian de ser machos. Los partidos de izquierda respetan la autorganización de las mujeres, promueven sus grupos feministas, intentan encabezar la lucha y conciertan alianzas con nosotras. El FNALIDM es un claro intento de trabajo conjunto en este sentido.

A nivel popular, aunque aún despectiva y burlonamente, se habla de las feministas. Los medios masivos nos atacan, hacen chistes y repiten los lugares comunes al designar a las feministas como come hombres, lesbianas, solteronas y amargadas; pero algo se filtra y estamos presentes. Cuando se organiza un concurso de belleza ya la gente se pregunta si las feministas vendrán a estropearlo; si se destaca alguna mujer —aunque sea en la nota roja— nos lo adjudican a las feministas… Existimos.

En el nivel concreto —por llamarlo de alguna manera— nuestro accionar ha girado en torno a dos reclamos fundamentales: el derecho al aborto y la lucha contra la violación. La primera demanda logró unir, a instancias de dos grupos pioneros (Movimiento Nacional de Mujeres y Movimiento Feminista Mexicano), a todas las feministas y grupos en la Coalición de Mujeres Feministas. La presentación del proyecto de ley sobre Maternidad Voluntaria (*fem.*, núm. 11) por el Grupo Parlamentario Comunista en diciembre del año pasado es el resultado de ocho años de trabajo feminista por conseguir que el aborto sea un servicio de salud.

La lucha contra la violación es más reciente; data de 1977. Se ha canalizado en un Centro de Apoyo a Mujeres Violadas, A. C., que brinda asesoría legal, médica y psicológica. En las demandas contra los violadores que han sido ganadas ha pesado la movilización feminista que, sin duda, ha hecho reflexionar a la justicia y ha abierto un terreno de discusión más allá del amarillismo y la morbosidad que rodean estos casos. No solo en *Alarma* se habla de violación: también en los editoriales de los mejores diarios.

Otro eje concreto de acción ha sido la denuncia sistemática de todas las arbitrariedades e injusticias, discriminaciones y opresiones contra las mujeres. Se han hecho movilizaciones por cuestiones laborales, por cuestiones políticas y hemos ganado varios casos.

No podemos dejar de reconocer la ardua lucha que han librado algunas mujeres militantes por lograr en el sueño mismo de sus organizaciones un cambio de concepción y de práctica respecto a la problemática de las mujeres. Han bregado por un socialismo feminista, reivindicando la especificidad del problema de la mujer y por consiguiente la necesidad de organizarse autónomamente. Un ejemplo son las mujeres del PCM y PRT. Muchas de estas militantes hoy ya son feministas.

Y por último —*last but not least*— no hay que olvidar la lucha cotidiana de las feministas: en sus casas, con sus compañeros, padres y amigos; en el trabajo, con sus colegas y jefes; y, en términos generales, en la vida de relación, con todas las personas con que tratan. Este accionar tiene dos sentidos: contra el sexismo y por el feminismo. Desde la discusión sobre quién lava los platos o sobre si se le compra o no a la niña un tren de juguete, hasta el rechazo al «piropo» insultante. En todas las pequeñas grandes luchas se han ganado posiciones de las que ya no será posible retroceder.

¿Y QUÉ CON ESTOS TESTIMONIOS?

Vemos que las luchas de las mujeres se dan en varios frentes, ya sea por objetivos tradicionales o bien por otros que no habían sido considerados «políticos». Así, tenemos compañeras en los sindicatos combatiendo para conseguir mejores condiciones laborales (Metro, Rivetex, telefonistas); pero también, en el sindicato de la Siderúrgica Lázaro Cárdenas, las amas de casa pelean para que se las reconozca como trabajadoras después de que la empresa las recargara con tareas que antes asumía.

En el campo nos encontramos con mujeres que siguen las luchas de sus hombres, que defienden la tierra como único medio de subsistencia, *pero también* aparecen otras que exigen un lugar donde parir.

Están las que pelean por instalar un molino de nixtamal en contra de los intereses locales, *pero también* las que tratan de que la Iglesia reconozca el sexismo que permea toda la práctica religiosa.

La lucha de los Comités Femeniles, que respalda la de los compañeros de la Tendencia Democrática, hace avanzar a las mujeres en la conciencia de las condiciones del trabajo asalariado, *pero también* a los hombres en la conciencia de las condiciones del trabajo doméstico.

Está el trabajo del Comité Pro Defensa de Presos, Perseguidos, Desaparecidos y Exiliados Políticos que rebasó ampliamente sus marcos iniciales, *pero también* las encontramos en la escuela, la empresa multinacional y el hospital disputando no por reivindicaciones tradicionales, sino porque se les respete como mujeres.

Están las que pelean por el agua y los servicios en su comunidad, *pero también* está la lucha de un grupo hasta ahora aislado, el de las prostitutas, que entienden su función social e intentan arrebatar ciertas condiciones laborales a las autoridades coludidas.

En las luchas tradicionales, con objetivos inmediatos, organizadas y vinculadas a otras organizaciones sindicales o partidarias, aparece el carácter femenino en la forma en que se plantean y se llevan a cabo: las mujeres tejen y cocinan durante las huelgas para ayudar a sostenerlas; reivindican frente al marido o compañero la legitimidad de su incorporación a la lucha y, al mismo tiempo, le hacen sentir lo que es la doble jornada.

En las luchas espontáneas, campesinas o amas de casa, las mujeres enfrentan al poder público (ejército, policía o funcionarios) con autoridad moral e ingenio más que con la fuerza física: un saquito de cal, una valla de rebozos, unos cantos y mirar de frente. Temerarias, muchas veces.

Pero las otras luchas, cuyos objetivos habitualmente no se consideran como políticos, cuya organización no está prevista ni constituida y a las que las organizaciones tradicionales no legitiman ni apoyan, nos revelan una concepción de acción feminista. Los testimonios de estas mujeres dan cuenta de un punto clave de la producción capitalista que se ha descuidado mucho: la producción y reproducción de la fuerza de trabajo. Lo que moviliza a estas mujeres son las condiciones concretas de la vida, fuera del marco «normal» en momentos críticos y no una teorización feminista previa. Una situación límite o «anormal»: la construcción de un gran complejo siderúrgico —el caso de Lázaro Cárdenas— con un flujo de población mayoritariamente masculina y ausencia de mujeres hizo que las tareas que «naturalmente» realizan las mujeres en la familia fueran resentidas en todo su peso a nivel social. Al no contar con sus esposas, los trabajadores exigieron a la empresa, como condiciones laborales, que les resolviera aquellas necesidades que ellas cubrían: comida, ropa limpia, vida sexual y apoyo psicológico. Cuando, en la segunda fase de la siderúrgica, muchos trabajadores se instalaron con sus familias, se evidenció hasta qué punto la organización de la producción, al especializar a las mujeres en las tareas domésticas, les impide hacer otro trabajo y participar políticamente. Con esto se perpetúa la relación de poder entre el hombre —que trabaja y gana un salario— y la mujer —que trabaja sin salario. Esto es funcional para el sistema. Los trabajadores de la primera fase y las esposas que dejaron en sus pueblos para venir a trabajar palparon directamente lo que significaba tener a una mujer que hiciera estas labores y a la vez pusieron en evidencia a la empresa el costo que significa suplir algunas tareas primordiales. De ahí que ellas decidieran actuar, asistir al sindicato y plantear su participación como trabajadoras de la empresa. La cuestión quedó en el aire. Por un lado porque no contaron con el apoyo de los líderes sindicales, y por otro, porque las esposas que llegaron en la segunda fase no supieron de la situación anterior, sino que asumieron simplemente su papel de amas de casa.

Son muchas las lecciones que podemos aprender de estos testimonios. No podemos dejar de lado las reflexiones de las taquilleras del Metro ante el hecho de que la mayoría de las compañeras, al ligarse sentimentalmente con trabajadores y funcionarios de la empresa, guiaba su conducta política respondiendo a sus sentimientos, llegando a actuar en algunos casos en contra de sus intereses concretos. De ahí que si bien es cierto que la relación afectiva motiva a veces la participación arriesgada de las mujeres, no debemos dejar de ver también sus efectos negativos.

Nuestra intención no ha sido jerarquizar estas luchas, o valorizar a algunas en particular. Todos estos movimientos son importantes: tanto los organizados políticamente a partir de la producción, como los que nacen desde el otro lado de la producción capitalista; es decir, desde la faz oculta del trabajo doméstico, las relaciones sexuales, la opresión de las mujeres en la familia, etcétera.

Ojalá que estos testimonios aporten a la elaboración que hoy se está realizando de una teoría que dé mayor coherencia a los movimientos de mujeres dentro de una perspectiva feminista estrechamente vinculada a la realidad.

Fuentes originales

1. «Feminismo 1970: curarnos en salud» de Rosario Castellanos

Recuperado de *Mujer de palabras. Artículos rescatados de Rosario Castellanos*, Tomo II, 2006, Andrea Reyes (comp.), México, Conaculta, pp. 378-381. Publicado por primera vez en Excélsior, 29 de noviembre de 1969.

2. «Casandra de huarache: la liberación de la mujer, aquí» de Rosario Castellanos

Recuperado de *Mujer de palabras. Artículos rescatados de Rosario Castellanos*, Tomo II, 2006, Andrea Reyes (comp.), México, Conaculta, pp. 561-564. Publicado por primera vez en *Excélsior*, 5 de septiembre de 1979.

3. «Nuestro sueño está en escarpado lugar» de Marta Acevedo

Recuperado de *Debate Feminista*, vol. 6, núm. 12, octubre, pp. 355-370. Publicado por primera vez en *La cultura en México*, suplemento de *Siempre!*, núm. 901, septiembre, pp. 2-6.

4. «La abnegación: una virtud loca» de Rosario Castellanos

Recuperado de *Mujer de palabras. Artículos rescatados de Rosario Castellanos*, Tomo II, 2006, Andrea Reyes (comp.), México, Conaculta, pp. 663-668. Publicado por primera vez en *Diorama de la cultura*, suplemento de *Excélsior*, 5 de septiembre de 1979.

5. «La mujer en México» de Grupo Siete

Recuperado de *Punto Crítico*, vol. 1, núm. 8, agosto, pp. 25-33.

6. «Soñadora, coqueta y ardiente. Notas sobre sexismo en la literatura mexicana» de Carlos Monsiváis

Recuperado de *Misógino feminista*, 2013, México, Océano, pp. 21-43. Publicado por primera vez en *La cultura en México*, suplemento de *Siempre!*, núm. 579, marzo, pp. 2-6.

7. «Feminismo y liberación» de Alaíde Foppa

Recuperado de *Imagen y realidad de la mujer*, 1975, Elena Urritua (comp.), México, SepSetentas, pp. 80-101.

8. «Año Internacional de la Mujer» de Marta Lamas

Recuperado de *Revista del Tercer Mundo*, núm. 2, junio-julio, pp. 39-42.

9. «La mujer y la lucha social» de María Antonieta Rascón

Recuperado de *Imagen y realidad de la mujer*, 1975, Elena Urritua (comp.), México, SepSetentas, pp. 139-174.

10. Editorial de *La Revuelta*

Recuperado de *La Revuelta*, núm. 1, septiembre.

11. Editorial de *fem.*

Recuperado de *fem.*, vol. 1, núm. 1, octubre-diciembre, p. 3.

12. «Grupos feministas en México»

Recuperado de *fem.*, vol. 2, núm. 5, octubre-diciembre, pp. 27-30.

13. «De las políticas del régimen para con las mujeres (190-1976)» de Marta Acevedo

Recuperado de *Textos. Revista bimestral del departamento de Bellas Artes del gobierno de Jalisco*, vol. 3, núm. 13-14, pp. 11-19.

14. «Nueva salutación del optimista» de Carlos Monsiváis

Recuperado de *fem.*, vol. 3, núm. 9, octubre-diciembre, pp. 55-59.

15. «Lesbianas y feministas» de Marta Lamas

Recuperado de *El Universal*, diciembre de 1978.

16. «México: una bolsita de cal por las que van de arena» de Marta Acevedo, Marta Lamas y Ana Luisa Liguori

Recuperado de *fem.*, vol. 3, núm. 13, marzo-abril, pp. 7-25.

Semblanzas de las autoras

Marta Acevedo, escritora, editora y defensora de los derechos de las mujeres, creó el suplemento infantil «Uno, dos, tres, por mí y todos mis compañeros» del periódico *La Jornada*, y diseñó la colección Libros del Rincón, material de lectura para escuelas públicas de nivel básico en México. También, mientras vivió en California, descubrió la estrella súper nova número 127. Ha dedicado su activismo a demandas feminstas como el acceso al aborto y el reconocimiento del trabajo doméstico y de cuidados, al mismo tiempo que se ha ocupado de la defensa de las lenguas de pueblos originarios.

Lourdes Arizpe, historiadora, etnóloga y antropóloga, es profesora-investigadora del Centro Regional de Investigaciones Multidisciplonarias (CRIM-UNAM). Fue pionera en estudios sobre migración, culturas indígenas, mujeres campesinas, cambio global, medio ambiente y políticas culturales nacionales e internacionales. Su trabajo de investigación ha incorporado la perspectiva de género, como en su artículo «El feminismo y la democratización mundial», publicado en el primer volumen de *Debate Feminista.* Ha sido promotora de la articulación de los estudios de género con los estudios emergentes en distintas disciplinas.

Rosario Castellanos, filósofa, docente, diplomática y promotora cultural, escribió novela, cuento, poesía, ensayo y teatro. Sus obras, entre las que se encuentran *Poesía no eres tú*, *Mujer que sabe latín…*, *Álbum de familia* y *Oficio de tinieblas,* son clave en la historia de la literatura mexicana, pues ayudaron a que se reconociera el valor tanto académico como literario de voces y narrativas que, por lo general, se consideraban menos importantes por hablar desde lo personal.

Alaíde Foppa, poeta, traductora, docente y activista feminista. Participó en la Revolución de Guatemala y, después, vivó exiliada en la Ciudad de México, donde fundó, junto con otras colegas, la revista *fem.* Fue catedrática en la Facultad de Filosofía y Letras de la Universidad Nacional Autónoma de México, así como en la Facultad de Humanidades de la Universidad de San Carlos en Guatemala. Publicó varios poemarios, entre los que destaca *Elogio de mi cuerpo* (1970), y dos libros de ensayos.

Ana Luisa Liguori, antropóloga, investigadora y cineasta, fue parte del colectivo que fundó la revista *Debate Feminista.* Sus temas de estudio conciernen a la salud sexual y reproductiva. Adaptó el libro *Los amores difíciles* de Italo Calvino a un cortometraje que se estrenó en 1983, para el cual fue guionista y directora.

Carlos Monsiváis, periodista, escritor e intelectual, fue una de las figuras más destacadas en el México del siglo XX y principios del siglo XXI. Publicó biografías, entre las que destaca *Frida Kahlo: una vida, una obra* (1992), antologías como *Amanecer en el valle de Sinú: antología poética* (2006) y *Lo fugitivo permanece. Veinte cuentos mexicanos* (1990), pero principalmente se dedicó a escribir ensayos y crónicas urbanas, las cuales han sido recopiladas en varios volúmenes. Su obra retrata la pluralidad de la cultura mexicana y latinoamericana, junto con todas sus intersecciones.

María Antonieta Rascón, periodista egresada de la Facultad de Ciencias Políticas y Sociales de la Universidad Nacional Autónoma de México. A lo largo de su carrera, ha publicado diversos ensayos sobre la situación de la mujer en México y la historia del movimiento feminista. Fue fundadora del grupo Mujeres en Acción Solidaria (MAS), junto con otras colegas defensoras de los derechos de las mujeres.

***fem.*,** fundada por Elena Poniatowska, Lourdes Arizpe, Margarita Peña, Beth Miller, Elena Urrutia, Marta Lamas y Carmen Lugo, fue una revista feminista que se editó de 1976 a 2005, cuyo propósito fue divulgar los temas que concernían a los movimientos feministas mexicanos de la época. Así, buscaba fortalecer el mensaje de los diversos grupos con sus diferentes posiciones para mostrar un frente unificado y fortalecer sus demandas.

La Revuelta, nació como un colectivo de mujeres conformado por Eli Bartra, María Brumm, Chela Cervantes, Bea Faith, Lucero González, Dominique Guillemet, Berta Hiriart y Ángeles Necoechea. Sus fundadoras consideraron necesaria la edición de una publicación que formara parte del activismo político feminista, y en septiembre de 1976 apareció el primer número de su periódico, el cual fue el primer medio impreso de divulgación feminista en México.

La primera edición de
Lo personal es político.
Textos del feminismo de los setenta,
editado por el Centro de Investigaciones
y Estudios de Género de la UNAM
y Penguin Random House Grupo Editorial,
se terminó de imprimir en septiembre de 2023,
en los talleres de Diversidad Gráfica S.A. de C.V.
Privada de Av. 11 #1 Col. El Vergel, Iztapalapa,
C.P. 09880, Ciudad de México.

En su composición se utilizó la familia tipográfica
Adobe Garamond Pro, diseñada por Robert Slimbach.

El tiraje consta de 3 000 ejemplares,
interiores en papel holmen book de 55 gramos
y forros en cartulina sulfatada de 12 puntos.

La totalidad del contenido de la presente publicación
es responsabilidad de las autoras.